矿产资源开发环境生态补偿研究

——以江西省为例

邹晓明　著

中国财经出版传媒集团
经济科学出版社
Economic Science Press

图书在版编目（CIP）数据

矿产资源开发环境生态补偿研究：以江西省为例/邹晓明著.
—北京：经济科学出版社，2020.9
ISBN 978-7-5218-1936-6

Ⅰ.①江…　Ⅱ.①邹…　Ⅲ.①矿产资源-资源开发-生态环境-补偿机制-研究-江西　Ⅳ.①F426.1②X321.256

中国版本图书馆 CIP 数据核字（2020）第 188560 号

责任编辑：李　雪　高　波
责任校对：杨　海
责任印制：邱　天

矿产资源开发环境生态补偿研究
——以江西省为例
邹晓明　著
经济科学出版社出版、发行　新华书店经销
社址：北京市海淀区阜成路甲 28 号　邮编：100142
总编部电话：010-88191217　发行部电话：010-88191522
网址：www.esp.com.cn
电子邮箱：esp@esp.com.cn
天猫网店：经济科学出版社旗舰店
网址：http://jjkxcbs.tmall.com
北京季蜂印刷有限公司印装
710×1000　16 开　15.25 印张　240000 字
2020 年 10 月第 1 版　2020 年 10 月第 1 次印刷
ISBN 978-7-5218-1936-6　定价：66.00 元

基金项目：

1. 科技部国家软科学研究计划项目（编号：2014GXQ4D189）：赣南等原中央苏区矿产资源开发生态效率评价研究

2. 江西省科技厅软科学研究计划重大项目（编号：20161ACA10020）：江西省矿产资源开发地质环境生态补偿研究

3. 江西省高校人文社会科学重点研究基地招标项目（编号：JD1468）：我国铀资源开发利用的矿山地质环境生态补偿研究

4. 江西省哲学社会科学重点研究基地招标项目（编号：14SKJD28）：赣南等原中央苏区矿产资源开发生态效率评价与对策研究

江西省高校人文社科重点研究基地“东华理工大学地质资源经济与管理研究中心”

江西省哲学社会科学重点研究基地“东华理工大学资源与环境经济研究中心”

江西省软科学研究培育基地“资源与环境战略软科学研究培育基地”

东华理工大学科技创新团队“核资源与环境经济研究”

联合资助

前　言

在所有的自然资源中，矿产资源作为人类不可或缺的重要基础资源，它的开发对国家经济发展、人民生活水平提高起着极其重要的推动作用，而社会经济的快速发展也依赖于人类不断加强对矿产资源的开发与利用。但是随着社会和经济发展进程的不断加速，工业化对矿产资源的需求难以得到有效的满足，为了满足人类对矿产资源的需求，一些通过野蛮粗犷的模式过度开采矿产资源的行为开始出现，由此产生的水土流失、空气污染以及地下水重金属含量超标等问题也逐渐显现。更为严重的是，矿产资源的无度开采引发的地质灾害频发，人民的生命和财产安全难以得到保障。这些都无时无刻不在表明因经济发展而进行的矿产资源开发与环境保护之间的冲突和矛盾正在不断加剧，这一矛盾产生的原因在于矿产资源开发的过程中不注重环境保护而导致的生态危机。

我国作为全球最大的发展中国家，近几十年的发展可谓是日新月异。但随着我国社会的进步、经济的快速发展，我们也更加清楚地认识到，这几十年国民经济高速发展正是以矿产资源的高强度开发为代价所换取的。这其中存在的不同程度的盲目性和资源开发的短视效应所导致的生态环境问题，使得资源开始成为经济发展的制约因素，人们不得不开始重视生态环境的影响。面对如此严峻的矿山环境问题，政府如何制定行之有效的措施，成为当今社会百姓关注的焦点问题。

从20世纪中后期开始，针对环境因矿产资源开发遭到的破坏愈发严重的问题，不少专家学者提出了“可持续发展”的理念，尝试采用生态补偿的手段来寻找解决问题的办法，以此来缓和经济发展、社会进步和环境保护之间的矛盾。尽管我国目前已经意识到了这种状态所带来的生态环境问题，但矿产资源开发环境生态补偿的相关工作仍然进展缓慢。由于我国生态系统的复杂性和差异性，目前对构建系统完善且具有可操作性的矿产资源开发环境生态补偿机制的研究仍需要继续深入。从党的十八大开始，党和国家高度重视推动生态补偿建设。生态建设和保护的途径之一就是进行生态补偿，这对于生态补偿理论的发展起到了进一步的推动作用，从而进一步指导其在实践中的应用。

江西省矿产资源十分丰富，尤其是铜矿、稀土、有色金属等在全国有着举足重轻的地位，被誉为“中国铜都”“稀土王国”“世界钨都”。矿产资源作为江西的优势资源，它的综合开发利用已成为江西省经济发展和工业崛起的重要支撑。但是我们也必须清醒地认识到，江西省矿业开发粗放，产能和开采效率低下，资源浪费和环境破坏严重等问题给地质灾害埋下的一系列隐患将严重阻碍江西省矿产资源开发的可持续发展，生态环境堪忧。

2014 年 11 月，国家六部委批复了《江西省生态文明先行示范区建设实施方案》，江西省成为首批全境列入生态文明先行示范区建设的省份之一。在江西省委省政府高度重视下，江西省出台了《关于建设生态文明先行示范区的实施意见》、通过了《关于大力推进生态文明先行示范区建设的决议》，迈出了江西省生态文明建设具有里程碑式的第一步。2016 年 8 月，中共中央办公厅、国务院办公厅正式印发了《关于设立统一规范的国家生态文明试验区的意见》，把首批具有良好生态基础、资源和环境承载力较强的江西、福建、贵州作为试点区。2017 年国务院又印发了《国家生态文明试验区（江西）实施方案》，从总体要求、重点任务、保障措施三方面重点部署江西省生态文明建设的开展。中央和地方政府通过颁布各种方案、意见，其目的在于遏制经济发展对环境的无度损害，增强江西经济发展优势，以达到人与自然的和谐共处的最终效果。具体到矿产资源开发环境生态补偿，则需要按照中央和江西省政府对生态文明和生态补偿建设的要求，认清当前江西省在矿产资源开发生态补偿机制上所面临的困难和考验，统筹协调经济发展与环境保护，为打造生态文明建设“江西样板”提供理论和技术支撑。

本书立足于江西省矿产资源开发和生态环境的现状，通过梳理不同的学者、专家的观点与看法，对矿产资源开发和生态环境之间的关系进行定量表征，从一个新的框架结构解释生态补偿，从而为矿产资源开发生态补偿理论进行补充和创新。并且从主要利益相关者的角度出发，利用层次分析法，结合问卷调查数据，测算出补偿指标重要性权重，构建出生态补偿指标体系及费用征收标准模型，同时结合国内外生态补偿的实践以及与矿产资源开发生态补偿相关的法律法规规定，为推进江西省矿产资源开发环境生态补偿机制的建立提供政策建议，对江西省生态文明建设具有重要的理论意义和实践价值。

本书共七章。第一章为绪论，主要介绍选题的背景，研究的目的和意义，矿产资源开发环境生态补偿国内外现状等；第二章是研究综述及理论基础，主要界定了生态补偿的内涵、目的及性质，阐述了与生态补偿相关的理论基础；第三章分析了江西省矿产资源开发及生态补偿现状，主要介绍江西省矿产资源开发现状及对生态环境的影响，矿产资源开发生态补偿政策及生态补偿存在问题；第四章阐述了江西省矿产资源开发生态补偿指标及费用模型构建，首先界定了江西省矿产资源开发环境生态补偿的主体、客体及利益相关方的博弈行为，其次论述了矿产资源开发环境生态补偿原则和补偿形式，最后构建了基于层次分析法的生态补偿指标体系及费用征收模型；第五章是国内外矿产资源开发环境生态补偿的实践经验和启示，归纳总结了国内外在矿产资源开发环境生态补偿方面的实践经验以及生态补偿机制和法律法规方面的启示；第六章是江西省矿产资源开发环境生态补偿政策建议，在江西省矿产资源开发与环境生态补偿现状基础上，结合江西省矿产资源开发环境生态补偿指标体系及标准模型，同时借鉴国内外矿产资源开发生态补偿成功实践，提出了江西省矿产资源开发环境生态补偿政策建议；第七章为结论与展望。

本书是科技部国家软科学研究计划项目、江西省科技厅软科学研究计划重大项目、江西省高校人文社会科学重点研究基地招标项目和江西省哲学社会科学重点研究基地招标项目的研究成果，由课题组成员邱卫林、徐朝亮、徐小丽、吴宇浩、胡瑶、花梦娴、李惟昊、丁之亮、陈梦婷、周雪等共同完成。由于作者学术水平有限，本书难免存在一些缺陷和不足，敬请读者批评指正。

邹晓明

2020 年 7 月

目　录

第一章

绪　论

一、研究背景

在所有的自然资源中，矿产资源作为人类不可或缺的重要基础资源，它的开发对国家经济发展、人民生活水平提高起着极其重要的推动作用，而社会经济的快速发展也依赖于人类不断加强对矿产资源的开发与利用。截至目前，我国农业生产、工业生产、能源生产所占用的资源中，矿产资源占到了70%以上。而江西省由于位于环西太平洋成矿带，具有优越的成矿条件，矿产种类多，矿床类型丰富是其鲜明的特点；同时，江西省铜矿储量大，埋藏浅，易采易选，开采时能同时回收多种伴生矿产，经济效益十分显著，所以江西省的有色金属、稀土、铜矿在全国有着举足轻重的地位。据统计，江西发现了187种有用矿物，5000多个矿藏地，查明已确定拥有133种资源储量，其中铜矿占全国总储量的20%，工业储量占全国储量的1/3，这使得江西享有“中国铜都”的美誉。其中江西省德兴市拥有丰富的铜矿，江西省铜矿石产量约占全国铜矿石总产量的1/2以上，江西铜业股份有限公司精炼铜产量约占全国的25%，企业生产能在世界铜业中排名第16位；赣州钨矿和稀土资源丰富，其中钨矿储量占全国18.4%，黑钨储量居全国首位，所以长期以来也有着广为人知的“稀土王国”“世界钨都”的盛誉。[①]

长期以来，人们常常认为资源是无限的、环境是无价的，所以在社会

① 卢利平. 江西13种矿产探明储量居全国首位［J］. 功能材料信息，2010（2）：41.

活动与经济发展中也一直秉承着这样的理念。尽管我国近几年矿产资源开发的规模不断扩大，开采程度不断深入，但是随着社会和经济发展的进程不断加速，工业化对矿产资源的需求仍然难以得到有效的满足，于是为了满足人类对矿产资源的需求，一些通过野蛮粗犷的模式过度开采矿产资源的行为开始出现，由此产生的水土流失、空气污染以及地下水重金属含量超标等问题也开始逐渐显现。除此之外，矿产资源开采所造成的严重空气污染使得人们呼吸道疾病的发病率上升，其造成的水污染不仅影响植被的正常生长，还在某种程度上污染地下水，严重威胁到群众用水安全；矿产资源开采出来的副产物野蛮生长不仅导致耕地被污染，大量植被和农作物被破坏，还给当地居民收入的增长、生物的多样性造成了不可估量的损失；更为心痛的是矿产资源的无度开采引发的地质灾害频率增加，人民的生命和财产安全难以得到保障。纵然地质灾害的发生与自然规律息息相关，但越来越多的人为造成的诸如地面沉陷、山体崩裂等灾害已经逐渐超过了自然灾害。这些都无时无刻不在表明因经济发展而进行的矿产资源开发与环境保护之间的冲突和矛盾正在不断加剧。徐辉等（2014）认为这一矛盾产生的原因在于在对资源开发的过程中不注重环境保护而导致的生态危机。这种危机直接损害了人类赖以生存的环境和生命健康。之前一直奉行的“先污染，后治理”这一经济发展理念也已经不再适用。

就在矿产资源地所处的生态环境逐渐恶化的同时，因开采矿产资源的受益方和因开采矿产资源而导致生态环境受损和因承受生态环境破坏导致生活质量下降的利益受损害方产生利益冲突的时候，受损害方往往因处于弱势而得不到相应的经济补偿。长此以往不仅会使得双方难以和谐相处，还会影响区域经济的可持续发展。并且随着冲突的进一步加剧，还有可能会引发严重的社会问题。

我国作为全球最大的发展中国家，近几十年的发展可谓是日新月异。但随着我国社会的进步、经济的快速发展，我们也更加清楚地认识到，这几十年国民经济的高速发展正是以矿产资源的高强度开发为代价所换取的。这种高强度开发中存在的不同程度的盲目性和资源开发的短视效应所导致的生态环境问题使得资源开始成为经济发展的制约因素，也使得人们不得不开始重视生态环境的影响。面对如此严峻的矿山环境问题，政府如何制定行之有效的措施，成为了当今社会百姓关心的焦点问题。

从20世纪中后期开始，针对环境因矿产资源开发遭到的破坏愈发严重的问题，不少专家学者就意识到了环境保护与生态资源补偿的重要性，并对此做了大量的研究和探索，提出了“可持续发展”的理念，尝试采用生态补偿的手段来寻找解决问题的办法，以此来缓和经济发展、社会进步和环境保护之间的矛盾。随着对生态环境研究的不断深入，一些学者也开始研究生态系统服务功能，以期能准确科学地界定生态环境的价值，从而为建立生态补偿提供一定的理论依据。

尽管我国目前已经意识到了这种状态所带来的上述生态环境问题，但矿产资源开发生态补偿的相关工作仍然进展缓慢。一方面是由于生态补偿需要耗费的物力财力巨大，短时间内不可能一蹴而就。当前我国生态补偿资金面临较大缺口，而发达国家对生态补偿的投资比重远远大于我国。虽然我国相关学者在矿产资源开发对生态环境产生的影响方面进行了广泛的探究，但是由于我国地质环境复杂多变，不同地区环境差异较大，影响生态环境的原因复杂多样，再加之影响矿产资源价值的因素众多，涉及范围较广，并且对不同环境条件下的矿产资源开采对环境的损害程度衡量难以形成统一标准。所以基于以上情况，在制定矿产资源生态补偿有关标准时通常需要针对具体问题具体分析。除此之外，部分矿产资源开发对生态环境影响的因素由于受到不同程度的主观因素影响，导致其得出的计算结果往往也具有随机性和不准确性。所以，以上各种原因都会导致我国目前有关自然资源开发对生态环境补偿的相关概念和具体补偿方案难以形成统一的标准从而导致更难以形成一套完整的生态补偿体系。因此综上所述，由于我国生态系统的复杂性和差异性，目前对构建系统完善且具有可操作性的矿产资源开发生态补偿机制的研究仍需要继续深入。

除此之外，我国目前有关生态补偿的相关法律条文尚处于起步阶段，对矿产资源开发生态补偿的系统立法工作也尚在进行中，现有的相关法律制度和相关规定内容分散，对于生态补偿的监督和管理，在实际工作中系统性和可操作性较弱。尽管早在2010年，出台《生态补偿条例》这一事项已经被列入了计划并提上了日程，但截至目前该条例尚未出台。而《生态补偿法》也是由于各种复杂的因素，进展同样比较缓慢。虽然近些年有关地区各部门也出台了一些有关开展生态补偿的制度和规定，但执行力度和权威相对较弱。这也从客观上为我国生态补偿制度的制定增加了难度。

从党的十八大开始，党和国家就不断突出强调推动生态补偿建设，因此如何建立行之有效的科学生态环境补偿机制也就被提上了日程。生态建设和保护的途径之一就是进行生态补偿，这对于生态补偿理论的发展起到了一定的推动作用，从而进一步指导其在实践中的应用。

2014 年，国家通过了《江西省生态文明先行示范区建设实施方案》，此方案使得江西省成为了全国第一批生态文明先行示范区。在江西省委省政府高度重视下，江西省出台了《关于建设生态文明先行示范区的实施意见》、通过了《关于大力推进生态文明先行示范区建设的决议》，迈出了江西省生态文明建设具有里程碑式的第一步。2015 年 3 月 6 日，习近平在江西代表团参加审议时强调指出，环境就是民生，青山就是美丽，蓝天也是幸福。要像保护眼睛一样保护生态环境，像对待生命一样对待生态环境。对破坏生态环境的行为，不能手软，不能下不为例。[①] 2016 年 8 月，中共中央和国务院办公厅正式印发了《关于设立统一规范的国家生态文明试验区的意见》，鉴于我国生态环境现状和区域差异以及经济发展水平等因素，阐明了建立试验区的必要性。把首批具有良好生态基础、资源和环境承载力较强的福建、江西、贵州作为试点区。2017 年国务院印发了《国家生态文明试验区（江西）实施方案》，其中从总体要求、重点任务、保障措施三方面重点部署江西省生态文明建设的开展。从具体来看，要求完善全省生态环境的检测和预警机制，解决影响人民群众切身利益的大气、水、土壤污染等生态破坏问题，建立城乡一体化和统筹水土的环境监督管理体系。中央政府和地方政府通过颁布各种方案、意见来遏制经济发展对环境的无度损害，调动江西经济发展优势，以达到人与自然的和谐共处的最终效果。通过前文所述，党和政府都对江西省的生态文明和生态补偿建设保持着高度重视，这为推动打造“江西样板”奠定了坚实的基础。具体到矿产资源开发生态补偿则需要按照中央和地方生态文明建设的要求，首先得认清目前江西省在矿产资源开发生态补偿机制的制定上所面临的前所未有的困难和考验。统筹协调经济发展与环境保护，为江西生态文明建设作出应有的贡献。

---

① 人民日报声音：环境就是民生　蓝天也是幸福．人民网 – 人民日报，2015 – 03 – 09. http：//opinion. people. com. cn/n/2015/0309/c1003 – 26659318. html.

二、研究目的和意义

1. 研究目的

本书首先对江西省矿产资源的开发导致环境污染现状进行了详细的论述，结合国情和省情梳理了江西省现行补偿政策，有助于全面了解江西省矿产资源开发环境补偿现状，同时本书根据相关统计资料，梳理出对环境生态补偿相对重要的补偿因素，构建出了江西省矿业开发环境生态补偿体系。其次通过设计调查问卷的形式，利用层次分析法，对矿产资源开发生态补偿相关指标的权重进行测算，在此基础上构建生态补偿标准，为政府制定矿产资源开发生态补偿的有关政策提供参考。最后，结合江西省生态补偿现实，提出了江西省环境生态补偿政策建议，以达到针对现状、问题提供科学方法支持决策参考的目的。

2. 研究意义

1）理论意义

尽管目前在生态补偿的相关问题上，国内外一些学者已经做出了不少研究并得出了相关结论，但从整体来看，我国矿产资源开发生态补偿的相关理论研究相对滞后且缺乏统一标准，还需要进行不断的补充和完善。如何调解矿产资源开发和生态环境保护这一矛盾决定了矿区生态环境的治理进程的推进程度，对解决生态补偿问题具有重要意义。本书将立足于江西省矿产资源和生态环境的现状，通过梳理不同学者、专家的观点与看法，对矿产资源开发和生态环境之间的关系进行定量表征，从一个新的框架结构解释生态补偿，从而为矿产资源开发生态补偿理论进行补充和创新。并且从主要利益相关者的角度出发，利用层次分析法，结合问卷调查数据，测算出补偿指标重要性权重，构建出生态补偿指标体系及费用征收标准模型，同时结合国内外生态补偿的实践以及与矿产资源开发生态补偿相关的法律法规规定，为如何推进矿产资源补偿机制的建立提供对策和建议。

2）现实意义

矿产资源作为江西的优势资源之一，它的综合开发利用已成为江西经济发展和工业崛起的重要支撑。但是我们必须清醒地认识到，江西省矿业开发粗犷，产能和开采效率低下，资源浪费和环境破坏严重等问题给地质灾害埋下的一系列隐患将严重阻碍江西省矿业开发的可持续发展。由于我国目前补偿机制不够健全，建立完善的矿业生态补偿机制将有利于建设资源节约型社会，减轻环境污染和浪费，也能从侧面推进江西省经济的可持续发展，还能满足打造生态建设江西样板的现实需求。同时，有关矿产资源开发生态补偿机制的研究将为我国矿产资源生态补偿工作的顺利开展提供具体可借鉴的工作思路，这些研究对缓解我国目前资源开发和环境保护之间的矛盾以及推动矿产资源的可持续发展都起到了非常重要的参考意义。此外，从维护资源开发地区利益的角度出发，对矿产资源开发生态补偿的研究有利于激发当地群众对生态保护的意识，并促使群众自觉地投入到有关生态保护和建设的工作中去。最终不仅有利于减轻政府有关部门对生态环境保护的投入和相关工作压力，还促进人与自然的和谐相处。因此，研究江西省矿产资源开发利用的环境生态补偿具有重要的现实意义。

三、矿产资源开发生态补偿国内外研究进展

工业革命以来，随着科技的发展，人类利用已经掌握的科学技术手段，在超过环境承载力的水平上对矿产资源进行过度的开采和开发，使得大自然的修复能力远远不能弥补人类活动所造成的破坏。人类如果想保持人与自然和谐相处就必须遵循自然发展的客观规律，在开发自然资源的同时对已经破坏的生态环境进行及时的恢复和修复。

20 世纪 50 年代末，生态补偿机制一经提出，就受到众多国内外学者的密切关注。随后这项机制被普遍认为推动了生态环境的改善，对保持生态可持续发展发挥了重要作用。

1. 国外研究进展

1）*矿产资源生命周期评价理论研究进展*

生命周期理论的提出，最早要追溯到生物学领域。该理论主要体现了单个生物在整个生命历程中形态或功能上所经历和发生的变化。该理论将事物的发展模拟成生物体生命周期，总体上可以理解四个自然周期，俗称“生──→壮──→老──→死”。在该理论下，任何事物都会经过上述四个自然周期。

生命周期理论是不断发展着的，该理论先后被引入了经济学和管理学等领域，形成了产品生命周期、产业生命周期理论等理论。后期，生命周期理论被引入了经济学和管理学等领域，使得生命周期理论被不断地发展壮大。

到了20世纪70年代，生命周期理论得到了进一步发展，产业生命周期理论也应运而生。该理论最初由美国的阿伯纳西和厄特拜克提出，其是基于生命周期理论而提出了产业创新动态过程模型。80年代，戈特和克莱珀按处于同一产品类型中存在竞争关系的厂商数目，按照引入期、大量进入期、稳定期、淘汰期和成熟期五个阶段对产品生命周期进行划分，建立了产业经济学上的第一个产业生命周期模型，并命名为G－K产业生命周期理论。

伴随着生命周期理论的完善，生命周期评价应运而生。所谓生命周期评价（life cycle assessment，LCA），是指对某种产品或者具有某种特定生产工艺的生产活动，从原材料的采集开发，到生产加工、运输、销售、使用、养护直至最后回收处理利用等一系列有关其生命周期的过程进行评价。生命周期评价作为一种评价与产品从出生到死亡的全过程相关的环境负荷和潜在影响的工具，在20世纪70年代前后开始被一些研究机构所采用。例如美国西部资源研究所对著名的饮料生产商可口可乐公司所使用的玻璃瓶从原材料开采到空瓶的循环使用等环节进行了生命周期评价，并对整个评价过程中进行了定量分析，最终使得可口可乐公司开始使用全新的塑料瓶来代替以往的玻璃瓶进行饮料的包装。

具体到生命周期理论在矿产资源开发上的应用的相关研究，国外的研究相比国内要提早许多。由于矿产资源的开发基本是由矿产资源所在地资源的质量和环境因素所决定的，因而大多数情况下矿产资源的开采过程不可避免的要经历建立、壮大、稳定、衰退等阶段，虽然客观上由于不同地区矿产资源存在差异性导致各个阶段的具体情况不尽相同，但是从宏观层面上来看矿产资源开发所面临的阶段是基本一致的。

20 世纪 70 年代，国外已经开始将生命周期理论用于矿产资源开发领域。1978 年，在美国喷气推进实验室（jet propulsion laboratory，JPL）举行的矿产资源开采技术及经济变量影响分析会议上，关于地下煤炭开采的生命周期相关描述被首次提出。随后，瑞士联邦材料测试与开发研究所，提出了更加全面和完善的有关矿产资源生命周期研究的方法，以及所需的数据资源，并介绍了第一个完整的相关流程，从而使得生命周期理论在矿产资源开发研究上得到更广泛的应用。1990 年国际研讨会上，国际环境毒理学与化学学会（The Society of Environ mental Toxicology and Chemistry，SETAC）首次提出了“生命周期评价”的概念，在总结了之前研究的基础上，从理论与方法两个层面上对生命周期理论在矿产资源开发中的应用以及两者之间的关系进行了更加深入的探讨和研究。1993 年，国际标准化组织（International Organization for Standardization，ISO）给出了标准的生命周期评价的定义：将生命周期评价过程划分为目标和范围定义、生命周期清单分析、影响评价和解释四个阶段。

随后的研究中，国外相关学者发现在矿产资源生态补偿中一些因素用传统经济学中的市场价格很难体现，于是便发明了一种名为替代价值法的核算方法。例如 1947 年豪泰林提出了旅游成本法就属于替代价值法中的一种。其实这种方法最先出现在其写给美国公园管理局的一封信中，后来经过豪泰林和其他研究学者对其进行一系列修改和改良才有了现在的版本。截止到目前，旅游成本法已经产生了三个不同方向的分支：弗里曼的随机效用模型、克劳森和科耐彻的分区模型以及布朗的个体模型。根据上述方法，国外学者又提出了利益转移法，这种方法虽然计算方法简单省力，但是却有着容易使得计算结果误差偏大的缺点。

除此之外还有国外专家提出了资源等价分析法（Resource Equivalency Analysis，REA）。该方法另辟蹊径，并没有采用大部分方法所采用的资产流失的市场价值这一计算口径，而是使用资源服务价值这一标准以替代。

所以该方法一经提出便引起了其他有关学者关于该方法计算结果是否准确的讨论。

近年来，有关矿产资源开发生命周期的有关研究仍未停下脚步。随着矿产资源补偿机制和有关理论研究的不断完善，国外逐渐开始对前期生态补偿机制的研究成果进行实践，以美国和德国为例：

美国 1977 年通过了一项名为《联邦露天采矿控制和复垦法》的法案，该法案强制了所有露天作业的开采矿产资源的企业在作业前都必须缴纳一定数额的生态复垦保证金，以确保后续矿产资源补偿的及时性。2006 年，联邦土地管理局为了适应新形势的发展，颁布了新时期能源和非能源矿产资源管理的 10 条规定。其中第 3 条再次强调了对矿产资源开发的企业必须缴纳复垦保证金用于修复被破坏的土地和生态环境的规定，这一举措进一步督促和规范了矿产资源开发企业在开发利用资源的过程中对环境的保护。

德国在 1980 年颁布了《联邦矿山法》，跟上述美国的《联邦露天采矿控制和复垦法》不同，在这部法律里政府对矿产资源开发企业如何进行生态补偿的条款进行了更加具体的规定，并对不同种类、不同新旧程度的矿区分别采取了不同的生态补偿的政策和生态环境治理办法。对于在立法之前就已经投入开采的老矿区，其进行生态环境恢复所需要花费的金额由政府财政全部承担，其中由联邦政府承担 75%，州政府承担 25%。同时在此基础上成立专门的矿山复垦公司，具体负责矿区生态环境的恢复工作事宜。这种“新矿新办法，老矿老办法”的“区别对待政策”能更有效地推动矿产资源生态补偿的落实。

2）*矿产资源生态补偿研究进展*

基于保护生物多样性的背景，国外学者开始提出生态补偿这一概念。一般来说，生态补偿通常被认为是生物多样性补偿过程中的“生态服务付费”，即破坏环境获利的人通过支付一定量的货币的形式对其破坏的环境进行补偿。例如伐木对植被的保护补偿、钻井对土壤的保护补偿、开设化工厂对空气环境的补偿等。至于具体补偿的数额界定，并没有统一的标准，因而需要具体情况具体分析。但是国外研究人员大都认为环境承载力和与之相关的环境资源属于公共物品，任何使用它的人都应该为其使用并产生的污染付费。

具体来说，国外对生态补偿的研究多侧重于生态补偿机制设计、补偿标准核算、生态补偿立法、环境效益评价、生态环保实践等方面。英国经济学家马歇尔最先提出了矿产资源补偿的概念。同时他也第一个提出了外部经济的概念，认为矿产资源生态补偿来源于开发过程中产生的负外部性，之后在马歇尔“外部经济”研究的基础上，庇古对于私人成本与社会成本的差异做了进一步的研究，他认为政府干预可以解决市场失灵的问题：政府应该补贴产生的正外部性的行为，处罚产生的负外部性的行为，以此来平衡外部性所产生的私人成本和社会成本。

美国和德国关注矿山生态治理较早，美国在 1920 年就推出了矿山租赁法律，强调保护矿区环境及土地资源的必要性，德国从 20 世纪 20 年代开始对煤矿植被修复，此后英国、澳大利亚、加拿大、西班牙、巴西等国也出台了相关矿山环境治理修复政策。近几十年来，西方国家形成了一套较为完善的矿区生态环境治理修复保证金制度，保证金的标准和缴纳程序实现了有法可依，加大了对矿区环境恢复与保护。加文·希尔森（Gavin Hilson，2000）认为矿区环境的受益人除了矿业主和其雇佣的矿业工作者，还应包括矿区居民等其他利益相关人员，环境治理应该由各个利益相关者共同完成。汉弗莱斯（D. Humphreys，2001）、斯科特·克劳森（Scott Clausen，2001）、大卫·安南达尔（David Annandale，2007）认为由于经济全球化的影响，国家在环境保护中的垄断力量正在削弱，跨国企业、社区和无国界非政府组织的环保力量与作用日益增长，命令式的行政手段正在被企业自主参与所取代。2004 ~ 2005 年，国际矿业协会对矿山开发保证金制度作了大量的研究，建议收取保证金不仅要考虑企业的经营规模和资金承受能力，还要考虑采矿时间和金融产品特点等。科索伊和马丁内斯·吞拿（Kosoy N. & Martinez – Tuna M.，2007）对污水付费进行了研究，把发展机会与管控成本进行了比较，认为生态使用价值补偿更应该引起关注。佩拉尔塔（Peralta，2007）在其博士论文中基于复垦成本，建立回归模型，核算补偿。塞德尔等（Seidl et al.，2000）以康世坦（Costanza）的研究为基础，并对 Costanza 确定的各种生态系统服务功能价值进行了修正，以巴西湿地的服务功能为研究对象进行了定性评价和重新估算。美国学者普兰丁格等（Plantinga et al.，2001）研究了不同补助标准。德国学者德雷克斯勒（Drechsler，2001），乔斯特（Johst，2002）针对生物多样性保护的生态补偿机制进行了较为深入的研究。在研究方法上，国外一般注重定量分析，采用经济学和统计学相结合的方法，运用多学科理论交叉分析。巴克利等（Buckley et al.，2011）指出运用博弈理论能够对居民行为和决策进行深入研究，以此提高生态修复的结果。约翰逊等（Johansson et al.，2012）利用博弈论研究了生态环境对气候变化的反应情况，对这些年由气候变化导致的物候现象进行了合理解释。米尔恩等（Milne et al.，2012）在柬埔寨对社区一级的生态服务付费项目进行了研究，结果表明当地社区级的生态服务付费项目实质上仍然以政府为主导，并没有真正的构建并发展市场机制。塔科尼（Tacconi，2012）认为生态环境付费（payment for ecosystem service，PES）应该满足自愿性、条件性、额外性和透明性四个特征，它作为一项制度，应通过对自愿提供环境服务的提供者进行有条件的付费并可获得额外的环境服务供给。佩尔森等（Persson et al.，2013）通过构建博弈模型对补偿收益进行了分析，指出补偿参与者的决策倾向、利益相关方参与补偿的比例以及补偿标准都会对补偿政策产生影响。克罗格尔（Kroeger，2013）认为通过优化机制设计等方式使生态补偿计划在服务产出上达到最优或最有效率，实际上这些最优或最有效率仅仅只是符合成本—收益原则。尼亚格、托马斯和克劳迪亚（Niak Sian Koh，Thomas Hahn & Claudia Ituarte - Lima，2017）选择了两个具有不同程度社会生态复杂性的个案研究，并对不同群体的人群进行评估，以评估生物多样性和社会保障；其运用多层次治理框架的原则和保障措施，在选定的案例研究中考察生态补偿的运作情况。总之，国外在矿产资源开发生态补偿研究上主要集中在机制设计与标准核算，这一研究领域使生态补偿更加具体，可操作性更强。

2. 国内研究进展

中国有关生态补偿的研究相对较晚，基本上于20世纪80年代开始。具体研究成果主要集中在生态补偿基本理论与制度的研究和生态补偿制度的具体实践研究两个方面。具体到矿产资源开发的生态补偿领域，学者们选取了与矿产资源开发有关的资源和材料例如有色金属、石油、稀土、煤炭等作为分析对象，对生态补偿的内涵、标准、具体形式等重点研究。实践研究主要是所研究矿产资源生态补偿的具体领域项目进行实地考察，从中总结出经验成果与不足，为以后相似的矿产资源生态补偿提供可供支撑的实践依据。

1）*矿产资源补偿理论研究*

20世纪80年代，我国有学者最早开始对生态补偿进行研究。1987年，张诚谦起初在研究对可消耗的自然资源的最佳开发方式时提出了生态补偿的概念。他与西方学者的观点不同之处在于生态补偿并不是自然资源的利用者理应对破坏的生态环境补偿和所利用的资源付费，而是认为生态补偿本质是从所开发的自然资源所获取的利润中提取一部分资金，并以物质或能量的方式归还生态系统，以维持生态系统的物质、能量、输入、输出的动态平衡。随后，不断有学者在此基础上对生态补偿的含义进行不断的完善，使其更加的准确。叶文虎认为生态补偿主要是为了弥补因经济活动导致对生态环境造成的破坏。毛显强认为生态补偿应该分为两个部分：一部分是通过类似于惩罚性补偿的方式对破坏生态环境的开发生产行为进行补偿，另一部分是对恢复生态环境做出的补偿。两部分的有效结合可以更好地促进受益人在开发自然资源的同时更加注重对环境的保护。王金南则以国内经济发展不同时期为划分依据，对生态补偿做出了不同的内涵解释：在我国20世纪90年代前期，生态补偿通常更多地代表了对生态环境加害者进行惩罚和赔偿。而到了20世纪90年代后期，生态补偿则更多地指对生态环境保护者、建设者的财政转移补偿机制。

受到这种观点的启发，国内不少学者对生态补偿进行了进一步更精准的定义。任勇等（2007）将生态补偿机制理解为一个系统，在这个系统中存在着与自然资源开发有关的受益者、因环境遭到破坏而受到损失的受害者以及急需得到修复的生态环境等利益相关者，而生态补偿机制就是为了协调、处理这些利益相关者之间的关系而建立的。通过生态补偿机制这个系统的运作，可以对破坏生态环境所造成的各种影响在系统内部层面进行改善、维护和修复。马燕（2009）认为生态补偿机制的核心在于“谁破坏谁补偿、谁污染谁治理”。

另外也有不少学者站在其他不同的角度对生态补偿机制做出了不同的诠释：马燕（2009）从“生态中心主义”的角度出发，认为生态补偿实际上属于一种手段，使用这种手段可以维护生态平衡，发扬生态正义，最终实现生态环境与社会发展、人与自然和谐共处的目的；曹明德等（2011）

对生态补偿抱着坚定的“受益者付费的”的态度。因为自然资源是有限的，并不可以随意、无节制地开采，所以包括矿产资源在内的所有自然资源必须有偿使用，这就意味着使用者必须向因自己开发资源而导致利益受损或因此付出代价的人以及损害的生态环境支付补偿费用；张举钢等（2007）从税收角度入手，结合英国经济学家马歇尔的“经济外部性”理论，认为通过对开采矿产资源的个体收取矿产资源税的方式可以有效地减少矿产资源开采中带来的负外部性。这种强有力的国家宏观调控手段在矿产资源补偿机制的构建中应该占有重要地位。据此，他提出了自己对于构建矿产资源补偿机制的相关对策与建议：以共有权的形式，将环境产权赋予直接相关性群体；先从受损较大的权益开始制度的构建，逐步扩展到所有的其他权益；政府应当充分利用市场手段参与生态补偿制度的构建。

经过我国学者及政府部门对生态补偿进行了详细深入的研究之后，生态补偿理论在国内得到了一定发展，而近几年，对生态补偿的研究的侧重点就开始偏向于生态补偿的原则、要素、对象、标准、途径和机制，在不同的视角对生态补偿内涵的界定中，“环境付费理论”被大部分专家学者所普遍接受。该理论将生态补偿定义为一种基于生态产品的交易行为。

之后，随着一系列生态补偿的国际会议在我国的召开，生态补偿的研究在我国不断升温，我国的众多学者加入到生态补偿的研究队伍，为我国生态补偿的理论建设作出了重要贡献。2006 年，生态补偿机制国际研讨会在北京召开，它为我国学者提供了一个交流、沟通的平台，不断激发我国学者探求新知的热情。近些年来，不少学者结合本地实际，对生态补偿进行了理论与实践的深入研究，并针对生态补偿机制提出了许多富有建设性的意见，为政府的资源管理提供了较强的理论指导，同时也产生了许多优秀的关于生态补偿的高质量论文。但是相比国外学者，我们关于生态补偿的研究起步较晚，相关的研究任重道远，到目前为止，仍未形成国家层面统一的生态补偿法律、行政法规和政策体系，目前国内相关的法规分布相对零散，比如：水土保持法、土地管理法和一些具体的法律制度。对于生态补偿的具体研究主要集中在对生态补偿的内涵、类型、原则、标准等制度方面，可操作性比较强。在上述研究的基础上，李潇等（2014）认为目前生态补偿制度存在诸如消极怠工、谎报绩效等“敲竹杠”难题，而最优产权治理结构是赋予私人所有者生态资源使用的权力，让渡权、收益权、处置权等也可以包括在内，是生态补偿制度设计的最优模式。冯俏彬等（2014）认为应当在生态补偿制度中引入市场机制，推进中央财政支出、区域横向补偿及市场交易一体化建设，以此提高生态补偿的制度效率，应对当前突出的环境与生态方面的区域间协作问题。袁伟彦等（2015）从西方经济学家科斯、庇古研究的结论出发，认为对生态补偿相关利益主体以激励的方式能很好地实现区域生态环境保护。伏润民等（2015）在生态补偿方式上主张中央对地方生态功能区财政转移支付制度应该定位在生态外溢价值补偿上，同时应建立全国统一的生态功能区转移支付制度体系。李国平等（2015）认为中央政府可以加强对自然风险的防范，降低生态效益产出的不确定性，从而增加收益共享系数，提高县级政府生态保护的积极性。黄顺魁（2016）认为在生态补偿实践中不同的生态资源和生态补偿方式对生态补偿主体、客体、标准、措施和效果都产生不同的影响。蔡军等（2016）在生态补偿不同阶段考虑主体的利益诉求而制定阶段性实施的重点，是现有生态补偿实践中最容易忽视的环节，也是生态补偿机制有效实施的关键。陈业强等（2017）总结了湖南省生态补偿实践及进展，分析了当前湖南省生态补偿中补偿标准低和机制不完善等主要问题，从补偿标准、渠道等五个方面提出了针对性建议。赵亮等（2017）构建了山西省生态补偿体系，阐述了生态补偿的主客体及形式，提出治理责任和多渠道融资等保护机制。孔德帅等（2017）认为国家重点生态功能区转移支付是主体功能区建设背景下协调区域利益的重要措施，合理考核与激励机制则是保障资金使用效果、提高区县政府生态环境保护积极性的重要制度保障。潘佳（2018）认为一直以来，政府的角色定位及功能发挥在生态保护补偿实践中面临诸多难题，其直接原因在于政府的自然资源所有者代表身份与生态保护补偿监督管理者身份混同，为此，亟待推进两权分离。吴乐等（2018）认为只有基于农户的异质性特点对生态补偿机制进行精心设计，发挥不同生态补偿项目的协同作用，才能更好地实现生态保护和缓解贫困两个目标。蒋毓琪等（2018）运用IAD延伸模型，对居民以基础水价提升作为浑河流域生态补偿方式的接受意愿进行研究。

2）生态补偿机制的实践研究

按照时间先后顺序分类，我国生态补偿的实践进程从无到有，主要分为两个部分：20 世纪 90 年代到 21 世纪初，我国的生态补偿刚刚起步，补偿措施仅仅为对从事矿产资源开采的有关企业征收生态和整治税，这样的做法往往流于表面，对实际生态补偿的效果并不理想。例如 1994 年国务院虽然颁布了《矿产资源补偿征收管理办法》，对其中有关矿产资源补偿费用的征收和使用问题进行了详细明确的规定。但是由于受到当时我国经济发展水平的限制，该办法在实际的实行和贯彻中遇到了不少的难题，例如对补贴的去向缺乏勘察的力度，矿产资源补偿费的使用也没有考虑到地区性差异，其中也没有包括生态补偿费等。不过随后，在 1997 年，《中华人民共和国矿产资源法》正式实施，这部法律的第 32 条对生态补偿问题进行了明确规定："开发利用矿产资源，应当节约用地。耕地、草原、林地因采矿受到破坏的，矿山企业应当因地制宜地采取复垦利用、植树种草或者其他利用措施。开发利用矿产资源给他人生产、生活造成损失的，应当负责赔偿，并采取必要的补救措施"。

随着国内外对环境问题的不断重视，除了税收之外，全国各地纷纷开启了生态补偿建设的进程。其中生态补偿建设又分为不同的模式，例如自主性的探索实践形式、国际生态补偿市场交易的参与形式等。这些模式的实施符合绿色经济、可持续发展的理念。

由于我国幅员辽阔，地区差异较大，所以具体到各地的生态补偿，应该因地制宜，针对不同环境制定不同的生态补偿策略。最近几年我国发达的省市县区，结合各地的具体情况，从环境保护、政策制定以及利益相关者等角度制定出了生态补偿的具体措施。例如，浙江省于 2017 年开始提高生态公益林分类补偿标准，将主要干流和重要支流源头县（区）以及国家级和省级自然保护区公益林的补偿标准提高至 40 元/亩；湖南省将中央安排的 2700 万元的预算内资金用于保障生态补偿机制的实施，在湖南省出台的关于健全生态保护补偿机制的实施意见中，明确了要重点加强支持西水、澧水流域环境整治等环境保护以及生态补偿项目的实施。对于重点民族地区荒漠化的治理问题，特别下拨中央预算资金 1.18 亿元，用于治理 336 平方公里（占全省 53%）的沙漠化土壤；湖北省则采取了生态补偿与精准扶贫政策相结合的机制，将用于生态补偿的资金重点用于扶持贫困地区。例如通过基于贫困区居民集体股权进行生态补偿的方式，以鼓励他们在贫困地区大力开发矿产资源等自然资源；新余市采取了“有偿就有补”的生态补偿机制，对生态环境造成污染破坏的地区企业征缴补偿金，然后将这些资金以补助的形式投入到其他地区生态补偿建设项目中去。例如为了改善孔目江的水质不达标情况，政府已对水质不达标流域的3个乡镇征缴了30万元的补偿金，并于此同时对保护孔目江水质有关的生态补偿机制进行一定数目的项目补偿，目前新余市已经设立了1000万元的孔目江水生态补偿基金，以促进该项目的积极建设；浙江省计划于2018～2020年间在钱塘江流域上游的开化县和下游的常山县各出资800万元建立钱塘江流域上下游横向生态补偿资金，并在当地建立了一座地表水质监测站，用来监测该地上下游水质情况。根据检测的结果，计算出补偿指数P。若P≤1，位于下游的常山县则需要根据具体的水体未达标情况按比例从800万元中分出一部分拨付给上游的开化县作为生态补偿资金。若P>1或上游的开化县水质未达标，则开化县同样需要在800万元的限度内按比例拨付给下游的常山县作为生态补偿资金；天津市对生态补偿机制主要以惩罚和奖励并存为核心，以水资源方面的生态补偿为例，政府定期将全市各个区的水资源环境质量进行排序，然后按照不同的名次按规定对各个区进行相对应的惩罚和奖励：从第七名奖励20万元开始，以此类推每前进一名奖励的资金增加20万元。第八名和第九名不惩罚也不奖励，从排名第十的地区开始惩罚20万元，以此类推排名每后退一位惩罚的金额增加20万元；北京在2017年开始制定了更加优厚的山区林木监管员的位置补贴政策，这一举措使得每位林木监管员的收入直接增加了20%，同时北京同步完善了对山区人民所在地的公益林的生态补偿政策，仅此项政策山区人民所得到的人均生态补偿金额增加了75%，此外北京市为了增加就业的同时完善平原林木的生态补偿，还进一步地制定了平原造林管护办法，解决了将近7万人就业问题；1997年，河北省制定了《河北省矿产资源补偿费使用管理办法》。该《办法》对矿产资源补偿费的具体用途做出了明确的规定：“矿产资源补偿费扣除地质矿产行政主管部门的行政经费后，其余部分百分之八十用于矿产资源勘查，百分之二十用于矿产资源的开发保护”，《办法》的出台不仅加强了矿产资源补偿费的使用管理，还切实提高了矿产资源生态补偿的效率；2000年，浙江省制定了《矿产资源管理条例》，其中第24条明确规定了矿山企业应对因开采造成的生态环境的破坏承担责任，并对造成的损害进行修缮与恢复；2003 年，西藏颁布了《黄金矿山地质环境的恢复保证金制度》，该制度规定了在西藏自治区范围内所开采的金矿，开采企业除了在开采前缴纳一定数额的保证金之外，还必须履行环境保护的职责。

3. 国内外研究进展简要评述

通过对现有的文献进行梳理，对与矿产资源开发有关的生态环境状况评价、矿产资源开发生态补偿机制以及生命周期的相关理论、评价方法和实践进行了分析，并经过归纳和总结发现，国外关于矿产资源开发生态补偿方面的研究较多，上述研究成果为本书更好地把握江西省矿产资源开发利用的环境生态补偿问题研究提供了重要的借鉴和指导，但是其相关理论仍有一些不足之处需要进一步探讨。

以往的研究主要集中在流域和森林生态补偿方面，对于矿产资源开发利用的环境生态补偿研究较少且研究不够深入。矿产资源开发对生态环境的破坏与其他资源开发不同，其具有较为明显的潜伏性，所以与其产生的短期经济效应相比，比较容易受到忽略。所以有关学者在对其进行研究的时候容易受到其对环境造成的滞后性影响，给矿产资源补偿对生态环境的影响做出正确客观的分析和评价带来了不小的难度。加之我国生态系统过于复杂和敏感，区域差别大，所以目前有关学者对矿产资源开发生态补偿的研究还需进一步深入。

关于生态补偿的研究，不同国家研究的重点各不相同。西方发达国家由于经济发展水平较高，对有关矿产资源开发生态补偿的研究较早，积累了较为丰富的经验，研究的重点集聚在补偿资金的有效调配；但是国内的研究仍停留在如何筹集补偿资金以及如何制定生态补偿政策，生态补偿有效落实进展缓慢，以财政转移支付的生态补偿方式可持续性饱受质疑。具体说来，国外实施的生态服务付费（payment for ecosystem services，PES）有坚实的理论基础和执行力度，善于利用市场机制建立融资渠道，形成了相关政策及制度框架；而我国目前更多侧重于宏观政策探讨，对矿产资源开发生态补偿理论的相关研究仍相对薄弱，对矿产资源开发造成的生态损失量化方法亟待完善，针对矿产资源开发生态补偿机制的建立仍较为困难。理论与实际运用存在较大的差距，其原因在于“谁破坏，谁付费”原则难以落实，“输血式”生态补偿越来越难推行，“造血式”生态补偿仍然需要不断探索。

近年来，国内学者从实践经验出发，从宏观层面研究生态补偿机制，进而提出适合地区实际的保障措施，但由于我国目前对生态补偿主客体的界定相对模糊，致使矿产资源开发生态补偿的标准难以统一，形成统一的补偿标准暂时较为困难。并且由于我国尚未出台针对性较强的矿产资源开发生态补偿具体执行方法的法律法规，所以导致我国针对矿产资源开发生态补偿机制可供借鉴的案例研究较少，进而导致矿产资源开发生态补偿工作进展缓慢。

对矿产资源生态补偿机制利益相关者研究较为缺乏。从上述文献分析可以看出，矿产资源生态补偿涉及的利益相关者较为复杂，这就会使得补偿过程中的责任划分可能会出现模糊不清的情况，各个补偿主体会对各自应当承担的责任大小产生分歧，这也给矿产资源生态补偿标准的制定增加了难度，也使得生态补偿工作难以推动。

四、研究内容、方法和技术路线

1. 研究内容

本书总共分为以下七章：

第一章　绪论。主要介绍了选题的背景，研究的目的和意义，矿产资源开发生态补偿国内外研究进展，以及研究方法、技术路线图等。

第二章　研究综述及理论基础。主要界定了生态补偿的内涵、目的及性质，阐述了与生态补偿相关的理论基础。

第三章　江西省矿产资源开发及生态补偿现状分析。主要介绍了江西省矿产资源开发现状及对生态环境的影响，矿产资源开发生态补偿政策及生态补偿存在问题。

第四章　江西省矿产资源开发生态补偿指标及费用模型构建。首先界定了江西省矿产资源开发环境生态补偿的主体、客体及利益相关方的行为，其次阐述了矿产资源开发环境生态补偿原则和补偿形式，最后构建了基于层次分析法的生态补偿指标及费用征收模型。

第五章 国内外矿产资源开发生态补偿的实践经验和启示。归纳总结了国内外在矿产资源开发环境生态补偿方面的实践经验以及生态补偿机制和法律法规方面的启示。

第六章 江西省矿产资源开发环境生态补偿政策建议。在江西省矿产资源开发与环境生态补偿现状基础上，结合江西省矿产资源开发环境生态补偿指标体系及标准模型，同时借鉴国内外矿产资源开发生态补偿成功实践，提出了江西省矿产资源开发环境生态补偿政策建议。

第七章 结论与展望。

2. 研究方法

本书采用文献分析法、层次分析法、比较分析、博弈分析法等相结合的方法，对江西省矿产资源开发利用的环境生态补偿进行了具体研究。

1）文献分析法

总结和整理了国内外有关矿产资源开采的环境生态补偿等相关文献，正是由于前辈的研究，为本书撰写江西省矿产资源开发环境生态补偿提供了方法及理论支撑。

2）层次分析法

针对江西矿山治理任务繁重，补偿治理资金短缺现实情况，构建了生态补偿指标体系，运用层次分析法确定了补偿指标权重及补偿指标间的先后补偿顺序。

3. 技术路线

技术路线如图 1.1 所示。

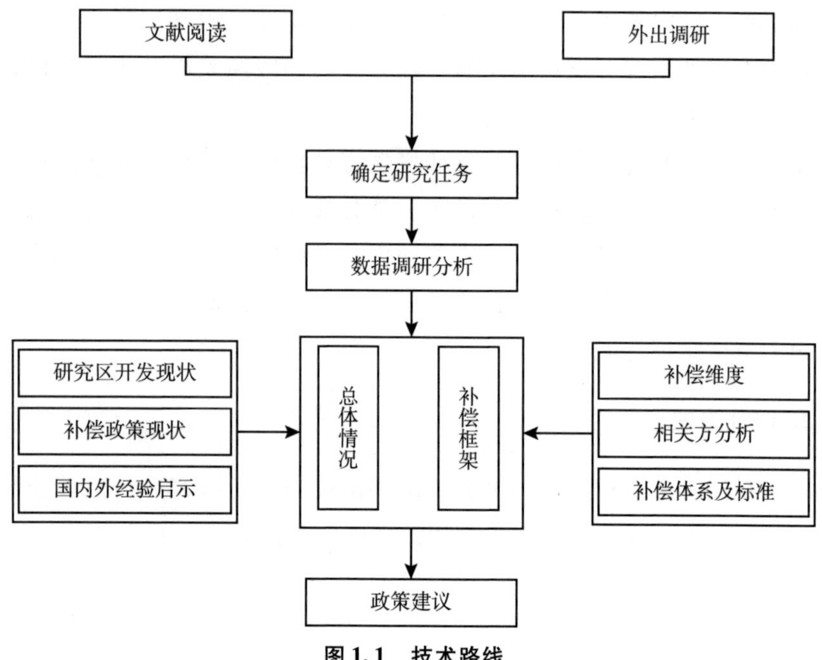

文献阅读
外出调研
确定研究任务
数据调研分析
研究区开发现状
补偿政策现状
国内外经验启示
总体情况
补偿框架
补偿维度
相关方分析
补偿体系及标准
政策建议

图 1.1　技术路线

第二章

研究综述及理论基础

一、生态补偿研究综述

1. 生态补偿内涵

目前，有关生态补偿的定义，国内外学者尚未形成统一意见，但其实质是一种经济手段。哥斯达黎加最早提出生态补偿的概念——“生态服务付费”，客观描述了生态服务费用、生态服务提供者和生态服务受益者。《环境科学大辞典》中将生态补偿定义为“生物有机体、种群、群落或者生态系统受到干扰时，所表现出来的缓和干扰、调节自身状态使生存得以维持的能力，或者可以看作生态负荷的还原能力”或是自然生态系统对由于社会、经济活动造成的生态环境破坏所起的缓冲和补偿作用。通过对国内外学者的研究进行梳理可以发现，生态补偿主要有狭义和广义两种含义。狭义的生态补偿主要是指通过对破坏（或保护）环境的行为进行赔偿（或奖励），以达到环境保护的目的。广义的生态补偿对前者进一步扩充，应采用收费的方式，加大环境破坏者的成本，使其减少不利于生态环境的行为。狭义的生态补偿的概念与国际上使用的生态服务付费（payment for ecosystem services，PES）或生态效益付费（payment for ecological benefit，PEB）有相似之处。

本书研究的对象是指广义的生态补偿。

在生态补偿的内涵研究方面，国内的学者从不同的方面对其进行了解释，本书梳理了几个具有代表性的观点。第一种观点，毛显强等（2002）

认为生态补偿是一种环境保护的经济手段，是“指通过收取（或补偿）伤害（或保护）环境资源的行为来增加该行为的成本（或利益），使行为主体减少不经济行为，达到保护资源的目的”。第二种观点强调对破坏行为进行校正，如黄锡生（2006）认为矿产资源生态补偿就是指因矿山企业开采利用矿产资源的行为，对破坏矿区资源、污染环境及城市发展机会丧失而给与资金、财政及税收等方面的优惠，推进治理恢复工作。张复明（2009）提出矿产开发的资源生态环境补偿，不仅包括生态环境补偿，还应包括可耗竭矿产资源的价值补偿、矿区或区域可持续发展能力补偿。李超峰（2015）认为矿产资源生态补偿是指资源的开发造成矿产地环境污染、破坏及其他损害，为治理、修复、校正而采取的一系列优惠措施，比如资金支持、政策扶持等。第三种观点从狭义和广义角度进行了区分，沈友华等（2018）则认为矿产资源生态补偿有狭义和广义之分，狭义生态补偿是指对矿产开发造成的自然和生态损害进行校正需要的赔偿成本；广义概念的补偿还包括对生态系统价值及居民发展机会丧失补偿。

国外对生态补偿的研究相对来说比较成熟，他们更加注重研究在实际运用的可操作性。国外一般将生态补偿称为“生态/环境服务付费”（payment for ecological/environmental services，PES）、生态/环境服务市场（market for ecological/environmental services，MES）和生态环境服务补偿（compensation for ecological/environmental services，CES）。PES 主要是指生态环境的破坏者对生态环境的保护者的经济补偿，从而激励更多的环境保护行为。其主要有两种方式：一种是公共支付（public payment schemes），即政府运用公共财政或国家金融渠道购买生态服务，再提供给全体社会成员，1985 年美国实行的保护性储备计划就是典型代表；另一种是市场主导的补偿方式，主要包括私人交易、配额交易、生态认证计划。尼亚格、托马斯和克劳迪亚（Niak Sian Koh，Thomas Hahn & ClaudiaItuarte - Lima，2017）认为生态补偿作为一项政策指导正在被探索，生态补偿普遍支持污染者付费原则，但我们建议开发者付费是一个更全面的原则；解决社会生态弹性面临生态补偿的风险，地方和国家层面的保障是必要的；对自然保护来说，生态补偿不是主要的工具，除了生态系统服务可持续和均等的利益之外，一个强有力的法律架构在保护生物多样性和生态系统方面起到补充性作用。

2. 生态补偿的目的

江西省成矿地质条件优越，矿产资源非常丰富，其中有色、稀有、稀土和铀矿产在全国都有着举足轻重的地位。有着“七朵金花”美誉的铜矿、钨矿、稀土矿、铀矿、钽铌矿、金矿、银矿广为人知，特别是钨矿、稀土矿享誉世界。长期的矿产资源开发对江西省地质生态环境造成了严重的影响，主要表现为地形地貌景观破坏、地面塌陷、地裂缝、崩塌、滑坡、含水层破坏等。矿山开采不仅破坏了自然生态环境，引发地质灾害，同时也给矿区周边居民的生活带来了不少困扰。如何正确处理矿山开采与环境保护的关系，正是全省面临的比较急迫的难题，生态补偿也正是在这样的情形下应运而生。巧妙设计生态补偿政策，实现生态补偿目的，不仅考验着省环境保护部门，也同时考验着全省百姓的智慧。关于生态补偿的目的可以说是仁者见仁智者见智，何立华（2016）认为实施生态补偿的本质目的在于提升生态环境建设的社会效率。本书认为江西省的生态补偿问题的本质就是要处理破坏者、保护者、受害者、受益者之间的关系，通过市场和行政手段去约束矿产资源开发者（受益者）的破坏行为，使其主动去修复矿产开采导致的生态损害，让采矿责任人形成保护环境的意识，使其做一个保护生态环境的实践者；生态补偿同时有利于调整生态破坏者与保护者之间的关系，通过向生态环境的破坏者收取一定的费用，补偿生态环境保护者的保护成本，它实质向社会传输了一个信号：保护生态是一种值得肯定的行为，会促使社会大众更加关心生态建设；在矿产资源开采过程中，排放的废水、废气、固体废弃物等污染物严重影响着周边居民的生产生活，给他们的健康也造成了一定程度的影响，这些损失也需要向受益者收取费用进行转移支付补偿其损失。从上述的叙述中，可以看出生态补偿的目的包含着矿产开发产生的外部性成本内部化。

3. 生态补偿的机制和内容

生态补偿机制旨在建立美丽生态的和谐社会，是基于生态保护行为的价值、成本、机会成本，综合利用好政府和市场的职能而调整美丽生态环境建设和保护相关利益主体之间关系的制度。目前，我国生态补偿机制有公共政策和市场手段两大类，这一补偿机制的形成有利于提高地区经济的自我发展能力、顺利开展美丽生态环境保护，合理、有效开采宝贵的生态资源，平衡各地区之间经济差异。自2011年起，财政部等部门开始组织生态补偿机制试点工作，新安江就在其中，各方约定，若安徽流出水质达到要求，浙江将补偿给安徽1亿元作为补偿。三年以来，这一机制果然让新安江水更清了，草更绿了，群众舒适度和满意度大大提高。生态补偿机制的进行要求在公平、效率、使用者付费、市场和政府互补等原则下确定补偿对象、标准、途径、运行方式、评价机制等方面，并不断完善。

1）国外生态补偿机制

在国外，许多国家开始重视生态补偿方面的研究，主要侧重于生态补偿计算和补偿模式。机会成本是被普遍接受的一种补偿方式。麦克兰（Macillan，1998）认为生态补偿标准与生态服务没有直接关系，与机会成本是直接相关的。乔斯特（Johst，2002）通过创建生态化经济模型程序，预测不同生物功能时间和空间差别下的补偿，为制定合理补偿标准提供数据支持。此外，阿罗（Arrow，1993）研究发现条件估值方法也被视为评价生态系统服务和公共产品的有效方法之一。莫兰和麦克维特（Moran & McVitte，2007）研究发现，在美化环境和提升社会福利基础上，居民接受以收入税方式付费生态补偿。马泰罗（Matero，2007）建立森林经济相连互动模型，并将森林生态的服务价值纳入芬兰森林资产核算体系。蒂尔等（Till et al.，2012）十分关注森林调节相关生态服务，强调REDD+[①]机制应与国际标准接轨。怀南斯（Winans，2015）利用收益—成本法，明确提升森林资源的固碳法。托里斯（Torres，2013）利用逻辑模型探索居民生态补偿意愿，发现生态环境满意度和对生态补偿的认知是主要影响因素，并提出建立森林生态碳排放交易市场。具体而言，国外生态补偿机制有以下几种方式：

一是政府作为唯一补偿主体。在这一机制下，对于某些自然因素或人为因素造成的生态环境损失，政府作为唯一补偿的主体，其中德国就是一

① REDD+（Reducing greenhouse gas Emissions from Deforestation and forest Degradation indeveloping countries），指发展中国家通过减少毁林与森林退化减排，以及森林保护、可持续管理、增加森林碳库。为了区别UN-REDD，命名为REDD+。"+"的含义是增加碳汇。

个典型例子，作为欧洲最早开始生态补偿的国家之一，其根据地理条件和历史背景来设计具有鲜明特点的生态补偿体系：资金充裕、计量公正、资金主要从富裕地区向贫穷地区流动，维持不同区域之间的利益格局和公共服务水平。其资金主要来自扣除25%后的销售税及富裕州对贫困州的财政补助，属于转移支付，另外，也会向企业和居民收取一定的排污费，作为制约措施。以德国的易北河流域为例，在整治前水质下降速度极快，政府在河的两边建成总体量达1500平方米的7个大型公园，并在河的两边建有200多个自然保护地，严禁在保护区内及附近设立厂房、修房或从事其他影响生态的活动，目前，该河的水质量基本达到了饮用水标准，经济和社会效益显著。

二是政府主导。在这一模式下，政府是生态补偿的主要支付者，包括损益性生态补偿及增益性生态补偿。以美国的“土地退耕计划”为例，在该计划中，农民在十年内进行退耕等生态修复活动，政府则给予一定补偿。这一模式有效保护了易被化学成分侵蚀及适应能力差的农作物用地，改善了水质、土壤、植被环境。在此前提下，美国对公民在土地和自然资源产权划分方面界定明确，考虑到保护公民利益为原则，将生态补偿额度与实际情况联系，将损失降到最低，促进自然生态资源价值良好运转，激发公民保护生态积极性。美国这一补偿金主要来自保护植被设施成本及土地租金的补贴。根据不同耕地的区域所需生产要求不同，农业部根据土地租金及相对生产率确定单位最高补偿金，标准因而呈现多样化趋势。同时，还向农民提供不超过成本50%的补偿。研究表明，实施生态补偿后，近半的土地状况有所好转。该机制充分利用市场机制，并在实施过程中动态调整，关键之处在于把政府和市场相结合。但部分产量高的地区农民期望的补偿往往高于最高补偿标准，政府随后引入环境效益指数，降低补偿门槛，将野生动物栖息处也纳入保护计划。①

三是市场化运作。在这一情形下，政府打造新型生态补偿产品，即相对明确的产权关系。仍以美国为例，其通过立法限制自然资源用户的义务和标准配额。未完成或超标用户需要在市场中购买相应信用度。欧盟则开启产品设计、生产、销售、售后等环节的绿色认证，以确保产品在生命周

---

① 刘嘉尧，吕志祥．美国土地休耕保护计划及借鉴［J］．商业研究，2009（8）：134－136.

期内都将污染降至最低。澳大利亚则将生态服务市场化，并实施排出许可制度以限制排放，在市场交易中，生态服务的提供者将获得收益。哥斯达黎加则将多余的碳汇总出口给其他国家，收入大部分用于补偿林主。纵观国外生态补偿机制，可以为我国建立生态补偿机制提供以下经验：首先，在生态补偿中引入市场机制；其次，明确权属结构、补偿主体和客体权责；最后，在各地区进行横向转移支付。具体如下：第一，通过立法对破坏环境行为约束和惩处，并激励保护环境的行为，尽快出台《生态补偿条例》，在此基础上尽快出台生态补偿相关法律。法律是最强有力的保障，根据“有法必依、执法必严”的要求，确定法律层面的生态补偿机制，为制度的推行实施提高效率。在此过程中，可选择条件允许的地方先行试点，探索有关实施细则和步骤，发现不足之处，在进行经验总结和完善后逐步推广。第二，建立环境相关税收制度，适度引入固体废弃物污染税、空气污染税、注册税等税种，并将税收投入环境保护工作中，最大程度发挥税种在环保中的作用。在我国环境相关税法中，可将某些高污染的产品采取环境附加税费的形式添加到消费税中，税目划分不宜过细。第三，设立生态补偿保证金。对于矿山，应创建以土地二次发掘为重点的生态保证金，计划发掘矿山的企业在交付保证金并通过查核后才能获得采矿资格，保证金数量根据该年环境治理的成本加以确定，交付方式可以开设专门账户或环境保护部门征收等方式进行。当开采企业未履行保证义务或超标排放污染物时，保证金将被没收。第四，充分发挥政府在市场经济中的关系和作用。政府在生态环境补偿中起决定性的作用，既是规则的制定者，也是规则的参与者，是生态利益的购买者，能够利用市场机制调节经营者之间既得利益。现如今许多国家仍以政府购买作为主要的生态补偿模式，财政拨付是补偿金的主要构成。美国等国家的经验表明，市场竞争机制在环境保护中发挥的作用是不可小觑的，政府为了达到最好效果，可运用经济政策和市场关系调节生产，提高生态效益。因此，我国也应在生态补偿过程中遵循“政府＋市场双重调节”原则，在完善税收关系的同时，逐步优化价格体系及交易模式，创建公正的利益共同体和责任共担体系。

2）国内生态补偿机制

目前，我国每年因土地退化而造成的直接的经济损失都高达百亿，且沙尘暴天气不断增加，多数北方城市供水不足，饮用水源受到不同程度的污染，森林覆盖率低于世界平均水平，二氧化硫排放量超出国家标准一半以上，生产生活垃圾以每年10%的速度猛增。种种现象不断向国人警示环境保护的重要性，要对损害生态环境的行为进行收费，也迫切需要对受到损害的人群进行补偿。我国对生态补偿机制的研究相对起步较晚。谢高地等（2015）通过因子计量中国生态环境中11种生态服务的经济价值，其每年总服务价值约38万亿元，其中森林生态服务价值占比接近一半。张颖等（2013）对江西瑞昌某地农户进行调查发现，林农能接受的补偿意愿值为350元/公顷，远低于生态补偿标准。常丽霞（2014）调查发现，我国西北地区生态环境较为脆弱，对补偿的需求也很强烈，而资金的来源、补偿的范围、补偿主体、监管配套保障等方面都需要完善和落实。吴超凡（2016）借助遥感技术，与数学模型结合后，测算并分析林地生物量的分布规律及时空变化规律，明确生态服务价值的估算方法。具体而言，我国生态环境补偿实践按时间先后可划分为四个过程：第一，萌芽状态（20世纪50年代至80年代初期）。当时，中华人民共和国初建，百废待兴，各方面的政策也不完善，并无具体的生态环境补偿措施。到80年代，建立林业修复基金的想法开始受到广泛关注。森林矿产资源的大规模开发产生的不可修复问题促使我国开始对生态补偿及修复问题进行探索。当然，这只是意识层面的形成，还没形成具体措施。第二，缓慢发展状态（20世纪80年代中期至90年代中后期）。这一时期，国家进一步加强对生态的监督和治理，颁布了多部资源环境相关法律法规，为生态补偿工作的进行提供了有力的实施依据。1990年，国务院提出“开发者保护，破坏者修复、利用者补偿”等生态补偿方针，首次确定了相关政策思路。第三，快速发展状态（20世纪90年代末至“十五”末）。这一时期，开始实施天然生态林保护、退耕、退牧等政策，出台和实施了有关生态环境保护和补偿方案，推动生态补偿进入快速发展的阶段。第四，全面发展状态（2005年之后）。步入21世纪以来，生态补偿受到高度重视，由“谁利用谁补偿”改为“谁受益谁补偿”，建立较为完整的生态补偿机制，并在“保护区、水河流域”等多角度开展生态环境补偿试点，推动生态环境补偿工作高质量、高层次发展。目前，我国生态补偿的方式可归结为国家统筹、地方主导、自发交易等类型，补偿资金主要用于保护水土资源和净化水质等方面。具体而言，我国生态补偿机制可分为政府补偿和市场化补偿两大类。

一是政府补偿。第一，政府通过中央向地方的财政转移支付来实现大部分生态补偿，并实现年均增长20%以上；第二，是自1984年开始征收的资源税，其最初旨在调节收入级差，在1994年税制改革后，资源税不再是中央税，而是转为地方税，调节收入级差的效果也就不明显，但仍在控制污染、保护生态等方面具有重要作用；第三，还有政府“赎买”制度，针对“靠山吃山”的农民，为了禁止其过度性采伐，国家开始将生态公益林赎买并变为国有，在这一过程中要考虑到林地的权属关系和土地的内涵价值，并照顾到农户的生存状况。

二是市场化补偿。市场化补偿相对而言是一种激励式补偿制度，以市场化的调节思路内部消化生态环境补偿。第一，可实行生态补偿费模式，用于采矿区植被及其他生态环境的修复；第二，排污许可权市场交易机制。早在1994年，我国就开始在包头等6个城市开展排污交易政策试点工作；第三，还有水权交易机制，细分为跨行业的水权交易及流域上下游的水权交易，若上游地区给下游地区提供了优质的水资源，则下游地区应以某种方式回报给上游地区，从而实现双赢，此种方式建立在对生态环境价值评估的基础上，因此，相关部门应该加快探索建立环境资源价值评估体系，并制定科学合理的补偿标准；第四，林权制度改革，自2003年开始，江西等地积极推进林业改革，加强对当地农户的思想教育，生态环境大大改善。

生态补偿的重点首先在于建立健全生态环境补偿的长效机制，从立法角度规范生态环境的保护；其次要积极推进环境税收相关制度，引入生态环境补偿保证金；最后要建立横向转移支付的补偿体系，对限制开发区域和禁止开发区域予以相应政策倾斜，将横向资金转移支付给因保护环境而牺牲个人利益和集体利益的地区。对于生态环境保护意识、生态环境补偿标准的建立、环境价值核算、影响计费依据和补偿标准及如何拨付资金等问题，要推动定性评价向定量评价转变，为生态环境补偿机制的有效建立提供技术支持。我国在2000年以后实行了退耕、退牧、公益林补偿金等环境保护政策，但在计算补偿额度时只考虑了种粮的机会成本，忽视了发展的机会成本，这和发达国家相比较而言还有较大差距。此外，部分地区的生态环境补偿金还不能完全到位，目标也不是很明确。因此，各地区不仅需要生态保护建设资金，也需要改善当地发展水平和公众福利，提升生活水准。除此之外，和生态补偿相关的一个重要概念即资源有偿使用制度，资源的有偿使用能更好地推进生态补偿工作的顺利开展。要将资源有偿使用的观念深入人心，就要真实体现资源的稀缺度、市场的需求程度、建立环境损害成本的价格机制，按可持续发展的原则，构建自然资源的合理价格关系，处理好自然资源和产品、土地、水域资源之间的价格关系，让资源价格回归正常水平。制定价格时综合考虑内生价值、开采技术难易、对环境的破坏等因素，完善价格体系，严格保障资源的有偿开采规定，企业交纳一定税费后才能取得开采权，保证供给的公平，严禁无偿侵占资源。要发挥好财政的预算职能和资源配置作用，合理分摊各项成本费用，专款专用，监督各地区有偿使用工作开展情况，加强资源开发管理和宏观调控，营造公平公正的资源市场。

3）生态补偿的内容

生态补偿首先包括对生态系统被破坏的成本补偿以及将生态经济效益的外部性转为内部性；其次是对因保护环境而做出发展成本牺牲或投入的人力物力进行补偿；最后要对具备重大生态价值的区域进行保护性的投入。政府将环境财政纳入公共财政范畴，将生态补偿纳入财政预算并加大财政转移支付中生态补偿的占比，通过彩票、债券等形式扩大资金来源。补偿资金向老区、偏远地区倾斜，向水源、自然生态保护区倾斜，推动生态补偿与土地政策相结合，大力支持风能、沼气等生态保护明显的项目，取缔高污染、高能耗企业，发展低碳绿色企业，实现良性循环，促进中西部地区高校协同发展。在税收方面，可考虑开征新的环境税，调整现有资源税，在税目中增加水资源税、草场资源税等，将计税基础从销量改为产量，着重征收稀缺性资源，提高资源开发使用效率；完善矿产、土地等各类资源的征税管理办法；建立完善的投融资体制，按“谁投资、谁受益”原则引导社会积极参与；培育开放生产要素市场、排污权交易体系；建立生态补偿和扶贫开发协同机制，加强生态补偿的业绩评价。

因此，生态补偿的原则包括公平性原则、效率性原则、可持续性原则、受益者付费原则、政府与市场互补原则；补偿主体包括政府、企业、居民、社会组织、国外政府和组织等；补偿课题包括水土保持、野生动物保护、流域生态环境保护、湿地保护、自然景观保护、动植物多样性保护、丧失的公平发展权等；补偿对象包括生态环境的建设者、生态区域内的政府和居民、资源开采区内的单位和居民、合同一方当事人、国家等；计算补偿数额时，要考虑生态保护者的直接投入和机会成本、恢复成本、功能价值等；补偿途径有政策补偿、实物补偿、资金补偿、项目补偿、技术补偿、移民、教育支持等。

二、环境补偿的经济学理论基础

本书关于环境生态补偿以相关经济学理论为基础进行阐述，由于现行资源补偿已经通过资源税和矿产资源补偿费得到体现，当前国家针对矿产开发设置的税费政策剔除了资源耗竭性理论针对的资源补偿。所以本书主要以公共产品理论、产权理论、博弈论及利益相关者理论为基础，考虑环境破坏补偿、环境污染补偿、其他损害补偿，并以此为依据构建具有江西省省情的生态补偿指标体系及征费标准，提出相关政策建议。

1. 公共产品理论

公共产品和私人产品不同，不具有排他性和竞争性，换言之，对于既定水平的公共产品，增加额外一个人的消费不会引起产品成本的增加，即产品的边际成本等于零；另外，只要社会存在公共产品，就不能阻碍社会中的任何一个人消费该种产品。正是由于公共产品具有这两种特性，才产生了公地悲剧，即公共资源的过度消耗，导致公共资源耗竭的后果。耕地生态系统公共产品的属性决定了其供给失衡、受保护程度低、过度使用、监督缺位等问题。举个现实的例子：在某些贫困的地区，一些居民为了自己的利益大肆砍伐公共森林，他只会从自己的利益出发，只会考虑森林砍伐产生的收益，而不考虑砍伐森林的成本，最终导致生态恶化。生态服务属于公共产品，增加额外一个人的消费不会引起成本的增加。附着在矿产资源之上的耕地、林地、草地等自然资源发挥着调节气候、涵养水源、净化空气等作用，它们与矿产资源一起构成了一个良性的生态系统。正是由于人类社会边际成本的不断需求，导致资源枯竭和环境恶化。正是因为私人边际成本小于社会边际成本，导致均衡的打破。矿产资源的开采是存在责任主体的开采，它应该承担起弥补外部性损失的责任。而不能像政府提供的公共品，由政府买单，最终会分摊到社会公众。政府应当督促企业履行修复矿山的义务，从而在一定程度上缓解矿产开采对生态环境破坏的影响。当政府督促企业对矿山展开修复，矿山企业的私人成本增加，如果私人边际成本曲线上升到与社会边际成本曲线重合，就实现了破坏生态的成本与收益的均衡，最终实现矿产开采的供需平衡，矿产无序开采状况在某种程度上得到缓解。当然，采矿供需平衡问题是一个非常复杂的问题，涉及许多影响因素，不仅需要政府的宏观调控，更需要市场这一只看不见的手的有效配置。除以上两个特点外，公共产品还具有不可分割性，而私人产品遵循“谁付款，谁收益”原则。

公共产品理论是经济学中的一项基本理论，能准确地处理好政府和市场的关系、政府职能的转变等方面的问题。根据西方经济理论，一方面，由于“市场失灵”的存在，很难在一切领域达到“帕累托最优”，尤其是在公共产品方面，这部分缺陷若由私人提供，就容易出现“搭便车”现象，难以实现社会利益最大化，此时需要政府出面提供公共产品或劳务。另一方面，外部效益的客观存在也会导致私人供给不足，也需要政府用公共产品或劳务弥补该“市场缺陷”。这样一来，政府通过税收确定人民使用公共产品和劳务的代价，政府不仅要为经济发展提供必要的外部条件，还要发挥查漏补缺和调节矫正作用。财政也不再仅仅是一种分配活动，还成为一种生产活动。理论上，政府可以用税收收入提供公共产品，但是在公共领域没有市场机制，个人偏好不易知晓，况且人们有“搭便车”动机，容易隐瞒自己的公共产品消费偏好，于是产生了“信息不对称”，公共产品理论在“诱导人说真话”方面做出了贡献。公共产品理论的一个发展方向是公共选择理论，其研究政府层面对公共产品的决策选择，即非市场决策，把政府理解成负责履行公共产品生产的特殊部门，不再把公共产品选择问题看成社会福利最优化问题，而是还原为社会利益冲突问题，实质仍是建立在个人理性和选择基础上，是现代微观经济学的重要突破。从现实意义角度来说，公共产品理论对我国改革的实践有很强的解释力和借鉴作用，计划经济中大量产品都是公共产品，效率低下，制约经济的发展，完善市场经济后，情况大大改善。从宏观层面来说，制度和政策也是公共产品，通过公共产品理论分析制度变迁，分析市场和“公共选择”两种资源配置方式，尤其是对政府行为边界及其公共产品生产效率进行研究有很强的现实意义。改革作为一个制度变迁过程本身就是公共选择的产物。

2. 博弈论

博弈论又称对策论、游戏理论或策略运筹学，是现代数学的重要组成部分。博弈论主要研究公式化了的激励结构间的相互作用，决策主体的决策行为及关于这种决策的均衡问题，是研究具有竞争现象的理论方法。博弈论考虑游戏中个体的预计行为和实际行为，并分析研究最优策略。它最初由德国数学家、哲学家莱布尼兹于1710年提出。1713年，瓦尔德格雷夫首次提出了对策论中的极大中的极小定理。然而直到1944年，冯·诺伊曼和奥斯卡·摩根斯坦合著《博弈论与经济行为》一书的出版才标志着博弈论已广泛应用于经济学领域。生物学家也通过博弈论来解释和预测进化论的一些结果。博弈论可以分为合作博弈与非合作博弈两种类型。在现实中，主要指非合作博弈。博弈论的概念包括参与人、行动、信息、策略、得失、结果和均衡。每一个有决策权的人都是参与人，有两个参与人时称为两人博弈，多于两个参与人时称为多人博弈。每一次博弈，各个参与者都可以选择不同的行动方案，该方案也称为策略，若策略有限，称为有限博弈，否则为无限博弈。每一次博弈的结果好坏成为得失。每个参与者在一次博弈中的得失不仅与其自身有关，还与其他参与者有关。博弈论假设决策的主体都是理性的，为了各自的利益最大化，每个参与人所处的环境及其他参与者的行为都能形成正确的信念和预期。博弈根据不同的标准有不同的分类，按是否合作可以分为合作博弈和非合作博弈，按信息公开程度分为完全信息博弈和不完全信息博弈，按表现形式分为一般型博弈和展开型博弈，按逻辑基础分为传统博弈和演化博弈。经典的博弈模型有：纳什均衡模型、囚徒困境模型、智猪博弈模型、美女的硬币模型等，我国相关书籍有《孙子兵法》《博弈论的诡计》等。当传统工具和博弈论相结合，可以帮助企业解决战略定位、股权融资、商业模式研究等问题。

由于当今社会的复杂性，关于社会生活中的博弈研究已经扩展到多方博弈，通过相关研究能使我们对社会生活现象有一个更深刻的理解。研究显示，在矿区仅仅通过政府或者企业进行单一的生态补偿已经无法达到最优结构，必须引入市场化、多元化的补偿机制，可转为政府、居民、企业三方共同补偿，以演化博弈均衡为基础，平衡三方利益冲突，寻求利益主体方均衡结构，使矿产资源补偿效果达到最优。透过对矿山企业生态补偿进行研究，我们其实很容易发现矿山企业开发矿产的行为涉及到了多方利益主体，他们之间都不同程度上存在博弈问题。地方政府与中央政府之间、地方政府与企业之间、企业与其他利益相关者（主要是居民）之间、其他利益相关者（主要是居民）与政府之间，既存在着斗争，也存在合作。政府监管和居民监督对企业是否积极进行生态补偿有重要影响。同时，企业自主进行生态补偿又对监督者具有反作用，居民是否维权对政府和企业也有影响。当政府大力处罚生态补偿不力的企业时，或企业进行补偿获得的补贴高于生态补偿成本时，企业更愿意进行生态补偿。政府监管成本越低时，相对收益越大，于是倾向于监管。居民维权成本越低、途径越方便时，收益越大，也倾向于主动维权。而现实中企业往往不会积极主动进行生态补偿，一旦政府放松监管、居民降低维权概率，企业就会对生态补偿有着消极甚至逃避的态度，以寻求自身利益最大化。不同的当事主体站在自身的角度有不同的利益诉求：中央政府希望地方政府严格执行中央关于矿产开发的相关政策，妥善解决不同利益主体的利益诉求；地方政府代表国家行使管理权，一方面落实国家政策规范矿山开采行为，享受着矿山经济带来的好处，另一方面它们利用国家政策使地方利益实现最大化；矿山企业是盈利性组织，其开发矿产的目的就是要获取利润实现企业的生存和发展。它们通过销售矿产获取资金，缴纳相关税费，同时将剩余资金注入企业实现循环发展；其他利益相关者（主要是居民）因为自身环境受到了污染，迫切希望通过抗争行动得到机会成本补偿。因此，政府应建立监管机制，促使企业主动进行生态补偿，同时，升级监管设备，组建强有力的监管队伍，降低监管成本，强化监管力度；企业作为矿产资源开采中的最大利益者应增强自身社会责任意识，主动对矿区居民进行生态补偿，并交纳税费，积极引进先进的生态补偿技术，降低补偿成本，提高收益；居民应提高自身维权意识，积极维护自身合法权益，作为直接受益者和直接受害者，更应加强对当地生态环境的保护，减少政府与企业的合谋可能。本书主要阐述主要利益相关者之间的博弈行为，为地方政府的补偿政策提供相关借鉴。

3. 利益相关者理论

利益相关者理论源于20世纪60年代的西方，其影响在80年代开始扩大，它不仅影响着西方国家的治理模式，而且还影响着它们的管理方式。利益相关者理论的出现有着深刻的理论背景和实践依据。利益相关者理论认为随着时代的发展，物质资本所有者在公司中的地位将逐渐弱化，其强烈反对公司是由持有该公司普通股的个人和机构所有，质疑以股东为中心的股东财富最大化理论。利益相关者理论强调利益的平衡，股东只是利益相关者的一方，企业的生存与发展离不开其他利益相关者的积极参与。利益相关者可以分为内部利益相关者与外部利益相关者，内部利益相关者包括股东、员工等，外部利益相关者包括银行、债权人、消费者、供应商、政府、媒体和社区等。他们与企业的发展密切联系，有的分担了企业的经营风险，有的为生产经营付出了代价，有的监督企业的运行，企业的经营决策必须考虑他们的利益并受到他们的制约。从这个意义讲，企业是一种智力和管理专业化投资的制度安排，企业的生存和发展依赖于企业对各利益相关者利益要求的回应的质量，而不仅仅取决于股东。这一企业管理思想从理论上阐述了企业绩效评价和管理的中心，为其后的绩效评价理论奠定了基础。利益相关者理论要求企业具有全局观念，不仅要关注股东实现其利益最大化的诉求，也要充分考虑其他利益相关者的需求。只有当企业正确地处理了与利益相关者的关系，才能更好实现企业价值的最大化。目前，国际上通常使用切米尔平分法和多锥细分法对利益相关者进行分类。米切尔评分法将利益相关者的定义和分类相结合，认为利益相关者必须具备一定的合法性、紧迫性和权利性，将利益相关者分为：三者都具备的确定型利益相关者，包括股东、雇员及顾客；具备两种属性的预期型利益相关者，包括投资者、政府、媒体、社会组织等；只拥有一种属性的潜在的利益相关者。弗里曼（Freeman，1984）认为，利益相关者根据资源拥有情况的不同，可以分为持有股票的群体，如董事会成员；与公司经济有往来的群体，如员工、债权人等；与公司社会利益有关的群体，如政府、媒体等。弗雷德里克（Frederick，1988）从利益相关者对企业的影响方式研究，将直接与企业发生市场交易关系的利益相关者称为直接利益相关者，如股东、员工、供应商、竞争者等；将与企业发生非市场关系的利益相关者称为间接相关者，如媒体、公众等。惠勒（WHeeler，1998）从相关群体是否具备社会性以及与企业的关系是否直接由真实的人来建立两个角度，比较全面地将利益相关者分为四类：主要的社会性利益相关者，他们具备社会性和直接参与性两个特征；次要的社会利益相关者，他们通过社会性的活动与企业形成间接关系，如政府、社会团体、竞争对手等；主要的非社会利益相关者，他们对企业有直接的影响，但却不作用于具体的人，如自然环境等；次要的非社会利益相关者，他们不与企业有直接的联系，也不作用于具体的人，如环境压力集团、动物利益集团等。

矿山开发企业作为营利性组织，其存在的本质仍然是追求企业价值最大化。在追求价值最大化过程中，企业可能忽视外部利益相关者，从而对他们造成损害，生态补偿正是基于这样的情形之下提出来，要求开采企业对其他利益相关者进行补偿，以弥补对其造成的损失。通过这种补偿方式，能够在一定程度上遏制矿山开采企业的随意行为，促使其考虑以往的开采模式，最终实现生态的良性循环。矿山企业的利益相关者既包括内部利益相关者，也包括外部利益相关者。由于利益相关者之间存在利益冲突和权利冲突，政府应完善资源开发的产权归属，成立专门环境保护机构，加强监管，建立利益相关者共同参与机制以及建立完善矿产资源开发的补偿机制，均衡各利益相关者权益。在矿山企业开展业务的过程中，我们分析的利益相关者是针对外部。利益相关者理论就是要求矿山企业要全面考虑与其相关的其他利益相关者的诉求，站在不同利益相关者的角度谋划企业的发展，提高矿产开采的效率，摒弃粗放式发展道路，否则会承受更加昂贵的代价。

传统理论认为，首先，企业唯一目标就是利润最大化，利益相关者理论分散了企业经营目标，企业除经济目标外还要承担一定的社会责任，这可能会使企业陷入“企业办社会”的僵局，影响企业利润，甚至让对手有可乘之机。其次，利益相关者的界定过于宽广，大部分只停留在探讨和假设阶段，未分轻重，无法定量衡量众多利益相关者的权重。最后，如何将利益相关者这一理论用于实践也是一个问题，由于其本身并不完善，可操作性不强。

4. 产权理论

科斯被西方经济学家认为是现代产权理论的奠基人，他一生致力研究经济运行背后的财产权利结构。他所研究的重点不是经济运行本身的过程，而是经济运行背后财产的权力构成，即运行的制度基础。他通过对产权进行定义，并对其由此产生的成本与收益论述，从法律和经济角度阐明了产权理论的内涵。产权理论认为产权拥有者更加拥有动力去利用产权获取收益，产权人有较强的动力去不断提高企业收益，所以私人企业在利润激励上强于传统国有企业。没有产权的社会是效率低下的、资源配置无效的社会，高效的产权赋予财产所有者各种权利及相应的限制，因一种行为和产生的结果都直接与行动人相联系，权利可以被引流到最有价值的用途上去，具有很强的可操作性。由此可以看出，产权的界定有利于提高社会的经济效率；同时，产权理论的出现为解决外部性问题提供了解决方案，即某项行为对周围环境造成了不利影响，而行为人并未因此付出代价和补偿。科斯认为，市场交易可以实现最优资源配置，因此，经济分析的首要任务是界定产权，明确当事人权利，然后通过市场交易实现社会总产品最大化。因此，完善产权制度，对人口、资源、环境、经济、协调和可持续发展都有重要意义，对水资源开发和环境保护都有重大作用。市场经济要扩大产权的流转范围，建立产权交易市场，最终引导资源流向最高效的地区或部门，为社会创造更大价值。综上所述，矿山企业开采矿产的活动容易产生负的外部性，若不能引入产权，负外部性问题将会长期存在，最终可能引发较为严重的社会矛盾。政府应当高度重视产权界定问题，只有严格界定产权，才可能降低或者消除矿山开采产生的负外部性问题。在界定产权的基础上，引入市场机制，才能正确衡量相互影响的严重程度，才能正确确定各自的责任。当产权明确了之后，矿山开采企业不得不去考虑废水、废气、固体废弃物等处理问题，若矿山企业存在侵犯其他利益相关者的产权问题，其他利益相关者才会有依据与矿产企业协商其赔偿问题。总之，产权的确定可以激励产权拥有者利用产权获取最大利益，它也可以促使社会主体时刻思考自己行为是否会引发其他主体的产权损害，从而遭受损失。

5. 生态经济学理论

生态经济学属于经济学的分支，其研究的是市场经济和生态环境之间的协作功能及影响规律。具体包括经济—生态系统的构成、功能和目的；生态与经济平衡的条件和内在逻辑关系规律；自然与经济再生产之间的逻辑关系；人类社会经济活动产生的经济和生态效益；能源、新型城镇化建设等问题之间的勾稽关系；实现生态平衡的资金来源及效果评价等内容。澳大利亚著名经济学者罗伯特·康世坦（Robert Costanz，1978）提出，生态经济学是一门能够在更广范围内讨论经济和生态两者间关系的一门学科，他强调人类社会和经济活动对环境产生的影响及逻辑关系，强调生态学与经济学的结合与渗透。国内外不少学者从不同角度对生态经济学进行定义。王松霈（1992）指出，生态经济学研究的经济系统综合考虑了经济和生态的相互渗透作用形成的复杂组织系统。王东杰等（1999）提出，生态经济学是研究生态经济环境中经济和生态发展规律及逻辑关系的科学。季昆森（2001）指出，生态经济学从经济角度，研究社会经济和自然生态形成的经济生态系统运动规律的科学。张明军等（2006）提出，生态经济学应保持经济和生态的可持续增长，基于复杂结构的角度研究生态经济问题；实现经济和生态协调发展的最优形式。生态系统具有内在的互动联系，其包括了整个生态的研究，要试图用生态眼光去研究生态危机对经济的反作用。由于生态系统整体的复杂性，不仅指出生态系统中事物联系的多种多样，也肯定了人作为系统中的成分，对自然界中生物多样性的平衡和自我调节作用也存在多样性的依赖。丰富的区域资源和生态环境的特殊性，促成了生态经济发展的特异性。这要求不同国家、不同地区要根据自身情况因地制宜地研究经济发展与生态环保的权衡关系。此外，生态经济学的战略眼光非常长远，与短视行为不同，其更多强调的是长远的资源配置和生态效益问题，其研究的能源节约、治理污染等都是具有长远战略意义的问题，直接影响着人类的可持续发展。重要结论有如下四个方面：第一，在国民经济管理模型中考虑自然资源是生态经济学需要攻克的重大问题之一；第二，经济学家开始研究生态系统服务对福祉和不平等的作用，并且发现良好的生态环境系统与居民生活幸福指数高度相关；第三，对一些生态环境系统服务价值的测量、增量的考量及未来价值的预计；第四，进一步重视对开放的生态系统的管理，试图给出超越经典经济理论的解释。

（1）经济增长型生态经济学这一类型的生态经济学研究一直是一个经典议题，有关社会经济发展与生态环境质量变化之间的理论判断和实证检验屡见不鲜，当前研究聚焦在三个方面：在经济增长与收入分配模型中纳入自然资源资本；GDP 是否仍是考量经济增长的最恰当指标；在国民总体经济核算工作中考量生态环境资源要素。具体分析如下：

在经济增长与收入分配模型中纳入自然资源资本，经济学家们大都敬畏自然，并将自然资源资产作为一项重要的资产来研究，将自然要素处理时体现了在一定时空下的外部性。然而，多数经济学家却简单地以为人类经济技术水平的进步及可再生资源的累积可以超过自然资本的减少，进而在常规的宏观经济预测中不包括自然资源的核算。以往经济学家认为，自然资源对经济的贡献不到 3%，因为这是农业在美国 GDP 中所占的份额。对此，有经济学家反问，为何要将占比如此小的资产引入到增长和收入分配模型？最新研究显示，经济学家已经意识到问题出在模型中的假设上。该假设要求自然资源是固定不变、不可毁灭的要素，但在经济增长中，生态环境系统产生了不可逆的变化，这些变化足以使得这一假设出现谬误：自然资源的确源自可降解资源的构成，更进一步来说，农场土地、渔场、湿地等都是可再生的资源，但当过度使用时，这些可再生资源也会加速耗竭或恶化。考虑到现实生产的分析，我们可以看到两种不同要素，一是由零散形态的原材料转化为具有某一固定形态和功能的成品或半成品；二是由某一类媒介转向生产资料和劳动力资源，在不同的资源流和不同的生产资料、劳动力资源之间的替代性是大不一样的。但值得注意的是，要素之间的基本关系是互补的。

GDP 是否仍是考量经济增长的最恰当指标？关于 GDP 的缺陷，有学者概括为以下四点：第一，GDP 反映的是过去而非当下的状况，在最终净收益最大化的时候，边际收益的增加刚好够弥补边际成本的增加，当产量进一步增加时，就变得不经济了；第二，增长是消除了价格变化的真实 GDP，是基于真实的生产总量来变化的；第三，在一些发达的国家，GPI（Genuine Progress Indicator，真实发展指数）增加时不再影响 GDP 的增加，福利相对减少；第四，没有市场交易机制的公共品等“劣质产品”没有计算到 GDP 中。一些学者认为，当下是转型到新经济模式的时候了，并建立了在

“生态经济学”价值判读和原理基础上形成的新经济模式的目标和政策，包括可持续的尺度、有效配置等，而 GDP 增长模式不再是终极目标。

在国民总体经济核算工作中考量生态环境资源要素，在这宽泛的议题下，学者们探讨了如何将生态环境的外部性、GPI 的开发和计算纳入国民经济核算范畴中。早期的研究比较重视基于实物流转的环境污染，实物流的方式也许能用来追踪自然环境的变化情况，但由于实物流不是价值构成的，还没有包括毒性方面的损害研究，因此不适合纳入到国民经济统计中。对美国的一项空气污染研究中发现：固体废物的燃烧、污水排放、燃烧发电等行为产生的空气污染损害严重大于其能够产生的经济增加值，其中最严重的就是燃烧发电，它产生的损失大约是五倍的经济增加值。

（2）只要人类活动的不利结果未超过生态环境的承载力，则这类措施造成的不利影响是可以消除的，另外，通过制度规范和技术进步等方式提升承载力，功能齐全而且状况优良的生态系统和人类幸福指数高度相关。MEA（millennium ecosystem assessment，千年生态评价）及生态服务文献已开始渗透至经济学，研究范围包括保护生态的生物多样性、生态服务支付等其他激励机制。但经济学在生态方面的文献远少于在气候变化方面。自然科学和经济学家相结合能更好地连接生态服务和生物多样性，更好地理解二者对人类福祉的影响。社会资本、内置资本等资本以生态服务的方式影响着人类的方方面面，自然资源产生的价值可参照其对人类所创造的福利进行评价。

（3）生态服务的价值研究。国外关于生态价值方面的研究主要集中于价值核算和 PES 等方面，而国内研究主要关注采用国外研究框架测算出我国不同生态系统类型的价值量及相应的生态补偿。生态服务价值评估是近年来的热门研究方向，科斯坦扎（Costanza）于 1997 年对全球生态系统价值存量进行估计，尽管其研究方法曾引起经济学家的某些质疑，但研究持续进行，包括对今后的研究提出以下两点建议：第一，加强对沙漠、两极等生态系统的研究，它们提供的服务包括珍稀资源、水流调节、污染控制等方面；第二，尽可能提供充足的信息，使其研究结论可以得到他人的验证。库比泽夫斯基等（Kubiszewski et al.）学者更关注生态服务的未来价值，根据 GTI（great transformation and innovation，大转型创新）中设定的市场驱动、壁垒、政策改革、大转型四种情形，研究结果显示，在不同情景下全球生态服务价值可能以每年40万亿左右的速度减少。欧阳志云等首次发布了生态总产值核算概念和具体方法，将生态系统提供的价值描述成为人类社会经济可持续发展而提供的服务与资源的总和，包括生态产品价值，生态调节价值和文化底蕴价值。国外生态服务支付的研究以案例评估为主。研究表明，参与PES 8年以上的农场，其森林覆盖率平均提高了14%。麦卡菲（McAfee）对越南PES研究后却发现，PES项目若不能固定土地权属并调动积极性，则很难从根本上解决当地林地被毁坏的情形。布里纳等（Briner et al.）使用经济生态集成模型，评估影响农林生态环境供给服务的影响因素。研究结果显示，气候的变化会直接强烈地影响森林生态环境系统；相对来说，经济变化更多是影响农业生态环境系统。除此之外，定期接触农民并向他们传播农业景观知识的网络连接组织能够显著改变农业行为对生物多样性的耗竭。

（4）开放的生态系统的管理。20世纪后期，学者们越来越重视具有开放性的可更新能源和公共物品，从渔场、森林等逐步扩展到环境退化、流域等。改革开放以来，我国建立了以草地承包经营为主的草牧管理办法，并鼓励各牧民设立围栏来明确各自的界限。这一改革制度在一定程度上解决了“公地悲剧”的现象，但却忽视了生态环境具有外部性的显性特点，这一改革让自然资源承担了所有生态环境内部平衡波动甚至破碎化，最终导致牧区内不同区域质量差别较大，并与传统放牧方式风格迥异，大大影响当地牧民生活。由此可见，“围栏效应”的机制设计还不够健全，需要结合实际情况不断修正。随着增长理论在生态经济研究中逐渐提升地位，经济增长模型里面对自然资本的假设需要进行修改。可替代性和互补性在技术和自然资源两者中哪种性质更为主要。虽然生态服务研究结果丰硕，但是仍需深入研究在国民经济核算中考虑到生态要素价值的适当性，况且经济发展和公共收入分配的模型中还未考虑自然资本，生态经济学总体面临着理论研究缺乏及学科边界不够清晰等困境和挑战。生态经济学重新思考经济与生态之间的关系，并不断做出修正创新。它正视了生态资源的有限性和人们对生态资源的无限需求，在这个前提下，提出均衡发展生态环境的高质量经济增长，重视生态的承载力和延续性。传统经济学建立在理性人的假设下，当人们在社会经济活动中面临不同选择时，总是倾向于能给自己而不是他人带来更大利益的机会，即追求个人效益最大化。然而，这种假设没有考虑到生态环境因素，将每一个自然人设定为对洁净空气、干净水资源没有需求，这显然是不合常理的。人们生活水平因为经济和技术的飞速发展也不断提高，但环境问题时有显现，现实的环境使得人们渐渐意识到自身对健康生态环境的强烈需求，并愿意出让一部分利益以交换干净的空气和水资源，净水器、空气净化器等设备应运而生。由此可见，经济人的假设已经无法解释为何人类愿意牺牲个人利益去换取生态需求的普遍现象，因此，理性人假设也要纳入生态需求这一因素。居民对于生态的需求就像对食物和日用品需求一样，是最基本的生存需求，当人类活动对环境破坏程度不大、尚未严重影响这种需求时，人们没有意识到生态环境已经悄然变坏，更未将生态环境的微小变化和个人利益相联系，生态经济学正面临的一个亟待解决的难题就是综合考虑大自然的生态需求和人们的利益需求。传统经济学认为经济的发展可以没有限度地挥霍自然资源，然而，这种前提使代际的、种族间的平等问题忽视。经济增长了并不代表经济就发展好了，增长只是经济总量的增加，生态环境的变化却没有纳入考核体系。皮尔斯等（1991）把经济学领域讲的资本这一概念进一步理解成人造资本，并相应提出自然资本的概念，显而易见，自然资本已经成为社会经济发展中最稀缺也是最昂贵的资本。人造资本和自然资本更多的是互补性，少部分是替代性。从目前的情况来看，自然资本越来越不可替代了，人们只能寻找和其具有互补性的相关资源。一味地追求经济增长是不可取的，因为这没有考虑到边际效用的递减规律，发展这一概念比较宽泛，包括了经济生产和组织在形式和内容上的突破，具有重大的社会、文化和政治上的衍生性质。社会经济活动的极限即自然生态环境能够承载的最大限度往往被研究资源配置规律的专家们所忽视，而生态经济学的理论认为物质利益的获得尺度最终是要被生态环境中的各种要素限制的。经济学家们强调生态系统服务的价值是通过提供自然资源并回收废物以支持人类社会活动来体现的，这一贡献被称为环境支持。人造资本的增长受到自然资源服务总量的限制，人造资本和自然资本从其根源上而言是互补的而不是可替代的。

在新古典经济学派中，自然资本被看作是可被人力资本或其他资本所替代的，但随着生态系统对人类经济的价值逐渐凸显，生态经济学者们普遍认为，若没有自然资本，经济活动将无法继续进行，即自然资源永远无法被哪怕再先进的技术替代，并成为制约经济发展的关键因素之一。生态经济评价体系是对生态经济的效果进行评价，相对于单一的经济评价指标，其将生态服务价值的计量结果也纳入进来。其中，货币形式评价指标包括生态系统服务价值计量和绿色 GDP、正面分析、负面分析等，物化的评价体系有生态足迹等。正面分析即将生态正向演替而带来的有利影响用货币形式表现出来，最具典型的是生态服务系统提供的价值的考量。其数字化所有能给社会经济带来正面效用的功能和服务。生态环境服务系统的作用是指生态环境服务系统提供的维持人类生产生活所需基本条件，它的内涵有生物多样性、有机合成、调节气候、储存并循环营养物质、更新地下土壤、净化周边环境以及有毒有害物质、传播植物花粉、减轻自然灾害等多个方面。生态足迹理论假设人类的一切活动或消费都可以换算为占用了多少土地面积，其以生态生产性土地作为统一的标准。先计算出人均承载力，再核算每个人的生态足迹大小，再统计所有生产费用的总计，计算出每个人的生态土地，若生态的承载力大于生态的足迹，即表示人均生态有富余，否则表示生态赤字。生态经济是在人类逐步意识到资源有限的前提下发展起来的，运用的是生态规律基础上的经济规律，运用系统理论和工程理论等改变了原有的消费模式，合理使用的前提下充分利用好自然资源，发挥其最大效用的同时节约使用，美化自然环境，尽量不损害原有的生态面貌，发展可持续增长的社会经济。随着生态经济学领域理论和实践的不断发展，形成了多样化的生态经济产业，协调好人与自然的多样化发展共处和谐关系，多重利用好自然物质和各类能源，最终目标是形成“社会经济 + 生态”的复合最优发展形态。

6. 资源经济学理论

资源经济学也称自然资源经济学，有记载的史料可追溯到 17 世纪，当时有学者指出：财富的增长来源于土地能够创造价值，但只有一块土地远远不够，还需在这块土地上努力经营。这便是资源价值论的萌芽阶段。在这之后的两个多世纪中，马歇尔等经济学家通过自由市场理论来探究社会经济和自然生态资源的复杂关系，最后得到较为一致的结论，即珍贵的自然资源能通过市场化定价机制来解决。因此，从 20 世纪初期开始，自然资源不仅和经济学结合，专家学者们还研究了如何从经济学的视角来分析优化自然生态资源的配置问题。至20世纪70年代末，随着生态保护运动的持续深入，资源经济学的发展进入一个辉煌时期，《自然生态资源经济学》等代表性书籍都重点论述了自然生态资源的性质、其容易产生的经济方面的问题、如何管理好自然资源、如何评价好非市场效益、如何度量其稀缺程度、如何最优化利用好生态自然条件、如何进行经济项目分析等。至20世纪末，资源经济学学科已经具备了完善的发展体系。

有学者认为，资源经济学其实是西方微观经济学下面的一个分支，它探究的是自然生态资源和人们制定的相关环境政策之间的复杂关系的一门应用化经济学，它综合运用各种经济学原理和理论，分析探讨了资源环境方面的政策、法规。在此过程中，数学分析应用广泛。在充分吸收现代西方经济学的研究成果后，主要研究资源的价值计量、可持续利用等方面。那么如何优化自然资源的配置呢？《福祉经济学》中提到了关于如何解决外部性的途径，俗称“庇古税制”，该做法后来作为平衡自然生态资源供求关系的一个重要理论依据。经济学家们普遍认为，具有外部性特征的产权交易模式如果能和政府的管理进行对接就能极大提高环境经济的发展效率。

我国对资源经济学的研究可追溯至20世纪80年代，当时仅局限于对自然资源的考察与地理方面的研究，此后开始集中于资源的定价问题和使用制度两方面。1993年以后，强调运用新制度经济学来研究优化自然资源配置的问题，这时期的研究主要集中于产权制度的改革、引入激励性规则和市场化机制等方面。目前来看，我国对自然生态资源的开发使用也从粗放型转向了集约型，也体现了我国经济体制由计划主导转为市场主导，并逐步与国际接轨。计划经济时代，自然资源的开发使用是低效而且无偿的，因此，关于自然资源价值的理论研究必然以有偿使用为基础，其目的是为有偿使用提供量化依据。起初，我国理论经济学主要研究资源的有偿使用，之后开始逐渐转向自然资源的价值属性和资源的定价、核算等方面。

针对马克思关于自然资源的无价值论，学者们得出如下不同结论：一种观点认为自然资源有一定价格但不存在价值，而且它的价格体现了资本化的租金；另一种观点认为，自然资源是存在价值的，并且其价值的大小取决于其效用、可替代性、开采技术以及稀缺程度。根据财富论、地租论等相关理论，确定自然资源的价值应包含两部分，一是其本身蕴含的价值，二是社会对其进行人力和物力加工后附加的价值，前者可按地租理论确定，后者可按生产理论确定，李金昌（1990）认为自然资源的再生产其实是社会的再生产和自然的再生产相结合的过程，在对自然资源进行定价时也要充分考虑这两方面的情况，完全的生产价格包括了成本、利润及地租，但当下的生产理论忽视了自然的再生产现象，仅仅考虑了社会经济的再生产；第三种观点提出了价值的时效性，即自然生态资源在现如今社会是有很大价值的，但在人类社会的初始阶段是没什么价值的；第四种观点指出，边际效用递减后，自然生态资源的价值就在地租上体现了出来，自然生态资源一定程度上节约了劳动力和货币资本，当自然资源达到均衡条件时，使用者开采使用生态自然条件所需的成本恰好能够通过地租来获得补偿，另一些学者则提出自然资源多价值论，即自然资源有经济方面、环境方面的价值，在对水资源进行价值分析时，认为水体现了产权、劳动和稀缺程度，丰富了其内涵。

现代的西方经济学中关系价值的理论多采用主观效用价值论，这一理论和劳动价值论的主要不一致在于自然资源的价值、价格两个方面，对这两种理论的分析比较是资源经济学需要攻克的难点之一。关于自然资源的定价方面，根据人们现有的文献研究，主要有以下两种价格理论：第一种是劳动价值论，其认为价值是价格的基础并决定价格，而价值的多少取决于所消耗的社会成本，包括人力成本、物力成本等方面，即：$P=C+V+M$（P 表示价格 price，C 表示消耗的材料价值 cost，V 表示劳动价值 value，M 表示创造的社会价值 merit）；第二种主张市场经济价格论，其核心是效用价值论，其认为在市场经济中，供需状况决定了市场价格，当供求均衡时，就是可参考的均衡价格。从劳动价值论我们可以知道，租金常出现于缺乏弹性的生产要素身上，同样的道理，自然生态资源的弹性也很低，如果资源可以在剩余使用寿命中出租给生产者，则其所有者可以随着时间获得一系列租金，这些租金贴现后就可以用来估计该资源的现值，即现在购买一台同样的设备所需支付的价格。为了实现收益最大化，资本在不同要素之间不断转移，直到同样的资本在不同要素实现的利润率相等，此时即达到了收益最大化的平衡。自然资源的定价方式在市场经济体制下主要有均衡价格、影子价格、机会成本加成、效益换算等。影子价格是为了克服现实价格缺陷、实现合理分配资源而提出的一种价格理论。该理论从资源的有限性出发，核心在于资源的充分分配和有效利用，并以效益最大化为目标，对资源的价值进行定量分析，其价格的高低只取决于资源的稀缺度和供求关系程度。对于数量无穷大的资源，其影子价格反而为零，静态零散的资源则可用最优线性规划的对偶性求得，动态连续的资源可用拉格朗日乘数算得，影子价格的存在为资源的有效利用及合理配置给出了正确的信号和计量标准。然而，影子价格只反映了资源的稀缺度和总体经济效益间的关系，即只包含一定的开采成本、税金和利润，未包含资源本身价值。

在均衡价格理论中，供给和需求最终决定了资源的价格水平，其余因素只会单独影响供给、需求和价格。资源在某一特定时期的价格取决于需求者之间的竞争激烈程度及资源产品的价格，而资源产品的价格波动又是难以预期的，其取决于利率、未来需求和预期剩余存量。资源产品市场的预期一直受到新信息的影响，另外，市场结构的变化对其价格的变化也相当明显。若不考虑开发相关的外在成本和收益，完全竞争市场可以实现资源的最佳配置。机会成本这一概念源自古典经济学派，用机会成本定位自然资源价格，不仅表示一部分资源开发利润计入成本，也表示要将一部分未来利润计入成本。在无市场价格时，从机会成本间接计算资源价格是可行之策，因此，机会成本理论广泛用于自然资源的定价，边际机会成本定价模型就是其中较为新潮的一种。

边际机会成本理论认为，消耗使用自然资源时，包括了以下三种成本：第一，边际生产成本，即为了获得某种资源而必须投入的直接成本；第二，边际使用者成本，指将来使用这种资源的人放弃的净收益；第三，外部成本，外部成本主要是指在资源开发和利用时对外部环境造成的损失，包括现在的和将来的。该理论认为边际机会成本表示社会承担的消耗某种资源的全部费用，其应是使用人为了消耗资源而付出的价格，当价格低于边际机会成本时则会刺激资源的使用，反之则会抑制资源的消费使用。边际机会成本将环境和资源结合，从经济学角度考量使用自然资源需要付出的代价，它填补了传统资源经济学中忽视的使用自然资源所需要付出的环境代价和后人利益的缺陷，是一个新的突破。此外，边际机会成本可以作为决策的有效依据，以此判断有关资源保护的政策是否合理，包括投资、租税及控制自然资源价格等方面，但将其应用于价格测算仍然存在一些缺陷，我们难以从时空分析和宏观上去把握资源价格的变化。效益换算模型是基于人们使用自然资源获利的同时也会对环境产生负面影响，通过资源在市场上的综合价值表现，把两种收益进行换算，通过各种可能的市场价格去估算自然资源和环境资源的经济定价模型。该模型由一系列以市场为主的价值评估方法构成，按市场信息的充足性，可分为直接市场法、间接市场法和以调查为主的模拟市场法。除了模拟市场法采用了调查形式外，其余方法都有各自独特的模型，例如收益现值模型、人力和疾病成本模型、资产价值模型等。

在理论研究上，随着内生经济增长需求加强和可持续发展理念的深入推进，环境资源的保护和经济的增长二者之间的关系就成为资源经济学领域的重点研究对象，并提出了资源环境约束下的内生经济增长模型。其意义在于，在破坏环境的成本纳入生产函数，推出最优可持续增长方式。范金等学者借鉴国外的研究思路，建立起自然生态、人力等广义上的资本，认为生态自然资本达到最优化配置的时候，边际生产力恰好只够弥补边际成本；每一代物质资本的资本利息恰好等于其边际时间的偏好率；劳动出现分工后，个体就会调整生态产品和非生态产品的生产和消费问题，这时系统将趋向于达成平衡。在这调整过程中，反馈敏感系数和交易效率系数有着同样的效果，资本存量下降和消费水平提高得益于环保意识的加强。刘凤良等（2002）提出资源的易耗竭性严重制约了经济的可持续增长，唯有技术进步才能减少资源对经济的不利影响。在内生经济增长框架中，知识的积累将起到极大的正向作用，以实现经济可持续增长。与此同时，低效率的自主决策需要借助政府的干预，以抵消资源耗竭的不利影响。

目前而言，我国在资源经济学方面和社会经济增长方面都是沿用了西方发达国家的研究思路和方法。在资源耗竭的相关理论方面也取得了有效突破，如在研究摸索如何实现最优化利用好矿产资源时，首先以全社会公众的利益最大化为前提，在耗竭论中考虑勘探矿产资源，探究资源环境的协调规律，以实现可持续利用资源。根据资源的价值论，建立起同步考虑资源开采和勘探两个层面的矿产资源动态价值评价模型，并给出求解过程，使得模型得以微分解，推出如何最优化勘探矿产资源。我国自然资源经济学产生于经济体制改革的大背景下，其研究内容和工具也体现了资源的特殊性，随着市场经济体制改革的进一步深化及资源经济理论的下一步发展，在市场经济基础下的现代西方资源经济理论研究前沿也必然是我国学者研究的热点话题，具体主要包括以下几个方面：首先，是资源在经济角度的分类问题；其次，是资源消耗时的不确定性研究；最后，是资源经济理论上的“租”的概念。同时，针对我国不完全市场经济的实际情况，自然资源的市场化已经成为我国资源经济领域研究的重要方向，并将持续下去。要形成完善的自然资源产权市场机制，仍需政府规划、企业改革、完善市场交易规则，要在法律制度建设和生态伦理建设基础上全面进行制度建设，深入研究解决理论难题。此外，为深入研究自然资源经济的现状和对未来的预测，在自然资源价值的研究、自然资源安全性、制度经济分析等多方面都有多层次的复杂问题亟待学者们作出进一步探索。在自然资源的价值计量方面，我们首先要分析比较效用价值和劳动价值在资源经济方面的地位与作用。其次，对劳动价值论进一步拓展，其是马克思主义经济核心思想，即所谓的“硬核”，能否保证在结合资源特性对劳动价值论进行改造后就能使得马克思主义经济学理论完整，这是有待论证的。在自然资源的价格方面，反映了资源的政策内涵，然而，如何在可持续发展目标下进一步确定各种资源的定价和租金就成为一个热点研究方向。

第三章

江西省矿产资源开发及生态补偿现状分析

一、江西省矿产资源开发及对环境的影响

1. 江西省矿产资源开发状况

1）江西概况

江西省，简称“赣”，是我国省级行政区，省会南昌。因公元733年唐玄宗设江南西道而得省名，又因“章”“贡”二水汇合而成省内最大河流赣江而得简称赣。江西省位于我国东南部、长江中下游南岸，介于东经113°34′36″~118°28′58″，北纬24°29′14″~30°04′41″之间，与广东、福建、浙江、湖北、湖南、安徽相邻。江西省东西南部三面环山，北部较平坦，中部丘陵起伏，成为一个整体向鄱阳湖倾斜而往北开口的巨大盆地。江西省全境共有大小河流2400余条，有赣江、信江、修河、饶河和抚河五大河流。江西省全省面积16.69万平方公里，常住人口4647余万，辖11个设区市、100个县（市、区）[①]（见表3.1）。

① 江西省人民政府．江西简介．http：//www. jiangxi. gov. cn/col/col471/index. html.

表 3.1　　江西省范围

涉及城市	江西省所包含县（市、区）名称	所包含县（市、区）数量
南昌	东湖区、西湖区、青云谱区、湾里区、青山湖区、新建区、南昌县、安义县、进贤县	9 个
九江	浔阳区、濂溪区、柴桑区、永修县、德安县、都昌县、湖口县、彭泽县、武宁县、修水县、瑞昌市、共青城市、庐山市	13 个
上饶	信州区、广丰区、广信区、玉山县、铅山县、横峰县、弋阳县、余干县、鄱阳县、万年县、婺源县、德兴市	12 个
抚州	临川区、东乡区、南城县、黎川县、南丰县、崇仁县、乐安县、宜黄县、金溪县、资溪县、广昌县	11 个
宜春	袁州区、高安市、丰城市、樟树市、奉新县、万载县、上高县、宜丰县、靖安县、铜鼓县	10 个
吉安	吉州区、青原区、吉安县、井冈山市、吉水县、新干县、永丰县、泰和县、遂川县、万安县、安福县、永新县、峡江县	13 个
赣州	章贡区、南康区、赣县区、信丰县、大余县、龙南县、定南县、全南县、寻乌县、安远县、瑞金市、宁都县、于都县、会昌县、石城县、上犹县、兴国县、崇义县	18 个
景德镇	珠山区、昌江区、浮梁县、乐平市	4 个
萍乡	安源区、湘东区、莲花县、上栗县、芦溪县	5 个
新余	渝水区、分宜县	2 个
鹰潭	月湖区、余江区、贵溪市、信江新区	4 个

资料来源：江西省人民政府：江西简介。

2）江西矿产资源基本状况

江西省西部处于古华南成矿域与太平洋成矿域之间复合有利地区，地域横跨长江扬子、华夏两个主要成矿省，涉及 6 条重要成矿带，故古人有“六带汇赣”之概括，这些成矿带自北向南依次为长江中下游、江南东部钦杭、罗霄一会稽（钦杭南带）雩山、武夷等 6 条，其中罗霄南段与雩山带在赣南与南岭东西向成矿带复合，构成钨锡、稀土矿产有利的成矿条件。

上述成矿带成矿作用各具特色，其中以斜贯华南大陆的钦杭成矿带最为重要，在地处江西中部山区即钦杭带中段地区形成了罕见的大型—超大型矿物采集群。追溯到5000～1万年以前的中国新石器时代，先民们就能利用传统陶土技法烧制绳纹状的陶器；而追溯到3000多年前的商代，青铜器已经问世；甚至到达唐宋明清时期，金、银、铜、锡、铅等珍贵金属矿的开采冶业已经到达鼎盛；随之，煤矿业享誉江南。中华人民共和国成立之后，江西又享有“稀土王国”“世界钨都”的美誉。重稀土、钨、铀、铜、金、银、钽是江西省七种主要大型稀有金属地质矿产，被称为江西省矿产资源的“七朵金花”①。

江西省由于优越的地质环境，矿产种类多、矿产资源非常丰富。江西省不仅是目前我国国内有色金属、贵金属、稀土3种矿产资源的重要进出产地之一，同时它也是目前亚洲超大型的有色铜合金工业生产基地之一，还是目前我国矿产资源配套整合程度较好的省份之一，其中有色、稀有、稀土和金属铀盐等矿产资源在江西乃至全国都有着举足轻重的战略地位。根据《江西省矿产资源总体规划（2016～2020年）》的相关数据统计显示，截至2015年底，全省共累计发现各种有用地质矿产193种（含亚种），其中已经查明并具有矿产资源重要储量的有用矿产资源有九大类139种。在主要的地质矿产资源中，共有83种地质矿产资源储量长期位居于全国前五至十位，其中储量长期居于全国首位的共有10种，储量长期居于全国第二位的则有6种，储量长期居于全国第三位的有14种，优势地质矿产资源主要有铜、钨、稀土、铀、钽铌、金和银等金属矿产，黑滑石、高岭土、陶瓷土（瓷石）、萤石、硅灰石、硅石（粉石英）、饰面用石材等新兴非金属矿产，以及地热、矿泉水等液体矿产②（见表3.2）。

表3.2　2015年底江西省矿产储量地位

在全国地位	矿种
全国首位矿产	钨、钽、铷、碲、化工用白云岩、滑石、陶瓷土、玻璃用脉石英、饰面用板岩、麦饭石

①② 江西省国土资源厅：《江西省矿产资源总体规划（2016～2020年）》. http：//www.jxgtt.gov.cn/News.shtml？p5=76532304.

续表

在全国地位	矿种
全国第二位矿产	锂、铯、伴生硫、电气石、粉石英、保温材料用黏土
全国第三位矿产	铜、铋、银、铍、普通萤石、冶金用砂岩、化肥用灰岩、叶蜡石、水泥配料用页岩、水泥用辉绿岩、海泡石黏土、饰面用辉石岩、饰面用大理岩、透闪石
优势矿产	铜、钨、稀土、铀、钽铌、金和银等金属矿产，黑滑石、高岭土、陶瓷土（瓷石）、萤石、硅灰石、硅石（粉石英）、饰面用石材等新兴非金属矿产，以及地热、矿泉水

资料来源：江西省矿产资源总体规划（2016～2020 年）。

在主要金属矿产中，铜、钨、铀、钽、重稀土、金和银七种金属在我国乃至全世界都占有重要地位，人们更是称之为江西的“七朵金花”。根据《2018 江西省自然资源年报》数据显示，截至 2018 年，江西省保有铜资源储量 1174.08 万吨，占当年全国保有铜总资源储量的 11.07%①。江西省的铅山铜矿总产量曾高居当年全国工业榜首，铜矿不仅是当代江西省的优势矿种，同时也是当代江西的一大支柱产业。江西省作为我国铜矿资源储量第一大省，拥有我国最大的铜矿勘探、开采、冶炼和加工基地，其中江西的德兴铜矿和银山铅锌铜矿是我国大型铜矿田，在世界矿产资源开采中都享有较高声誉。德兴铜矿矿田位于江西省德兴市东北 25 公里处，矿田占地面积约 14 平方千米，包含了铜厂（超大型）、朱砂红（大型）、富家坞（大型）三个主要矿床。德兴铜矿基地作为目前中国国家重点开采铜矿之一，具有主要矿石总储量大、矿体大和埋藏深、矿石品质可选性好、综合利用铜矿组分多等六大特点。银山矿的铅锌矿和铜矿也主要位于中国江西省德兴市区内，矿区沿东北－西南两个方向蜿蜒分布，矿区面积东西宽 2.8 千米，南北长 3.4 千米，占地面积 9.52 平方千米。该矿区采矿历史悠久，通过现代化开采使得该矿区的资源得到了更有效的利用②。

① 江西省自然资源厅 . 2018 江西省自然资源年报 . http：//bnr. jiangxi. gov. cn/art/2019/6/14/art_28781_1359365. html.

② 高永坡 . 江西德兴铜矿矿业遗迹资源评价方法研究［D］. 中国地质大学（北京），2014；江铜将建国内最大尾矿库［J］. 有色设备，2015（3）：55－56.

保有钨资源储量444.27万吨，占全国总储量的43.12%。江西省南部浙赣地区具有钨矿矿产资源多和储量丰富的特点，赣州作为目前引进现代加工钨业的重要发祥地，在我国国内更是号称“世界钨都”。2018年9月，景德镇市浮梁县朱溪村引起人们新关注，朱溪钨铜矿成为世界上资源量规模最大的钨矿床①，它的发现改变了世界钨矿资源分布格局。2015年，朱溪提交三氧化钨资源量286万吨，成为目前世界上钨资源储量规模最大的钨矿勘探床；通过该超大型钨矿的勘探发现，使我国超额完成了2016年全国找矿突破战略行动钨矿第二阶段目标（全国钨矿目标为200万吨）。2017年，朱溪钨铜矿新增三氧化钨资源量58万吨，全区三氧化钨资源量344万吨，再次刷新世界钨资源量纪录。朱溪钨铜矿的发现更是奠定了江西钨矿资源世界第一的地位牢固不可动摇②。

铀矿探明地质资源储量常年占全国总资源储量的30%以上，居全国第一位。江西省乐安县目前拥有亚洲最大的铀矿开采基地，有着“铀都”的荣誉美称。该矿的矿石开采量占全国矿石开采量的比重较大，达75%以上。江西省宁都县桃山坪镇铀矿区煤田的大量地质调查资料目前还一直处于高度保密管理状态，我们目前无法及时获得该处铀矿田准确的地质储量。但是从目前桃山该处铀矿床煤田已有的核铀矿床资源数量分布来看，根据《矿产工业要求参考手册》中对桃山铀矿床资源规模的详细推算，大概率就可推测并得出该处铀矿田已经保有桃山铀矿床的资源为高达10000吨以上，潜在工业经济效益价值可以达到3500亿元，数额非常大③。

钽资源储量4.65万吨，占全国总储量的32.92%。2015年，全省共有省发证钽铌矿5个。宜春钽铌矿，矿床中富含钽、铌、锂、钴、锰、铷、钴、铯等多种稀贵金属，具有自然开采条件好、储量大、有用的贵金属多、综合利用经济价值高等多个特点，是目前我国国内规模最大的钽铌原料采选生产基地和钽铌氧化锂生产原料研发生产加工基地。

---

① 王先广，胡正华．江西省朱溪世界最大钨铜矿找矿科技创新［J］．上海国土资源，2018，39（4）：117－121．

② 徐飞龙．千锤百炼出深山——江西朱溪钨铜矿找矿突破始末［N］．中国自然资源报（01），2019－04－26．

③ 邱卫林，赵建森，康明洪．江西省发展核能的必要性分析及发展思路研究［J］．科技视界，2017（9）：254－255．

重稀土资源储量53.45万吨。位于江西省赣州市的龙南县，矿产资源丰富，其中离子型重稀土储量占世界已探明储量的70%，重稀土质量一直以来位居中国稀土资源世界公认储量排名榜首，龙南县有着“中国重稀土之乡”的特殊资源美誉①。

金（金中含金属伴生金）金属资源年总储量约488.7吨，占当年全国总资源储量的3.7%。2015年，全省共有国家发证金矿1个，省发证金矿47个。江西省国有黄金矿产资源丰富，与目前全国主要国有黄金矿产资源中较富有的各省不同的地方是，江西省以加工伴生金生产为主。

银资源储量2.42万吨，占全国总储量的7.67%。江西省贵溪市南部地区的冷水坑银矿田是已探明的全国银储量最大的矿田。该矿区采冶历史悠久，开采于明代时期。矿区南北长7千米，东西宽5千米，面积35平方千米。矿区包含两矿床，银路岭、鲍家、银珠山斑岩型矿床和营林、下鲍、银坑层控叠生型矿床；矿床具有规模大、共伴生矿产多两大基本特点，矿床主要有银、铅、锌、金、镓等有用的非金属元素。具体见表3.3。

表3.3　2017年主要矿产资源储量增减变化

序号	矿产名称	资源储量单位	较2016年增长（±%）
1	煤炭	千吨	-1.13
2	铁矿	千吨	6.41
3	铜矿	吨	2.69
4	铅矿	吨	4.78
5	锌矿	吨	9.28
6	钨矿	吨	1.44
7	锡矿	吨	-3.09
8	钽矿	吨	-0.07
9	银矿	吨	3.78
10	金矿	千克	3.09
11	盐矿	千吨	-2.38

① 江西赣州——转型升级中的稀土王国　世界钨都［J］. 军民两用技术与产品，2017（15）：48-49；徐正华. 江西离子型稀土资源开发存在的问题及对策［J］. 老区建设，2014（18）：14-16.

续表

序号	矿产名称	资源储量单位	较2016年增长（±%）
12	高岭土	千吨	0.45
13	水泥用灰岩	千吨	-0.65

资料来源：2018江西省自然资源年报。

3）江西矿产资源的特点

江西省矿产资源发展总体情况有如下特点：

（1）江西省矿产资源种类众多，分布广泛①。共发现对国民经济具有重大影响的矿种45种，江西省探明了储量的就有36种。已初步探明储量大的矿产包含金、银、铜、稀土、铀、锡、钽、铋、钨、高岭土、萤石、硅灰石、伴生氧化硫、石粉等主要和常见地质矿产资源，其矿产在江西省具有储量丰富、矿床规模较大的特点，在全国矿产资源中有着高占比的优势。除此之外，江西省对大理石、滑石、海泡石、花岗岩、水泥用灰岩、铅、麦饭石、岩盐、锌、化肥用蛇纹等矿产进行了有效开发和利用，助推了江西省经济的快速发展，更为全国经济健康发展提供了有力的支持和资源供应的重要保障。

（2）主要矿产资源在全国占比优势明显、地位突出②。截至2015年底，江西省共有139种九大类的矿产资源储量已被探明。位居我国前10位的矿产资源有83种，其中，滑石、陶瓷用黏土、饰面用高山板岩、麦饭石、化工用高山白云岩、玻璃用高山脉石英、碲、钽、钨、铷10种主要矿产资源的总储量位居全国首位；建筑保温材料用砂石黏土、电气石、伴生物用硫、锂、铯、粉石英6种矿产资源储量位居全国第二位；建筑水泥化工配料用砂石页岩、化肥用砂石灰岩、海水浸泡石矿用黏土、普通矿用萤石、叶蜡石、透闪石、饰面用辉石岩、冶金用辉石砂岩、水泥配料用辉绿岩、铜、银、铋、铍、饰面用辉石岩14种矿产资源储量位居全国第三位；金、银、铜、铀、离子吸附性稀土、钨、钽、铌等优势矿产资源的保有量

① 陈祥云，王志刚．江西省矿产资源产业发展研究［J］．中国矿业，2008（4）：22-24+36.

② 江西省国土资源厅：《江西省矿产资源总体规划（2016～2020年）》．http：//www.jxgtt.gov.cn/News.shtml？p5=76532304.

始终保持在全国前列。稀土、铀矿、钽、铌矿产产量巨大，资源开发利用良好，使江西省矿产资源开发作为国家战略矿产在国内外取得了重要的战略地位。

（3）矿产资源分布集中①，有利于资源开发利用。以地理区域或行政县域为基本开发利用单位可将江西省辖区划分为赣中南地区、赣东北地区、赣西地区和鄱阳湖地区四个区域。金、银、铜、铀、锡、铅、锌、地热、硅石、高岭土、萤石等为赣中南地区主要；铜、金、银、铅、锌、优质复合金属有色陶瓷、黑滑石和优质金属碳酸岩等优势矿产资源在赣东北地区储量丰富；钨、钨铜、铜铅锌、钢铁、色贵金属、煤炭、钽铌等在赣西地区储量丰富。这种集成分布有利于开发利用布局，相对集中的资源分布有利于规模开采和精深加工。

（4）非金属矿产资源对经济发展潜力大②，江西省拥有丰富的非金属矿产资源，是我国非金属矿业经济发展潜力较大的省份之一。在已探明的79种非金属矿产资源，其中包含30多种非金属矿产资源具有重要的工业价值。江西省的黑色非金属优质矿产资源中铁矿石品种质量高、储量丰富、开采技术条件好、具有良好的可开发综合利用市场前景。其中的黑色粉石英、含碳酸锂的陶瓷土、黑滑石及黑色硅灰石等精深研磨加工的优质非金属矿产潜力巨大。

（5）地质资源分布广泛，资源开发利用优势明显③。江西省因为地处我国中部低温区，地热丰富，使之发展成为我国低温区地热资源较为丰富的一个省份。江西省境内地热资源丰富，其中，90余处的地热温泉平均水温在25℃以上，水温最高达40℃以上的还有温泉50余处，地热资源的有效开发和利用，可以使之成为一种清洁环保、高效可靠的新能源，资源开发利用前景十分广阔。

（6）个别矿产资源储量不足或供应短缺。江西省矿产资源种类上总体齐全，但部分大宗重要矿产资源还是长期存在资源短缺现象，如：石

---

① 朱嵩，郭志忠．江西矿产资源开发利用现状与对策思考［J］．江西理工大学学报，2009，30（6）：59－62；叶张煌，尹国胜．江西省矿产资源开发的问题和综合利用的建议［J］．矿床地质，2012，31（S1）：943－944.

②③ 江西省国土资源厅：《江西省矿产资源总体规划（2016～2020年）》．http：//www. jxgtt. gov. cn/News. shtml？p5＝76532304.

油、天然气、钾盐和铁矿、铝土矿、锰矿等；其中，铜、煤炭、富铁和优质矿山高岭土等一些紧缺大宗矿产资源则还需依靠外省的采购或直接进口资源才能完全满足主要产业资源供应，目前为止江西省对于石油、天然气、钾盐等大宗矿产资源仍然是需要依靠外购或直接进口来满足产业需求。

（7）多数有色金属矿产资源共伴生组分多，开发综合利用技术难度高。通过长期勘探，江西省已成功探明的大型矿床主要以共伴生矿的形式广泛存在，共伴生与多期次、多类型叠加成矿作用密切相关，有效利用组分多，增加了矿床开发综合利用技术难度。共伴生与多期次、多类型叠加成矿为我省矿产资源矿床的主要形式，其中，铌钽和钼矿共生与伴生的典型矿种主要有锂、铷、铯、高岭土、云母、长石等6种。有色金属矿产资源共伴生组分多，使得矿产资源的后续开发和利用难度增加。

4）江西矿产资源开发利用状况

矿业是江西经济发展的支柱产业之一，它对促进江西社会经济持续健康发展提供了坚实的基础，开采地点多、面积大、种类齐全、从业人员广、产值较高、环境破坏严重是江西矿业开采呈现的鲜明特点。全省已建成煤炭、黑色金属、有色金属、建材、化工、盐业六大矿业体系。根据《江西省矿产资源总体规划（2016～2020年）》的数据显示，全省的矿山总数截止到2015年底达5237个，采矿用地总面积已经累计达到3054.56平方千米，占江西省人均土地利用面积的1.83%，虽然江西矿山资源开采项目数量仍然较多，但规模矿山较为缺乏。江西省共有大型矿山75个，中型矿山388个，小型矿山3110个，小煤山矿1664个；在众多的矿山之中，以县发证矿山为主，其中部发证矿山19个，省发证矿山978个，市发证矿山917个，县发证矿山3332个[①②]，具体开发资源状况如表3.4所示：

① 江西省国土资源厅：《江西省矿产资源总体规划（2016～2020年）》. http://www.jxgtt.gov.cn/News.shtml?p5=76532304.

② 尧志祥. 江西省矿产资源开发生态效率评价研究［D］. 南昌：东华理工大学，2018.

表 3.4 江西省矿产资源开发状况

发证类型	矿产目录
部发证矿山	铀矿 X 个、煤矿 1 个、铜矿 2 个、金矿 1 个、水泥用灰岩矿 1 个，其他非金属矿 5 个
省发证矿山	煤矿 471 个、铁矿 114 个、铜矿 47 个、铅矿 37 个、锌矿 5 个、钨矿 88 个、锡矿 6 个、钼矿 8 个、稀土矿 56 个、钽铌矿 5 个、锂矿 3 个、金矿 47 个、银矿 12 个、盐矿 8 个、磷矿 2 个、地热 14 处，其他 55 个
市发证矿山	萤石矿 110 个、高岭土矿 99 个、水泥用灰岩矿 108 个、硅灰石矿 10 个、黑滑石矿 4 个、硅石矿 79 个，其他 507 个
县发证矿山	砖瓦用黏土（页岩）矿共有 2200 个，其中开发规模小于 6 万吨/年的有 1984 个；建筑用石料矿共有 1106 个，其中开发规模小于 10 万吨/年的有 479 个；饰面用石材矿 26 个

资料来源：江西省矿产资源总体规划（2016~2020 年）。

江西省 2015 年共计公开发现和利用了 121 种稀有矿产（含亚种），包括煤、铀、铁、锡、钼、铜、锌、钨、铅、稀土地热等矿产。矿业发展为江西省提供了较多的就业机会，2015 年江西省矿山企业从业人数达到 17 万人，矿石年产量达 2.59 亿吨。江西省的特色矿产资源研发开采也为江西全省的工业经济社会发展建设作出了巨大社会贡献，2015 年累计江西省采矿业及其他延伸延展产业综合总产值约 12352.94 亿元，占全省现有工业经济总产值的 42.90%，其中采掘加工矿山企业 179.65 亿元、采选加工矿山企业 725.48 亿元、采选冶炼品矿山企业 7.81 亿元、冶炼及食品加工矿山企业 11440 亿元①（见图 3.1）。采矿业及其他扩展延伸产业综合增加值约 2815.83 亿元，占全省的 41.20%；采矿业及其他扩展延伸产业的税收总额约 1406.38 亿元，占全省的 68.81%②。

矿产资源的研发生产开采已经快速崛起了江西鹰潭、新余、萍乡、贵

① 江西省国土资源厅：《江西省矿产资源总体规划（2016~2020 年）》. http：//www. jxgtt. gov. cn/News. shtml？p5 =76532304；尧志祥．江西省矿产资源开发生态效率评价研究［D］．南昌：东华理工大学，2018.

② 江西省国土资源厅：《江西省矿产资源总体规划（2016~2020 年）》. http：//www. jxgtt. gov. cn/News. shtml？p5 =76532304.

溪、德兴、丰城、高安、景德镇、乐平、瑞昌等一批以研发开采优质矿业经济社会发展资源为主的新兴农村地区和小城镇，采矿业已逐步成为一些贫困老区脱贫致富的重要经济支柱产业。

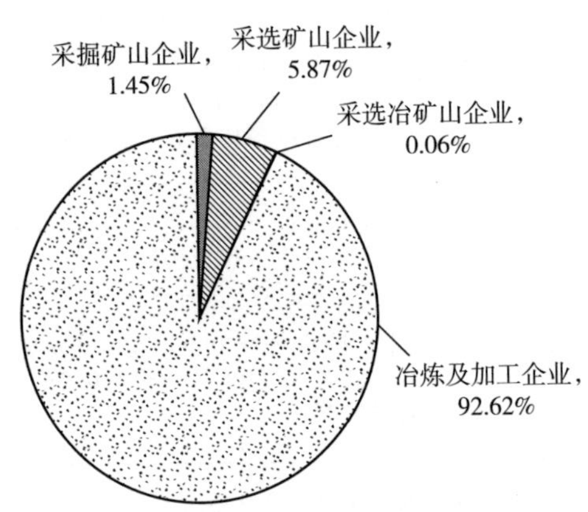

图 3.1　江西省各类矿业企业产值占比

资料来源：徐朝亮．江西省矿产资源开发环境生态补偿研究［D］．东华理工大学，2019.

5）江西矿产资源开采规划分区

为了大力促进地质矿产资源合理利用开发与永续保护，江西省积极鼓励开采各种如氧化铀、地热、煤层气等能源地质矿产，铜、金、银、钽铌、锂、铁等金属地质矿产，萤石、黑滑石、硅灰石、盐矿、水泥可利用的石灰岩、高岭土、陶瓷用黏土（瓷石）、硅石（粉末和石英）、饰面用硬质石材等非金属地质矿产，以及天然矿泉水等液体金属矿产。限制大量开采氧化钨、稀土、高硫煤、高灰页岩煤、湿地和水泥炭、沙金等有色矿产。禁止对外开采埋在可耕地上的砖瓦用土和黏土等国家、省人民政府禁止开采矿产。江西省结合当前矿产资源生态禀赋结构特征和现代矿业发展现状，围绕资源勘查开发总体布局和资源开发综合利用方向，划定国家重点流放矿区 37 处、限制流放开采区 41 处和重点禁止流放开采区 110 处①。

① 江西省国土资源厅：《江西省矿产资源总体规划（2016～2020 年）》. http：//www. jxgtt. gov. cn/News. shtml？p5 = 76532304.

（1）重点矿区。

重点矿区是泛指在我国矿产资源区域分布相对比较集中、资源蕴藏储量大、资源利用条件好和基本具有资源开发综合利用经济基础的重点区域。这类重点矿区一般以具有战略性重点矿产或具有区域资源优势矿和特色优质矿产资源为主，对推动全国和整个江西省矿产资源综合开发发展具有举足轻重引导作用。全省共划定国家重点建设矿区 37 处，总面积 2793.32 平方千米，其中已经划定成为国家长期规划重点矿区 17 处，省级重点规划矿区 21 处[①]（见表 3.5）。

表 3.5　　江西省矿产资源重点矿区一览表

类型	名称
国家规划矿区（17 处）	龙南重稀土矿区（1）、龙南重稀土矿区（2）、寻乌轻稀土矿区、定南中稀土矿区、赣县（北）中稀土矿区、赣县（中）重稀土矿区、赣县（南）中稀土矿区、安远中－重稀土矿区、信丰（北）中稀土矿区、信丰（南）中、重稀土矿区、全南中稀土矿区、大湖塘钨矿区、相山矿区、江西金山金矿区、九江县城门山铜矿区、德兴铜矿区等，总面积 2332.55 平方千米
省级重点矿区（21 处）	吉安县井头铁矿区、安福县杨家桥铁矿区、瑞昌市武山铜矿区、铅山县永平铜矿区、德兴市银山铅锌矿区、贵溪市冷水坑银铅锌矿区、武宁县蓑衣洞钨矿区、修水县香炉山钨矿区、大余县西华山钨矿区、大余县漂塘钨锡钼矿区、崇义县茅坪钨锡钼矿区、全南县大吉山钨矿区、安福县浒坑钨矿区、分宜县下桐岭钨矿区、于都县盘古山钨矿区、于都县黄沙钨矿区、会昌县岩背凤凰岬锡矿区、安远县园岭寨钼矿区泥竹塘区段、宜春市四一四钽铌矿区、横峰县黄山松树岗钽铌矿区、上饶县朝阳磷矿区等，总面积 460.77 平方千米

资料来源：江西省矿产资源总体规划（2016～2020 年）。

江西省政府划定 17 处作为国家资源规划重点矿区，有利于政府保障重点矿山资源合理布局，提高重点矿区内矿产勘查勘探开发投资准入条件门槛，促进重点矿产资源进行规模化的开发化和集约综合利用，鼓励重点矿山开发做大变优做强；同时还有利于优化资源配置，控制钨、稀土等矿产

① 江西省国土资源厅：《江西省矿产资源总体规划（2016～2020 年）》. http：//www.jxgtt.gov.cn/News.shtml? p5 = 76532304.

资源开采总量，优先配置开采指标。

划定21处省级重点生产矿区规划有利于继续加强重点矿产资源安全监管和环境保护管理工作；逐步提高行业准入条件门槛，限制低水平资源开发生产企业非法进入；加快优化重点矿业资源布局和技术产业结构，鼓励重点矿山企业积极进行矿产资源和技术产业深度整合，鼓励优先向生产技术先进的大型重点矿山企业集中配置重要矿产资源。

（2）限制开采区。

限制性煤矿开采区域也是根据国家特色产业政策、经济社会支持发展及矿产资源生态环境利益保护的实际需要或符合国家有关特俗政策需要，受社会经济、技术、安全、环境等多种客观因素的影响制约，对煤矿如氧化钨、稀土、高硫煤、高灰及褐煤、湿地及水泥炭、砂金等多种矿产资源的探采开发利用开采活动予以实行一定程度限制的开采区域。划定限制性开采区对矿产资源具有保护作用。全省共申请批准划定限制利用稀土资源开采区41处，总面积4120.93平方千米，划定全省稀土和铜钨和钼金属资源利用限制综合分布区29处，稀土和金属钨和钼资源利用限制综合分布区12处[①]（见表3.6）。

表3.6　江西省矿产资源限制开采区一览表

类型	名称
钨资源分布区（29处））	修水县香炉山、武宁县大湖塘、浮梁县徐家尖、浮梁县朱溪、安福县浒坑、分宜县雅山、分宜县下桐岭、丰城县徐山、崇仁县聚源、宜黄县大王山、井冈山市杨坑、泰和县小龙、兴国县画眉坳、万安县红桃峰、遂川县碧洲、上犹县丰田坑、崇义县淘锡坑、崇义县茅坪—大余县樟斗、大余县九龙脑、大余县白井、大余县西华山—漂塘、赣州市笔架山、赣县长坑、于都县庵前滩、于都县黄沙、于都县盘古山、赣县罗垅、赣县东埠头、全南县大吉山等，含国家规划矿区1处和对国民经济具有重要价值的矿区2处，总面积998.47平方千米

① 江西省国土资源厅：《江西省矿产资源总体规划（2016～2020年）》. http：//www.jxgtt.gov.cn/News.shtml？p5＝76532304.

续表

类型	名称
稀土资源分布区（12 处）	赣县田村、赣县大埠、赣县阳埠、赣县韩坊、信丰县安西、定南县甲子背、全南县长城、龙南县富坑、龙南县足洞、安远县岗下、寻乌县项山、定南县沙头等，含国家规划矿区 11 处和对国民经济具有重要价值的矿区 4 处，总面积 3122.46 平方千米

资料来源：江西省矿产资源总体规划（2016～2020 年）。

江西省共设立限制性开采区 41 处，区内主要以中央和省财政资金项目投入为主。设立一个限制性资源开采区域将有利于政府加强对该区内所有矿产资源限制开发权和利用权的监管，例如在该区内若要完全设置针对钨、稀土和金矿的限制采矿权，则是必须经严格审查论证和国家批准后，才能批准进行区内规模化的开发。在不严重影响金属钨、稀土和铁矿资源保护的基础上，其他红色矿种经国家批准后也还可以继续进行地质勘查和生产开发。

（3）禁止开采区。

禁止非法开采区指的是根据执行国家新兴产业政策、经济社会有序发展及矿产资源生态环境利益保护的基本要求或其他国家特殊政策需要，受社会经济、技术、安全和生态环境等多种主要因素的影响制约，禁止非法进行重要矿产资源勘探开采的特定区域。禁止资源开采区的合理划定不仅能够有效程度保护当地生态环境，同时它还能及时有效治理和保护恢复被严重破坏的天然矿山群和地质环境。全省共具体划定国家禁止资源开采区 110 处，其中还没有具体划定区域地理坐标适用范围的 25 处，面积 4179.29 平方千米。全省重要禁止污水开采区域共划定 52 处省级以上重点自然保护区（不包含 6 处重要流域饮用水处理水源自然保护区），42 处省级以上国家风景景点名胜区，11 处省级以上国家地质公园，17 处属于国家计划重点保护的不能自由移动的重要历史文物和重要名胜古迹遗址所在地和其他利用区域①（见表 3.7）。

① 江西省国土资源厅：《江西省矿产资源总体规划（2016～2020 年）》. http：//www.jxgtt.gov.cn/News.shtml? p5 = 76532304.

表 3.7　　江西省矿产资源禁止开采区一览表

	类型	名称
生态保护区	省级以上自然保护区（52处，含重要饮用水水源保护区6处）	有具体坐标范围的12处，庐山、官山、九岭山、马头山、阳际峰、武夷山、铜钹山、赣江源、井冈山、齐云山、五指峰、九连山
		无具体坐标范围的40处，桃红岭梅花鹿、鄱阳湖、鄱阳湖南矶湿地、伊山、瑞昌红豆杉、铜鼓棘胸蛙、三十把、五梅山、靖安潦河大鲵、云居山、峤岭、长江江豚、都昌候鸟、鄱阳湖鲤鲫鱼、鄱阳湖银鱼、青岚湖、黄字号黑麂、瑶里、鸳鸯湖、玉山信江源、高天岩、羊狮幕、玉京山、铁丝岭、五府山、南城老虎脑、宜黄中华秋沙鸭、华南虎、大龙山、老虎脑、凌云山、水浆、岩泉、抚河源、七溪岭、井冈山大鲵、南风面、阳岭、章江源、桃江源
	省级以上风景名胜区（42处）	有具体坐标范围的14处，庐山、云居山－柘林湖、高岭－瑶里、梅岭－滕王阁、神农源、大茅山、三清山、灵山、龟峰、龙虎山、武功山、仙女湖、井冈山、三百山
		无具体坐标范围的28处，秦山、灵岩洞、洪岩、洞山、华林寨－上游湖、葛源、杨岐山、青原山、船屋、麻姑山、流坑、潭湖、罗汉岩、白水仙－景江、陡水湖、通天岩、聂都、梅关－丫山、汉仙岩、小武当、百丈山－萝卜潭、玉笥山、翠微峰、玉壶山、南崖－清水岩、象湖、天门岭、相山等
	省级以上地质公园（11处，同地质遗迹保护区）	有具体坐标范围的7处，庐山、三清山、龙虎山、武功山、石城、云居山－柘林湖、神农源
		无具体坐标范围的4处，象山、洪岩洞、铜鼓、五指峰
	国家重点保护的不能移动的历史文物和名胜古迹所在地（17处）	铜岭古铜采冶遗址、祥集弄民宅、湖田古瓷窑遗址、仙人洞吊桶环遗址、八一起义指挥部旧址、闽浙赣省委机关旧址、上饶集中营旧址、洪州窑遗址、吴城遗址、安源路矿工人俱乐部旧址、流坑村古建筑群、吉州窑遗迹、湘赣省委机关旧址、宁都起义指挥部旧址、瑞金革命遗址、赣州城墙、关西新围和燕巽围
	其他区域	国家和省划定的生态保护红线中其他禁止开采的区域，在市县规划中落实具体名称和范围，国家铁路、高速公路、国道、旅游专用公路沿线两侧等，按有关规定执行；国家和省规定的其他禁止开采的区域

资料来源：江西省矿产资源总体规划（2016～2020年）。

江西省设立禁止开采区110处，区内实行生态保护优先，原则不得新设固体矿产的矿业权，确需要新设置的区域应征得省级相关矿业主管部门批准许可，不得直接影响其他禁止限制开采区域的主体管理功能。对其生态环境功能无重要影响或环境影响较小的天然地热、矿泉水等大型液体工业矿产，在应当征得国家相关行业主管部门审查同意后的方可依法设置液体矿业经营权。妥善解决好禁止开采区和各类保护区设置之前已有矿业权的历史遗留问题，分类清理，在维护矿业权人合法权益的前提下，依法有序清理退出。

随着江西省已被国家列入首批国家建设生态环境文明城市先行示范工作试点示范区，省委和省政府高度重视推进江西省国家生态环境综合文明城市试点建设，各级政府上下一心，强化对矿山开采的监督和治理，矿山环境治理取得显著成绩。

在2008～2015年期间，江西省在矿区生态文明建设方面已完成以下工作：共安排治理项目89项，完成历史修复面积10890公顷，新增复垦面积6710公顷。2007年共有矿山数6364个，到2015年减少为5237个，减幅达17.71%；2007～2015年，采矿资源集约化管理水平不断得到提升，大中型矿山比例有所提高，由原先的2.93%提高至8.84%。江西省金属矿业的总产值也在最近几年不断快速增加，2015年矿业及其延伸产业总产值是2007年的3.6倍。与此同时，主要金属矿产的“三率”评价指标也已经有明显程度提高，铜矿露采开采回采率从2007年90%提高至96.37%，选矿回收率由82.50%提高至90.28%。绿色矿山试点持续推进，资源综合利用工程和示范基地成绩显著，固废综合利用率提升至13.38%，“无尾矿山”逐步实现①。江西省地质矿山资源恢复与综合治理在取得显著发展成效的情况同时，也同样依然面临严峻发展挑战，比如城市基础设施地质勘探调查服务水平依然偏低，覆盖领域程度依然有待进一步提高，成果转化和应用水平有待进一步提升，公益性社会化服务有待加强；地质勘探难度越来越大，地质勘探投资计划在后期逐渐下降，重要矿产资源保障水平低；矿山数量仍然较多，产业布局不合理，矿业战略新兴产业发展滞后，集约利用水平仍有提升空间；对目前遗留资源矿山矿区地质资源环境治理状况的跟踪调查不详细，矿山矿区地质资源环境治理资源恢复与利用土地资源复垦任务艰巨，需要进一步深入加强矿业国际交流合作和推进科技技术创新；

① 江西省国土资源厅：《江西省矿产资源总体规划（2016～2020年）》. http：//www. jxgtt. gov. cn/News. shtml? p5 =76532304.

目前矿政资源管理水平仍然有待进一步提高，矿产资源行政管理制度还是亟须进一步改革完善。

6）江西矿山开发利用中存在的问题

（1）矿山规模结构不合理，小型矿山占比高，大型褐煤矿山储量占比低。根据江西相关企业资料统计显示，江西省目前规划拥有的小型及小型以下生产矿山企业数量达4000余家，小型以下矿山企业数量所占比例约91.18%。虽然经过一定努力，矿山企业规模结构有所改善，但是小矿山企业总体数量偏多，大、中型矿山所占比例太小的问题一直存在。矿区企业规模小，会导致设备落后、工艺技术水平不高，不利于企业提高经济效益。

（2）矿山企业集中程度不高，不利于产业集中布局。江西省目前只有十几家矿山企业生产加工集中布局，包括国有江西煤业集团有限公司、江西铜业股份有限公司、崇义章源钨业股份有限公司等几家公司①，其余的矿山公司由于矿山分布分散，导致开采、生产、加工都始终处于分散生产状态。虽然江西省有矿产资源集中产出于大中型矿产的特点，但由于矿山分散，集中程度不高，不利于产业布局。

（3）部分矿山企业技术水平落后，矿产资源开发综合利用能力水平相对较低。虽然江西省矿产资源有储量丰富的特点，但是部分大型矿山企业由于开采技术水平有限，开采后对矿产资源的综合利用率依旧偏低，导致资源综合利用后的产值收入占我国矿业资源总产值中的比例相对较小。根据国家统计数据，2015年，江西省煤炭工业综合利用回收产值仅仅占江西总产值的10.06%，铁矿综合利用回收产值仅仅占铁矿总产值的1.03%，铜矿综合利用回收产值仅仅占铜矿总产值的14.03%，钨矿综合利用回收产值仅仅占钨矿总产值的10.47%，共生产伴生各类矿产的综合利用回收率仅25%左右②。

（4）大中型矿山企业“三率”基本全部做到达标，小型及小矿“三率”普遍达标水平明显偏低。“三率”指的是开采回采率、选矿回收率和

①② 黄小年，刘川，朱合胤．江西省矿产资源供需形势分析及对策建议［J］．中国国土资源经济，2018，31（3）：44－4.

综合利用率。全省大中型矿山由于规模大，投入较多，“三率”基本达标；而小型矿山，虽然数量多，但是工艺水平较低，导致大多小型矿山企业“三率”都较低。

（5）部分矿山企业矿产品深加工程度偏低。江西省部分大型矿山企业仍然以煤矿初级产品研发加工制造为主，产业链向集约化、精细化发展程度偏低，不利于加工企业向精深精磨加工设备产业发展方向快速发展，产业链延伸不长①。

2. 矿产资源开发对环境的影响

目前，江西省已经成为我国重要的矿产资源开发利用省之一。矿产资源开发利用在有效支撑江西省经济发展的同时，也给生态环境带来了极大的破坏②。矿产资源是人类共同的财富，具有不可再生性、可耗竭性，大量开采往往导致矿区生态环境恶化，甚至还会影响其他地区的生态环境。因此在开采利用过程中必须严格遵循法定的程序和原则。矿产资源开采利用对环境污染是不可避免的，在采矿过程中，采矿会对地球的不同圈层产生影响。地球的外部圈层由四个部分组成：大气圈、水圈、岩石圈、生物圈。

采矿对生物圈的影响体现在对土地和植被的破坏。矿产资源开采活动会对土地带来直接的影响，如开采会产生大量的废物尾矿、废石等，这些废弃物需要大面积的堆置场地，不仅会导致对土地的过量占用，同时也破坏了堆置场地原有生态系统；矿区露天开采也直接破坏土壤和植被的表面层；采矿产生的矿石和废渣等固体废物中含有大量有害物质，会随地表水径流、大气飘尘，污染周围的土地、水域和大气，其影响面将远远超过废弃物堆置场的地域和空间，这些污染要想得到恢复，需要花费大量的人力、物力和财力等，并且也很难恢复到原先的水平。

矿业企业在冶炼矿石的过程中，会向大气排放烟尘、SO_2、粉尘等有害气体，改变了大气的成分和性质，造成严重的空气污染，矿业开采会影响大气圈。更严重的是，大气圈发生了变化会形成酸雨，酸雨会给生物圈和

① 黄小年，刘川，朱合胤．江西省矿产资源供需形势分析及对策建议［J］．中国国土资源经济，2018，31（3）：44－4.

② 穆璐璐，熊国保，张玉．矿业旅游资源开发面临的问题及策略分析［J］．老区建设，2017，（14）：36－39.

岩石圈带来严重地破坏。在某种程度上改变生物圈中动植物的生存环境，也会对人类的身体健康造成损害。

矿业开采对水圈的破坏主要体现在废水的排放污染及因疏干排水而引发的地质灾害。矿区水体和土壤的污染主要来自矿业开采活动形成的矿坑水、矿区废水以及采矿活动产生的矿石、废石、煤矸石、尾矿等。矿业开采活动会破坏地下水均衡系统，导致有些区域地下水和地表水渗漏，部分地区的地下水会下降达几米甚至数十米，使得大面积疏干漏干，引起地表极度缺水。在矿区建设以及采矿活动中强制抽取地下水会使得地下水、地表水发生渗漏，会对水资源的均衡和补给条件造成严重破坏，导致矿区及周围地下水位下降，引发周边植被枯死等一系列生态环境问题。除此之外，矿井下方开采会引发地面坍陷、地裂缝、地面沉降、矿井突水等地质灾害，更大概率发生在磷、煤等非金属矿床和铜、铁等金属矿床开采中。矿区露天开采会引发崩塌、泥石流、滑坡等地质灾害（见表3.8）。

表3.8　矿业活动与主要生态环境问题综合表

环境要素	矿业活动对矿山环境的作用形式	产生的主要环境问题
大气环境	废气排放 粉尘排放 废渣排放	大气污染 酸雨
地面环境	地下采空 地面及边坡开挖 地下水位降低 废水排放 废渣、尾矿排放	采空区地面沉陷（塌陷） 山体开裂、崩塌 滑坡、泥石流 水土流失、土地沙化 岩溶塌陷 侵占土地 植被损毁 土壤污染 矿震 尾矿库溃坝
水环境	地下水位降低 废水排放 废渣、尾矿排放	水均衡遭受破坏 海水入侵 水质污染

资料来源：中国生态补偿机制理论、实践与政策设计。

生态补偿作为生态保护的有效机制开始逐步向矿产资源保护领域渗透，并形成独具特色的矿产资源开发生态补偿制度，在矿区生态环境保护过程中发挥着重要作用。矿产资源开发对环境的破坏是进行生态补偿的前提，矿产资源开发对环境的影响不仅会影响矿业生态补偿的原则、主体、客体、方式，而且会为生态补偿标准的构建奠定基础①。

1）*矿产资源开采活动产生严重的大气污染*

矿产资源在开采、选矿、冶炼过程中，就会产生大量的废气，其中包括瓦斯、一氧化碳、二氧化碳、二氧化硫、硫化氢等，其中有些气体会对人体健康产生直接危害，而有些气体一旦浓度超限有爆炸危险，会造成极为惨重的人身及财产损失。除此之外，有些矿业企业出于成本与技术的考虑将未经处理的废气及其他有害气体直接向户外排放，这严重污染了大气环境。

造成矿区污染的主要因素有：（1）矿区露天采矿过程中，使用大量的炸药落矿和采用柴油机等动力设备，会产生大量的有毒有害气体。常见的有一氧化碳、二氧化碳、氧化氢和含氧碳氢化合物等，会造成矿区局部大气污染以及不良的自然通风方式，更严重的是，会使得局部空气污染扩展成为全矿区的大气污染。（2）矿区采矿活动中会产生大量的粉尘和有害的物质，这也是造成矿区大气污染的重要原因之一。如有些矿区在选矿过程中进行露天作业碎矿会产生大量的粉尘；在防护措施极差的条件下，选矿化学药剂产生的有毒气体也会严重污染矿区大气。（3）此外，矿区繁忙的交通运输产生富含重金属物质的废气，矿区冶炼厂、烧结厂、电厂产生的浓烟以及矿区燃煤产生的有害物质，都可构成矿区大气的污染。

随着江西省经济的发展，能源的需求与消耗也在不断增加，由于能源需求和消耗的总量巨大，又推动了江西省矿产资源的开采步伐，在某种程度上加重了空气污染，表3.9中展示了江西省2017年重点调查矿业废气排放情况：

---

① 赵亮，任虹．山西省矿业生态环境补偿机制建设研究［J］．环境科学与管理，2017，42（5）：158－161；孔凡斌．中国生态补偿机制理论、实践与政策设计［M］．北京：中国环境科学出版社，2010；陈孝劲．矿产资源开发环境补偿机制研究——以紫金矿业为例［D］．北京：中国地质大学，2011.

表 3.9　　2017 年江西省重点调查矿业废气排放

行业细分	工业废气排量（亿立方米）	二氧化硫排量（吨）	氮氧化物排量（吨）	烟（粉）尘排量（吨）
煤炭开采和洗选业	0.11	5.77	5.17	309.11
黑色金属矿采选业	18.36	0.11	1.76	58.08
有色金属矿采选业	8.99	66.75	31.19	435.29
非金属矿采选业	9.65	116.42	61.6	960.07
其他采矿业	3	119	73.44	631.20
非金属矿物制品业	4577.33	88664.54	98377.58	83664.22
黑色金属冶炼及压延加工业	4424.64	28694.75	25517.53	92296.56
有色金属冶炼和压延加工业	550.11	8237.74	1293.79	3654.32
金属制品业	37.47	297.18	105.63	421.67

资料来源：2017 年江西省环境统计年报。

矿产资源开采产生的大气污染主要归结于矿井排风、抽放瓦斯、堆积煤矸山、金属加工厂冶炼等产生的废气（尘），由于颗粒物本身细小，随风扩散，人体吸入后容易引起呼吸道相关的疾病，给人们的生产、生活、健康造成严重的损害。露天采矿产生的危害更大，穿孔、爆破、岩石破碎、装载、运输产生的扬尘，在风力的作用下，对矿区的局部环境造成损害。据相关统计，截止到 2015 年，江西省废石堆存量 23.77 亿吨，到 2020 年江西省需要完成历史遗留矿山地质环境治理恢复面积 5751 公顷；新增矿区土地复垦面积 3455 公顷①。特别是堆积煤矸石的燃烧，释放大量的 CO、SO_2 等有害气体、烟尘，尤其是 SO_2 的排放是形成酸雨的直接原因。

酸雨造成的社会经济损失非常重大。酸雨会导致土壤酸化。土壤中含有大量铝的氢氧化物，土壤酸化后，可加速土壤中含铝的原生和次生矿物风化而释放大量铝离子，形成植物可吸收的形态铝化合物。植物长期和过量的吸收铝，会中毒，甚至死亡。酸雨如果进入地下会破坏地下水生态系统，更为严重的是，酸雨还会腐蚀建筑物，影响建筑物的使用寿命。

① 江西省国土资源厅：《江西省矿产资源总体规划（2016～2020 年）》. http：//www.jxgtt.gov.cn/News.shtml？p5 =76532304.

2）矿产资源开采活动对水资源破坏严重

矿产资源开采活动对水资源的破坏主要有以下两个方面：一是矿区废水排放的污染问题；二是矿区疏干排水引发的水文地质环境问题。

矿区废水主要来源于：一是开采过程中产生的矿井水、洗选废水等；二是生活污水。矿区产生的矿井水、洗选废水有排放量大、持续性强等特点，并且它们中含有大量的酸和碱、固体悬浮物、重金属离子、选矿各种化学药剂等，个别矿区废水中还包含有放射性物质。这些矿区废水大多未经过处理就直接排入地表水体，严重影响地下以及地表水域环境。未处理的矿区废水中含有汞、镉、铅、砷、六价铬等金属重元素，其中还含有氰化物、挥发酚等有害物质，这些废水一旦流入农田，不仅会影响谷物生长，同时还会使大米中重金属元素超标，对人体健康极其有害；废水流入地下，造成地下水污染，会使人畜饮水困难，若不能尽早发现，人们饮用之后，可能引起各种身体疾病。例如：2011 年 12 月，江西省德兴市江西铜业附属的多家矿业公司向乐安河排放污染物的事件被曝光，据了解，这些矿业公司排放的污染物危害了乐平市下游 40 多万人口；根据乐平市政府的调查报告，自 20 世纪 70 年代以来，乐安河上游的矿业企业每年向乐安河流域排放三废水达到 6000 多万吨，有 20 多种重金属污染物和有毒非金属污染物包含其中，造成 641.73 公顷耕地绝收，超过 666.67 公顷耕地严重减产，沿乐安河的 9 个渔村因为河流污染，失去了经济来源。在过去 20 年，江西省乐平市名口镇戴村已故 80% 的人口死于癌症。依据协议，涉事企业的补偿金额每年每人不足一元，这场令人震惊的水污染事件给全世界敲响了警钟。[①] 矿区排放的不仅有矿业废水还有生活污水，这些日常生活用的污水中可能含有其他如大量蛋白质、碳水化合物、脂肪、尿素、氨氮等无害有机物和其他如诱发寄生虫病的虫卵和存在肠道内的传染物和病毒等大量有害病原菌和微生物。存在于日常生活污水中的有机物有极不稳定的特点，特容易腐化而产生恶臭。生活污水中的有机物给细菌和病原体提供了充足营养而导致它们大量繁殖，造成各类传染病迅速蔓延和流行。

矿区废水的污染途径有以下三种：（1）渗透污染。矿区采煤废水或人

① 徐朝亮．江西省矿产资源开发环境生态补偿研究［D］．南昌：东华理工大学，2019.

工选矿时的废水直接排入矿区尾矿池后，由于矿区选矿时废水产生的尾矿废水，能通过矿区土壤及其他岩石含水层的弹性裂隙方向渗透而直接进入土壤含泥的水层，造成地下河等水源严重污染。同时还可能会直接渗过土地防水材料墙，造成直接污染到土地表面的水体。（2）渗流污染。废石堆及其他煤矸石中由于含有大量硫化物，直接将其暴露在干燥空气中，会不断地对二氧化铁进行分解，形成铁和硫酸钙等盐类。当连续降雨时，雨水大量流入地下废水和石堆后，废水和石堆废水中的一些酸性物质水就可能会大量地向渗流排放出来，污染到了地表上的水体。（3）径流污染。矿区内的开采工业活动可能会直接破坏西部地区原始森林和动植被，会直接造成地区水土资源流失。降雨或者冰雪融化后的径流会搬运大量的泥沙，这些大量泥沙不但可能会严重堵塞当地河流排水渠道，还可能会严重污染当地农田。

矿区工业废水排放会对矿区环境资源造成严重环境污染，其环境污染主要有以下几个特点：（1）矿区废水长期排放量大，持续时间较长。尤其是大型选矿厂的工业废水总体排放量惊人。一般情况下，有些矿山在关闭之后，还会排放大量废水，这些废水长时间持续污染矿区的环境。（2）废水污染范围大，影响地区多。矿山开采活动排放的废水，不仅污染矿区本身，它通过地下、地表径流，影响范围更宽、更远的地区。（3）废水的成分较复杂，浓度极其不稳定。矿区排放的废水含有的有毒有害成分较多，掺杂的化学成分较复杂，含量变化也比较大。例如选矿厂由于选矿时需要使用大量品种繁多的化学药剂，这就导致排放的废水中有害的化学成分比较复杂。表 3.10 展示了 2012 ~ 2017 年江西省工业废水主要污染物排放情况：

表 3.10　　2012 ~ 2017 年江西省工业废水主要污染物排放

年份	废水（万吨）	汞（千克）	镉（千克）	铅（千克）	砷（千克）	总铬（千克）	氰化物（千克）	挥发酚（吨）	氨氮（吨）	石油类（吨）
2012	67871	88	2187	6571	8651	17325	7756	8.9	10208	569
2013	68230	72	1952	5568	9303	17453	7370	14.12	8987	728
2014	64856	67	1741	6037	7306	827	2535	11.69	6728	675

续表

年份	废水（万吨）	汞（千克）	镉（千克）	铅（千克）	砷（千克）	总铬（千克）	氰化物（千克）	挥发酚（吨）	氨氮（吨）	石油类（吨）
2015	76412	81	2063	9099	9153	1138	2493	11.54	9030	659
2016	85527	85	1794	8512	12906	1412	2067	20.59	4254	407.76
2017	41207	128.9	2942	7004	10055	5967	7603.7	6168.8	3648	159.73

资料来源：江西省环境统计年报，2012～2017 年历年。

在矿产资源开采过程中，部分资源的开采会采取井巷、露采，采用这种方式进行开采会使得地下水的天然径流和排泄条件发生变化，使得地下水位下降，恶化矿区水文地质环境，这就是我们常说的疏干排水问题。疏干排水引发的问题不仅会影响矿区，而且对矿山周边广大地区居民生产生活用水造成严重困扰。矿产资源开采还会破坏矿区本来的地质结构，破坏地下水的储存结构，导致地下水的流量和流向发生变化，影响地下水的补给和贮存，进而影响地表水的状态，甚至影响周围居民及工农业用水。

江西省生产生活用水主要来自地表水，地下水在供水总量中只占有小比例，城市供水也不例外，但在广大农村地区却成为主要的供水来源。在供水方式上，农村和城市有着天壤之别，厂矿企业自备井水是城市地下水的开采方式，而民井、压水井、引扩泉等成为农村用水的主要方式。江西省地下水污染主要来自工矿区的废水排放、生活污水排放、农药化肥污染。南昌、九江、吉安、景德镇等地主要是第四系孔隙水降落漏斗分布区，仅在南昌地区发现红层地下水降落漏斗，萍乡、上饶、景德镇等地存在岩溶地下水降落漏斗。地下水开采区和矿山地下水疏干漏斗区多发生地面塌陷。

矿区开采活动会引起地下水资源枯竭。无论是矿区的地下开采还是露天开采，都需要对矿床进行疏干排水。如果长期且大量抽排地下水，会导致地下水位下降，从而破坏地下水系，形成大的疏排漏斗。矿产的疏干排水会引发地表坍陷、地表水系遭破坏、地表蓄水能力下降、地面干枯等状况，其危害范围小则数平方公里，大则数十平方公里，甚至会引发区域性的地下水资源枯竭。长期以来，矿山开采对地下水系的破坏问题都没有得到足够的重视。江西萍乡、乐平、丰城、宜丰、高安、新余、万载等煤矿及武山铜矿、上株铁矿因采矿活动长期疏排地下水，形成大面积的地下水降落漏斗，水位长期不能恢复，导致矿区周围泉水干枯，农田严重缺水、失水、漏水而无法耕作，甚至村民饮水都非常困难。

3）*矿产资源开采活动占用及破坏土地*

矿产资源开采活动对生物圈和岩石圈的破坏主要体现在土地的占用和破坏，以及因开采导致的地质灾害。在开采矿山的过程中，矿山企业会占用及破坏土地，同时为采矿服务的道路修筑及尾矿、废矿堆积等也会占用和破坏土地植被；矿山开采一般在地质、地貌比较复杂的山区，开采矿产很容易引发山体崩塌、泥石流、滑坡、裂缝等地质灾害。露天矿山因雨季的滑坡、山体的崩塌都可能形成泥石流，并冲进露天矿坑，造成严重灾害。地下矿山，特别是利用崩落法开采的地下矿山，当崩落范围贯通地表时，地表泥石和水极易从崩落通道涌入地下采场作业面而形成泥石流。泥石流不仅危害矿区安全，还会危害矿区周围人们的生产、生活安全。露采矿区引发的泥石流破坏力最大，露采矿区主要分布在采场周围及废弃石碴、尾砂库下游的沟谷中，在矿区筹建期间由于修建交通道路、采场爆破等形成大量的松散堆积物，经历暴雨冲刷极易形成泥石流，破坏力巨大。

矿产资源开采活动产生的大量废石和尾矿等，会造成以下几个方面的危害：

（1）占用土地、破坏地表，浪费资源①。矿区固体废物的排放会占用及破坏土地。而且江西省不少的矿山地处风景区，占用及破坏土地面积的数量不可忽视。矿区产生的大量固体废弃物中，通常都含有多种金属元素，如果堆放时间过长，会随地表水一起流失，造成环境污染，而且如果长期堆放不及时回收和综合利用，也是对国家资源的一个极大浪费。

（2）污染水质和土壤，危害生物、影响农业生产。矿山排放的固定废弃物中都含有如铅、锌、镉、砷、汞等重金属元素以及一些放射性物质，这些有毒有害物质长期暴露在空气中，与空气发生氧化、分解及溶滤等作用，随着雨水的冲刷流失，不仅污染水资源和土壤还会堵塞水溪和河流。更严重的是，土壤中的植物根部会吸收废水中的有害物质，会导致土壤毒

① 李君浒，董永观，董志高．我国矿山环境的治理现状与前景［J］．生态经济，2008（12）：76－81.

化，严重破坏地质，使得土壤中大量微生物死亡，土壤失去了腐解能力，影响土壤中植物的生长；如果废水流入农田，会造成农田农作物大量的减产。与此同时，废水还会通过食物链进入人体体内，危机人体健康。

（3）废石滑动塌方，危害人身安全。矿区排放的大量固体废弃物长期堆放，倘若堆放不当，遇上暴雨、洪水等极端自然灾害，会有滑坡、塌方等安全隐患。不仅会带来经济上巨大的损失，还会对矿区的矿工及群众造成巨大的威胁，甚至会造成灾难性的后果。

（4）污染大气环境，破坏生态平衡。矿区大量废弃物堆积，常年暴露在大气之中，受风化作用容易变成粉状，在天气干燥的情况下，在一定风速作用下会扬起大量粉尘污染矿区大气环境。有的矿区的固体废弃物中包含硫铁矿、碳素等易燃物质，在大气供养充分的条件下，往往会导致固体废弃物的自热和自燃，自燃产生大量有毒有害气体，会污染矿区大气环境，还会危害矿区植物和农作物的生长，导致生态失调。除此之外，矿区固体废弃物中含有放射性元素会使得矿区环境污染范围扩大，带来更严重的后果。

影响矿山地质环境的主要原因是采矿过程中会发生能量交换和物质转移。矿产资源开采活动会改变矿区的地貌和矿区地下环境条件和应力状态，会引起和诱发各种地质灾害，一方面会威胁矿山的工程活动，另一方面会制约矿山的可持续发展。矿山地质灾害的种类、强度和时空分布特征取决于矿区的地质地理环境、矿床开采方式、选冶工艺等因素①。常见的矿山地质灾害种类见表 3. 11：

表 3. 11　　矿山主要地质灾害种类综合表

环境要素	作用形式	主要地质灾害类型
地表环境	地下采空 地面及边坡开挖 爆破及震动 地下水位降低	采空区地面沉降 地裂缝 山体开裂 崩塌、滑坡、泥石流 沉降漏斗 水土流失与土地荒漠化

① 刘亮．矿山环境效应影响评价系统的研究［D］．西安：西安科技大学，2006.

续表

环境要素	作用形式	主要地质灾害类型
采场环境	废渣 尾矿排放尾矿库溃坝 地下采空 地面及边坡开挖 其他	泥石流 矸石自燃 煤与瓦斯突出 岩爆 露采边坡失稳 煤层自燃

江西省矿产资源非常丰富，面临的地质环境问题十分严峻。截止到2015年底，全省矿山累计约710.72平方千米的土地遭占用及破坏，其中累计212.3平方千米的土地因历史遗留矿山而遭占用及破坏；矿区废渣年总产出量达2.75亿吨，年堆放量约2.02亿吨，年利用量仅约0.31亿吨，累计积存总量约37.11亿吨；矿区采矿活动引发地质灾害共578处；矿山地质环境严重区14个，面积10051.95平方千米，地质环境影响较严重区22个，面积14937.18平方千米，矿山地质环境一般影响区8个，面积25329.17平方千米①。江西省不仅是矿业大省，而且是矿业强省，矿山开采造成的损害具有波及面广、危害大等特点，因此矿业企业在采矿过程中要严格执行国家和地方层面的法律法规。

4）*矿产资源开采活动造成严重的噪声污染*

矿区开采活动会对矿区周边造成严重的噪声污染，这些噪声强度大、声级高、噪声源多、频率高、频带宽以及干扰时间长。除此之外，这些噪声反射能力较强、衰减较弱。

根据噪音产生地点不同，矿区噪声源可分为井下噪声源和矿山地面噪声源。井下噪声源主要来源于爆破、凿岩、通风、运输、提升、排水等生产工艺。井下噪声源大多呈中、高频噪声，且声级大都在95～110dB（A）之间，个别井下噪声甚至声级超过110dB（A），井下噪声是矿山噪声强度

① 江西省国土资源厅：《江西省矿产资源总体规划（2016～2020年）》. http：//www. jxgtt. gov. cn/News. shtml？p5＝76532304.

最大的噪声源①。井下噪声最大、作用时间最长的是凿岩和通风设备产生的噪声，其次是爆破、装卸矿石、运输、二次破碎等产生的噪声。

地面噪声源又可分为选厂噪声源、露天采场噪声源和机修厂噪声源等。选矿厂、露天采场主要设备以及扇风机、空压机、锻钎机等产生的噪声大都超过100dB（A）。总之噪声的来源是多方面的，已成为污染矿山环境的主要因素之一，它严重威胁着矿山人员的身心健康和生命安全。

二、江西省矿产资源开发生态补偿政策

矿产资源由于特有的性质，加之对其需求的日益增长，矿产资源的开发对生态环境造成的影响越来越大。矿产资源在利用开发过程中，如煤矿、黑色金属矿、有色金属矿等的开采，在带来经济价值的前提下，也产生了严重的生态环境问题。江西省矿产资源的开采利用主要是有色金属矿开采，对于生态的破坏表现为开采过程中的露天采矿场挖损，开采过后的尾矿场、废石等堆积占用土地，矿区开采后产生的废水不经处理直接排放，会造成地表水、地下水和土壤的污染。矿产资源的开采利用等不当行为对生态环境的破坏，会影响江西省经济发展和绿色发展的理念，所以在具备实施生态补偿的现状下，江西省从建立生态恢复专项基金、颁布管理条例、加大环保项目投资，开展“三同时”环保验收项目、执行国家资源税法和环境保护税法等生态补偿政策，促进生态环境改善，为大力发展绿色型经济打好坚实的基础。

1. 建立环境治理及生态恢复专项基金

江西作为历史革命根据地，历史悠久、古建筑众多、生态环境良好。而绿色生态也一直是江西省经济建设的活招牌，发展的最大动力。随着矿产资源的开发和利用，矿区生态环境也遭到程度不一的损坏，生态环境补偿政策也逐渐成为了江西省生态规划的重点项目。面对生态环境的治理工作，江西省逐步推进了矿区生态环境修复治理工程，根据开采活动的集中程度，在矿产资源开发工程集中的矿区，重点实施矿产污染物排放限值。

① 尹国勋．矿山环境保护［M］．北京：中国矿业大学出版社，2010.

重点矿山进行重点的管理与关注，对于矿区恢复与整治工作，相关负责人要积极开展整治项目，启动赣州、德兴等绿色矿业发展示范区建设。为了保护矿区周围耕地环境，建立了耕地质量评价和等级监测制度，积极开展土壤污染状况调查和监管。江西省还以开展生态县（市、区）、乡镇、生态村创建活动为基点，充分调动社会力量参与到生态环境的保护中。通过创建，靖安、婺源、浮梁、铜鼓、湾里、资溪等被命名为全国生态县区。目前，全省已建立各类自然保护区 159 处，其中国家级 16 个、省级 39 个，市县级 104 个。靖安、资溪、婺源 3 县荣膺首批国家生态文明建设示范市县，靖安县还被评为第一批“绿水青山就是金山银山”实践创新基地。面对生态自然环境这个江西省的最大财富，全省严肃认真对待生态环境，提出了众多治理措施。

江西专员办按照财政部要求，积极开展了重点生态保护修复治理专项资金预算执行监管工作，宣传中央生态文明建设精神，结合生态修复过程的监管情况，与监管对象和责任人进行深入沟通，使投入到生态保护修复治理资金的使用更加科学、真实、高效。2017 年 11 月 6 日，财政部办公厅印发了《财政部　国土资源部　环境保护部关于取消矿山地质环境治理恢复保证金建立矿山地质环境治理恢复基金的指导意见》，按照该文件精神，结合江西省实际，明确要求矿山企业不再设立恢复治理保证金专户，对已经设立的保证金专户按照规定的时间和程序进行注销、退还，凡在江西省从事矿业开采活动的企业必须在 2018 年 5 月 31 日前建立基金制度、设立基金专户。保证金取消之后，矿山企业仍应积极履行环境恢复治理工作；矿山企业按照新规在环境恢复治理工作中要发挥主动作用，依据开采条件、开采矿种、开采方式、开采规模、开采年限、地区开支水平等因素，制定环境恢复与复垦计划，要加强对矿山地质环境的动态监测，采取边开采、边治理的方案，切实落实环境恢复治理责任。江西专员办按照财政部要求，积极部署，周密准备，创新方法，通过听、看、查、说开展了重点生态保护修复治理专项资金预算执行监管工作。

矿山企业要严格按照编制的环境恢复与复垦方案，根据企业会计准则的要求，将弃置费用计入固定资产成本，在开采年限内进行合理的分摊，计入生产成本；与此同时，矿山企业针对矿产开采事中事后造成的破坏，要单独设立基金账户，专项用于矿业开采引发的地质破坏、水资源污染等生态环境的补偿工作。各级相关政府部门要加强动态化监督和管理工作，发现未按照生态补偿方案履行治理工作的企业和个人等相关方，要严肃处理采取处罚措施，例如将其列入异常名录或严重违法失信名单，并令其限期改正，若仍不履行责任和进行整改，要限制相关企业申请新的采矿许可证，拒绝其申请新的建设用地请求；对否认自己履行义务的矿业企业，通过相关网站公布其违法违规责任，为行业部门的联合惩戒提供依据，被指定的社会组织可以依据相关法律法规向违法违规企业提出公益诉讼，由人民法院对其进行惩处。

2. 颁布江西省矿产资源管理条例

《江西省矿产资源管理条例》草案于 2014 年 11 月江西省政府常务委员会讨论通过，经常务委员会第十八次会议审议并通过颁布，于 2015 年 7 月 1 日起正式施行。江西省制定的《江西省矿产资源管理条例》是将江西省关于矿产资源管理的政策和矿产资源管理的有效经验上升为法律制度的重要环节，《江西省矿产资源管理条例》的实施对于江西矿产资源大省来说，具有重要意义，将为江西省矿产资源管理和生态环境保护提供坚实的法律法规和政策制度支持。

为了规范矿产资源开采秩序，促进江西省矿业经济的持续健康发展，对在本省范围内从事矿产资源规划、勘察、开采、保护与恢复及监督进行了详细规定。

该条例将矿产资源规划进行细分，对于整体大局层面制定了总体规划、针对具体实施细节实行了专项规划，并且说明了下级矿产资源规划应当服从上级矿产资源规划，矿产资源专项规划应当服从矿产资源总体规划的矿产资源详细规划。该条例针对矿山地质环境保护与恢复治理对如何实现矿产资源的保护与恢复进行了详细描述，是矿山开采生态补偿的重要组成部分。该条例明确矿区生态环境保护中，坚持事前预防为主、事后修复为辅，开采责任人、受益人、破坏者为主的治理与保护原则。要求探矿权人应当按照相应规划进行勘察设计、实施方案进行施工建设，对与矿区勘查开采过程中造成的钻孔、探井、探槽、巷道等在停止使用前进行回填、封闭等工作，对形成的危岩、危坡进行恢复治理，消除安全隐患，尽可能地减少对矿区生态环境的破坏，有利于矿区生态环境良性发展。明确了相关责任人对于矿山地质环境恢复治理具有责任与义务，按照经批准的矿山地质环境土地复垦方案在勘查后进行恢复和治理。同时要求矿产资源开采和矿山地质环境恢复治理遵循开采和生态环境治理同时进行的原则，矿产资源开采应当与环境保护、恢复治理同时进行，即使矿山停办、关闭，采矿企业也应当完成恢复治理工作。

矿山企业完成恢复治理工作后，县级以上人民政府地矿部门在征求县级林业、水利、土地、农业等相关部门和村民委员会的意见后，与环保部门组织专家对恢复治理进行验收。只有验收合格后，矿山企业才能提取恢复治理保证金及利息。监管不仅仅停留在政府部门对矿产企业的监管这一层面，还包括矿产企业还需要定期对所管辖区域政府部门定期汇报矿区生态环境情况，再由政府部门提交给上一级部门，使得生态环境处于动态监管中，能及时地获得矿区生态环境现状报告。对于违反条例中矿产资源勘查活动等的具体规定，将由政府管理部门按照具体规定对相关责任人给予罚款、没收违法所得、吊销勘查许可证等处罚措施。

3. 加大环保项目投资，开展“三同时”环保验收项目

“三同时”制度是指针对新建、改建、扩建项目和技术改造项目以及区域性开发建设项目的污染治理设施必须与主体工程同时设计、同时施工、同时投产的制度。“三同时”环保验收项目要经过网上申报、现场验收，监测排放污染物浓度和计算排放量，是否达到达标排放、资料审查、提交资料、申报资料齐全符合要求，安监局在规定时间内出具验收意见等程序。相关政府部门加大对环保项目的投资，开展同时设计、施工、投产的环保验收项目，建设矿产开采项目需要配套使用的环境保护建设设施，经监管部门验收合格后该建设项目才可以正式投入生产或者使用，有利于生态环境良好发展，减轻矿产资源开采对生态环境的影响。

环境恢复与保护不仅关乎现代，更关乎子孙未来。江西省始终坚持以人为本，持续推动环境恢复与保护工作，实现人们对优美环境和生态可持续发展的诉求，以不断改善环境为指引，有效解决广大群众关心的环境污染问题，为大气、水、土壤污染找出解决办法，以国家生态文明试验区建设为契机，努力打造生态文明“江西样板”；为了有效的治理环境污染，江西省不断加大环境治理相关的科学研究，同时一如既往地推动“三同

时”环保验收项目，努力削减经济发展过程中对生态的负效应。

2017年省环科院立项课题“废气稀土矿山土壤重金属的植物——AM真菌联合修复技术及机制研究”，项目支持资金50万元；江西省科技人员攻坚克难，取得了多项科技成果，比如在省级以上科技期刊发表论文30多篇，论著3部；不仅于此，省环科院坚持走出去方针，与原环境保护部华南所、广西环科院、云南环科院等院所深化合作，成立了水环境联合研究院；在省内，省环科院还同省内高校、科研院所加强合作，成立了江西省水利工程学科联盟，比较知名的高校院所有：南昌工程学院、南昌大学、东华理工大学、省水利科学研究院、省水土保持科学研究院、省水利规划设计研究院等；江西省开展的“三同时”环保验收项目投资也取得了重大成就。理论与实践的深度融合，是江西省治理和保护环境的依托和保障，也是对实现生态文明“江西样板”的落实。图3.2展示了江西省2012～2017年完成“三同时”环保验收项目总投资情况。

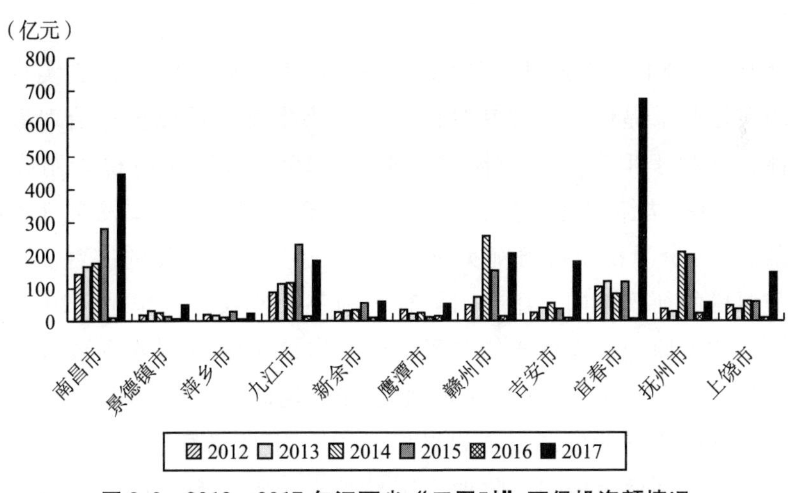

图3.2　2012～2017年江西省“三同时”环保投资额情况

4. 严格执行国家资源税法与环境保护税法

1）贯彻国家统一的资源税法

资源税法是指国家制定的旨在调节资源税的征税方与纳税方权利与义

务的法律法规，资源税法的内容包括纳税义务人的界定、税目与税率、计税依据、应纳税额的计算、减税与免税项目、征收管理等主要方面构成。我国现行的资源税法主要包括《中华人民共和国资源税暂行条例》《中华人民共和国资源税暂行条例实施细则》《煤炭资源税征收管理办法（试行）》《关于全面推进资源税改革的通知》《关于资源税改革具体政策问题的通知》等。

资源并不是取之不尽用之不竭的，它具有不可再生的性质，对资源征收税款是对开采和利用资源相关人的基本义务，有利于相关部门对于资源的管理和使用资源责任人的约束。我国的资源税征收范围根据经济社会的发展而调整，资源开采的纳税范围逐渐扩大，经历了按利润征税、幅度征税、从价为主从量为辅的征收阶段，这一发展过程体现出资源税的征收越来越贴近经济发展的实际，更多地考虑人民对于良好生态环境的追求。对于生产过程中使用资源的企业和个人等征收资源税，有利于促进企业生产过程中对资源的有效利用，促进自然资源的可持续发展，也为国家财政资金提供支持。

我国从 1984 年正式开征资源税；1986 年《矿产资源法》实行，为资源的有偿开采提供了法律法规的依据，为生态环境保护和治理提供了可行性，有利于生态环境补偿政策实施；1993 年国家财税体制改革对 1984 年资源税法律制度进行了重大修改，12 月国务院正式发布《资源税暂行条例》《资源税暂行条例实施明细》，这些法律法规的出台，不仅扩大了资源税的征收范围，还起到了有效调节级差收益的作用；2010 年国家启动了关于原油、天然气的改革试点工作；2014 年煤炭资源税实现了从量到从价的转变；2016 年全面推行资源税改革，实现以从价计征为主、从量计征为辅的资源税征收格局；2017 年将北京、天津、山西、内蒙古、山东、河南、四川、陕西、宁夏等 9 个省（自治区、直辖市）纳入水资源改革试点范围。用税收方法提高了企业用水成本后，面对水成本的提升，企业为降低成本，会在生产过程中相应调整内部的生产行为，节约用水。此次扩大水资源税改革试点，不仅有利于加强水资源的资源节约，还有利于为其他资源的有偿使用制度和生态补偿机制提供给借鉴意义，加快企业等相关责任人的生态环保意识，促进生态环境可持续发展。水资源的税改革采取阶梯征税政策，既改善水资源浪费的问题，又利于资源的可持续发展。

2）执行新颁布的环境保护税法

环境保护税法是指国家制定的调整征税主体与纳税主体权利与义务关系的法律法规，它以在我国领域内向环境排放污染物的企业单位和其他主体为征税对象，污染单位不仅要按照环境保护税法的规定缴纳税法，而且要对环境损害承担相应的责任。环境保护税法出台的目的主要是通过法律法规的约束，减少人们对环境的破坏，强化环境保护意识，进一步改善环境，加强生态文明建设；它的颁布弥补了排污费的执法刚性不足问题，在某种程度上有利于提升纳税人的环境保护意识。

2018 年 1 月 1 日《环境保护税法》正式实施，它的颁布标志着对于环境的保护不仅仅停留在环境保护意识和对人们行为的约束上，还要通过税收进一步强化个人、企业等责任人对环境的保护与义务。作为一个新开征的税种，新颁布的环境保护税法对环境要素征税内容更全面，明确了对大气污染、水污染、固体废物、噪声征税标准，使生态环境保护制度更加规范化、制度化。

5. 贯彻执行《江西省生态环境损害赔偿制度改革实施方案》

2015 年中共中央办公厅、国务院办公厅印发了《生态环境损害赔偿制度改革试点方案》，试点工作在吉林、山东、江苏、湖南、重庆、贵州、云南 7 个省（市）开展，2017 年中共中央、国务院在总结试点工作的基础上，对生态环境损害赔偿印发了《生态环境损害赔偿制度改革方案》，并且要求在 2018 年 1 月 1 日全国试行。根据相关文件精神，江西省结合实际情况，2018 年经省委、省政府同意，印发了《江西省生态环境损害赔偿制度实施方案》，该方案对于环境污染、大气污染、水污染、土壤和植被造成的功能性退化等生态补偿方面都进行了全面的规定。它有利于解决矿产开采企业生态污染，矿区百姓受害、政府为企业行为买单的不合理境况，实现责任人负主要责任，政府补助等责任体系，有利于合理的投入资金修复治理受损的生态环境。

《江西省生态环境损害赔偿制度实施方案》的指导思想在牢固树立社会主义生态文明观的同时，对造成生态环境破坏的相关责任者要求实施严格赔偿机制，严重的还需要实施法律追责机制，加快构建执行效率高、责任人明确、行为有效的生态环境损害赔偿制度，为推进我省国家生态文明试验区建设，打造美丽中国“江西样板”的形象，全面推进现代化江西建设提供完善的制度保障。该方案确立了五原则：一是依法推进，鼓励创新。立足江西省生态环境实际情况，创新江西省生态环境损害赔偿制度；二是环境有价，损害担责。积极催促生态环境破坏者对其进行修复或赔偿。三是主动磋商，司法保障。组织开展生态调查，与生态环境损坏者协商，保护生态环境的平衡发展。四是信息共享，公众监督。关于涉及需要公开的生态环境调查结果，积极及时公开，使全民参与其中，共同监督管理。五是典型示范，协调联动。建立政府机构协调和联动机制，促进江西省生态环境损坏赔偿制度改革工作顺利进行，方案中的五原则为生态环境损害赔偿提供了思路，更好地促进了江西省生态环境保护和治理。①

该方案同时明确了生态环境损害赔偿范围、赔偿义务人、赔偿权利人及管辖范围、职责分工、启动条件、赔偿磋商、诉讼规则、鉴定评估、执行和监督、资金管理、索赔行为的监督机制，具有很强的可操作性，为了顺利推进实施，相应地制定了保障措施，如加强组织领导、业务指导、经费保障、公众参与。该方案与中央《方案》相比而言，江西省的规定赔偿范围更细更精准，更可贵的是对需要细化项目做了大量列举式说明。结合省情，《实施方案》还相应制定了四个配套办法，包括《江西省生态环境损害调查办法（试行）》《江西省生态环境损害磋商办法（试行）》《江西省生态环境损害修复监督管理办法（试行）》《江西省生态环境损害赔偿资金管理办法（试行）》。

6. 持续推进矿业固定资产投资

矿产资源是江西省经济发展的支柱性产业，对江西省社会的经济发展做出了巨大的贡献，同时也是江西社会可持续发展的保障，然而在采矿过程中不可避免地会引发土地破坏和环境污染问题，更为严重的是，由采矿过程中不当行为而导致或地质本身的脆弱性等造成的地质灾害越来越频繁，

---

① 江西省生态环境损害赔偿制度改革方案．南昌市生态环境局网站，2018－06－07. http：//hbj. nc. gov. cn/ncgbj/zcfg/201906/ede3e0c310824ffaaba288ff215c97fc. shtml.

严重危害矿区的生态环境和当地经济发展的基础，成为了江西省矿产资源经济发展和生态环境可持续发展的重大障碍。矿产开采引发的生态恶化问题，不仅仅有自然自身的规律性，更多的是人为造成的，矿业企业在利润最大化目标的指引下进行了过度生产，因此也导致了生产效率的低下，不能实现帕累托最优。

市场机制有效配置资源的前提之一是矿业企业开采资源的行为不存在外部性。但事实上矿业企业的开采却始终存在外部性，并且消除不掉，正是由于负外部性的存在，社会的边际成本大于矿业企业的边际成本，这也导致矿业企业的开采数量超过了边际收益与社会边际成本决定的数量，企业将外部成本进行了转嫁，社会承担了损失，这表明市场的自主交易没有反映矿产开采的成本与收益，这也同时说明市场配置资源是低效率的，这也是我们常说的市场失灵现象。市场配置资源没有实现社会整体的利益最大化，这时候就需要政府出面实施相应的措施，政府有必要代表社会整体利益对矿业开采的负外部性进行政策干预，从而实现资源的合理配置，达到人与自然的和谐发展，解决市场存在的外部性缺陷，帮助矿产企业、生态环境和市场更好的发展。

正是在上述背景之下，全省环保系统坚持以人为本的思想，着力解决矿产开采造成的环境问题，不断加大矿业固定资产投资，还人民蓝天白云、青山绿水的江西优美生态环境，使人民享受更好的生活环境。表 3. 12 是江西省 2013 ~ 2017 年矿业固定资产投资状况：

表 3. 12　　2013 ~ 2017 年矿业行业固定资产投资（不含农户）　　单位：亿元

行业	2013 年	2014 年	2015 年	2016 年	2017 年
采矿业	252. 8	285. 1	245. 5	302	226. 2
非金属矿制品业	711. 2	818. 3	937. 9	1039. 5	1162. 2
黑色金属冶炼和压延加工业	105. 2	97. 6	55. 6	93. 7	151. 8
有色金属冶炼和压延加工业	408	423. 4	405. 5	404. 7	479. 7

资料来源：江西省 2013 ~ 2017 年国民经济与社会发展统计公报。

由表 3. 12 可知，政府非常重视矿业固定资产投资，投资的总体趋势是上升的，局部有升有降。采矿业投资从 2013 年 252. 8 亿元到 2016 年 302 亿元，在 2017 年下降到 226. 2 亿元，整体下降幅度为 11. 76%。非金属矿制品业从 711. 2 亿元上升到 1162. 2 亿元，上涨幅度为 63. 41%。黑色金属冶炼和压延加工业从 105. 2 亿元上升到 151. 8 亿元，上升幅度为 44. 3%。有色金属冶炼和压延加工业从 408 亿元上升到 479. 7 亿元，上升幅度 17. 57%。我们从中可以看到政府的投资力度在不断加大，历年来都非常重视矿业投入，尤其是非金属矿制品业，2017 年的增长幅度比 2013 年高 63. 41%，在这四种矿业行业固定资产投资力度最大，上升幅度也是最大。由此可见，政府重视矿业固定资产的投资程度在不断提高，可以预测到未来几年内矿业固定资产的投资还会呈增长趋势。

7. 完善矿产资源分级分类管理

江西省的矿产资源丰富，品类众多，在对江西省生产总值的贡献上，这些年来矿产资源的开发利用对江西省经济社会的发展阶段至关重要，与此同时矿业也是江西省国民经济发展的支柱性产业之一。江西省矿产资源开发条件优越，矿产品种众多，并且矿产资源具有需要在勘查、开采和结束后的整个过程中重要保护的社会价值特性，在《全国矿产资源规划（2016 ~ 2020 年）》文件中，第一章的规划基础，第一节主要成效提到了完善矿产资源分级分类管理。其实在国际上矿产资源丰富的国家，例如，美国、澳大利亚、加拿大等国，都对矿产资源的分级和分类制度管理有比较完善的制度体系和丰富的实际经验。这些国外国家无论是在按所有制度分类基础上实行的矿地一体化管理，还是在矿地分类基础上对矿产资源过程中包括的地质勘查工作、探矿、开发、矿业权流转等都采取了分类分级管理制度。这些国家经过多年的探索与发展进步，对矿产资源整个过程的所有权和使用权的治理与管理给我国矿产资源分级分类管理提供了大量的参考价值。

矿产资源分类分级管理是对矿产资源朝着制度化、结构化方向发展的重要措施，由中央统一领导矿产资源管理的大局方针、地方分级管理，根据实际情况，具体实施方案。分级管理下放给地方部门的经济权利和行政权限，就是确立中央、省、市县对矿业权等审批、发证，监督的管理和收益权限与职责，是矿产资源管理的纵向确权行为，可以避免多头管理的混乱，为整顿矿业秩序准备了制度基础。直接关系到中央宏观调控作用的发挥和整个社会的和谐发展。江西省作为矿产资源大省，把矿产资源分类建立在法治的基础上，科学合理地分类，确定责权的划分规则，并建立监督保障机制，将对矿产资源的发展起到重要作用。微观上的矿产资源分区，主要针对开发权限矿区大小、资源重要程度分为重点开发区、限制开发区、禁止开发区和鼓励开发区等。将矿产资源根据价值和矿区大小等性质进行分类，有利于相关部门更好地管理矿产资源前期的开采和后续生态环境补偿政策的实施。从法律法规上，对国家级矿区和地方级矿区进行分类管理，通过行政法规的约束更好地制约矿产企业和相关机构对于矿产资源的分级分类管理。

8. 推进矿产资源补偿费与资源储量消耗挂钩

我国矿产资源种类丰富，储量丰富。与此同时，对矿产资源的管理那就至关重要了。由于管理不善，技术水平低下，造成大多数矿产加工企业不能高效利用矿产资源的现象层出不穷，矿产资源存在利用率低，造成浪费的情况一直影响着我国矿产业的快速发展，也对矿产储量和矿区开采的生态环境造成了不利的影响。矿产资源不可再生，我国矿产资源总量较大，但人均资源量少，部分地区由于自然环境等特殊原因勘查开采难度系数大，导致部分资源供需失衡，矿产资源存在结构不合理，地区分布与经济区域发展不匹配等现状，对社会经济发展和生态环境维护造成了巨大压力。矿产资源勘查开发为经济建设提供了重要的发展动力，如煤矿、石油等能源，是生活和生产过程中都离不开动力和原材料。矿产经济不仅推动了区域经济的发展，还促进了新疆、云南等少数民族较多的地区、西部等边远地区的经济发展，促进了如山西、江西、新疆等个别区域以矿产资源开发为支柱产业的矿业城市的兴起与发展，解决了大量社会劳动力的就业问题，为地区经济发展和社会进步作出了重要贡献。经过多年的石油勘探和开采，中国由一个贫油国转变为世界上主要产油国之一。而新发现和扩大了的一批重要矿种，使中国从矿产资源家底不清到成为世界矿产资源大国。随着矿产资源勘查的发展，我国地质勘查队伍也不断壮大，技术越来越先进，参与人员越来越多，为中国矿产资源发展和经济建设作出了重要贡献。

随着勘查开采技术的进步，江西省矿产资源勘查和开采范围和矿区数量都得到了很大的提升，使江西省矿产资源经济发展逐步提升。与此同时，面对我国的矿产资源的现状和矿产资源勘查的快速发展，江西省将矿产资源补偿费与资源储量消耗挂钩，保护矿产生态资源的开发利用。所以面对矿产资源的发展现状和未来以资源节约型为主的资源发展趋势，江西省实施生态环境补偿机制，针对资源的消耗量实行浮动费率制度，将资源消耗与生态环境补偿费相互关联，促进资源集约型企业发展和资源可持续发展。相关部门针对企业对矿山资源储量的消耗进行定期检查，根据检查结果考核矿产企业对于资源的利用率和矿产资源的保护程度，大力鼓励矿产企业建立资源节约型管理制度，提高资源利用率，并鼓励资源型企业使用清洁能源，减少不可再生资源的使用。根据资源的特殊性质，按照“企业所有、政府监管、专款专用”的原则，强化对矿山环境恢复治理资金的监督落实，派专人监管用于生态环境补偿的资金，确保生态环境修复治理的资金准时到位并用于生态治理。

9. 矿产资源管理进一步规范，矿业秩序进一步好转

江西省制定了《江西省矿产资源管理条例》等一系列有关矿政管理的法律法规与规范性文件，法律法规的颁布对于江西省地质勘查与矿产资源开发、矿产地质环境保护与治理恢复、生态补偿等的监管起到了强化的作用。在条例中对矿产资源前期的规划、矿产开采者对矿产探矿权、采矿权的取得、矿产资源的招标、拍卖、挂牌、审批登记、开采过程中的矿产资源勘查、矿产资源开采、矿产资源开采后的矿山地质环境保护、矿产资源恢复治理、开采监督管理、相关责任人的法律责任等方面进行了详细的解释。江西省矿产资源管理积极推进简政放权，出台了权利清单，审批权的管理，对烦琐、重复的审批制度进行了改革，例如取消审批或者权力下放，有利于优化和加快内部流程和办事程序的效率。严格矿产资源的管理，对矿业权实施分级审批制度，不断规范矿业权管理。紧跟时代发展潮流，为了便民利民，提升工作效率，江西省率先在全国实现了矿业权网上交易，进一步规范了矿业权市场。

矿产资源开发秩序对于矿产资源的开采和治理至关重要。只有保持良好稳定的矿产资源开发秩序，才能让矿业市场高效运行。江西省拥有稀有的稀土资源，针对稀土资源开展了专项管理与整治等重大措施，根据地域的矿产资源分布和储量实际情况，规划布局和资源开发整合，相关部门密切监督，针对不合格、不合法矿区实施整顿、关闭等规范措施，实现了矿业投资热潮下矿产资源开发秩序明显好转。保护性开采的特定矿种是矿产资源开发的重点关注对象，因此，政府相关部门对矿业权的审批制度依法严格管理，谨慎把关。矿产开采量关乎矿产资源的可持续开采，江西省对于矿产开采总量的控制及相关事项管理工作进行了全方位考量；全省针对矿产地质勘查行业和资源储量，组织实施地质调查、矿产资源勘查测量等工作；在矿产资源管理过程中，不仅关注了资源的开采和利用，还对矿山地质环境保护实施了工作，监督管理重要保护区、保护地，例如珍贵古生物化石、地质遗迹、矿业遗迹等。检测水文地质、工程地质、环境地质等重要地质的勘查工作，防止地下水被过量开采和污染。通过矿产资源管理从多方面实施的规范措施，江西省矿产资源基本形成了高效、有序、良好的勘查、开采新局面。

10. 矿产资源行政管理成效显著

江西省资源管理部门坚持以矿产资源问题为导向，主动出击，例如鹰潭市国土资源局出台了矿产资源管理行政事业性收费标准，包括矿产资源补偿费、采矿权使用费、矿产资源开采登记费等收费标准，对本行政区域内的矿产资源企业和个人进行开采行政制约。面对矿产项目的繁多，政府部门通过“双随机”“约谈”等一系列措施，加强勘查项目管理，对勘查项目进行严格把控和管理。在《江西省矿产资源管理条例》中，将探矿权、采矿权的取得进行了行政规定，开采钛、钒、铋、汞、宝石、玉石等矿产资源，要由省行政部门审批登记，颁发采矿许可证；对于矿业权市场交易体系，地质矿产主管部门将出让的矿业权以招拍挂市场竞争的方式进行交易，全面实行矿业权有偿取得制度；采取招标、拍卖、挂牌方式的，地质矿产主管部门应当通过国家和省人民行政部门规定的公共资源交易网站等媒介公开发布资源公告。2017 年 7 月 1 日正式实施的《江西省矿业权出让收益征收管理实施办法》，规范了出让矿业权收益征收的管理，健全了矿产资源有偿使用制度。在江西行政区内进行矿产资源的勘查、开采，实施矿业权管理相关责任人都应遵守此实施办法。对于未按规定或欠缴价款的缴纳探矿权、采矿权价款的矿业责任人，应按

《矿产资源勘查区块登记管理办法》规定的标准，由县级以上财政部门计算缴纳滞纳金罚款。

面对矿业资源开发利用率低的情况，相关资源管理部门围绕矿产资源开发的集中化和产业化发展为方向，不断引导和促进矿产资源整合工作的稳步进行，促进矿业发展朝着高效节能转变。逐步推进了政府部门简政放权和职能转变，实行了矿业资源私用权审批下放，提高国土资源管理部门的审批效率。相关政府部门由重视企业和个人微观管理转向加强和改善整个矿产资源生态产业链的宏观管理，基本构建起了更加符合江西省本省的矿产资源管理的新制度和新体系。国家部门发布的《关于健全生态保护补偿机制的意见》，也从生态环境补偿的机制创新、组织实施等角度分析了生态保护补偿机制建设中的重大问题，有利于对生态环境补偿政策落实过程中对各项具体情况的实施和监督。事后对生态保护补偿政策落实不到位的，相关部门还要根据具体情况对相关责任人采取追责机制。所以国家相关部门发布的生态环境补偿机制，对其行政管理的约束更加有利于江西省贯彻落实生态补偿政策。

三、江西省矿产资源开发生态补偿存在的问题

江西省是矿产资源大省，矿产产量名列全国前茅，由于勘查和开采技术的不断发展，江西省矿产资源开采量不断扩大，促进了江西省矿产资源经济发展和社会发展。但经济发展的同时，也对矿区生态环境例如地质、水文、植被等方面造成了破坏。上一节分析了江西省矿产资源开发和生态环境补偿的现状，下面通过分析矿产资源开发带来的生态环境问题，对江西省矿产资源开发生态补偿存在的问题具有重要意义。矿产资源开发带来的生态环境问题主要表现在破坏土地资源、污染水资源、开采过程中产生“三废”等问题。

矿产资源开采过程中会不可避免的对生态环境造成一定的影响，生态环境具有脆弱性、难修复的特性，所以生态环境补偿作为环境修复的支持性政策，对于生态环境建设至关重要。但生态环境补偿在实施过程中由于某些体系尚未形成、补偿资金存在问题、补偿的范围和主体不明确、财政政策突出等忽视矿区生态环境补偿造成的问题，江西省矿产资源在开发过程中造成了严重的生态

恶化、环境污染及资源浪费等情况。生态环境破坏容易，修复难。矿产开发过程中造成的生态环境问题已经威胁着环境的可持续发展并且阻碍着江西经济的良性发展。生态环境补偿作为新体制，在真正付诸实际和发展过程中还面临众多问题。因此，下面将对江西省矿产资源开发存在的生态问题和生态补偿存在的问题进行详细分析，这些分析对于建立健全江西矿区生态环境补偿机制，促进生态环境可持续发展具有重大意义。

1. 矿业补偿政策尚未形成体系

江西省有关生态补偿的法律法规众多，关于矿业方面的法律规章大多都有一些涉及，但比较零散，专门对于矿产资源管理与补偿政策的法律法规尚未形成体系。矿业生态补偿究其实质就是如何平衡利益相关者的权、责、利问题，但江西省至今没有形成统一的补偿体系，有关矿业补偿的法律法规分散在不同的法律章节中。《江西省矿产资源管理条例》是一部有关矿业管理方面的法规，它的内容包括：总则、矿产资源规范、探矿权/采矿权的取得、一般规定、招标/拍卖/挂牌、协议和申请在先、审批登记、矿产资源勘查、矿产资源开采、矿山地质环境保护与恢复治理、监督管理、法律责任、附则，从这部法规的内容中直接反映矿业补偿的相对较少，有关补偿内容主要体现在地质环境保护与恢复治理和监督管理部分，恢复与监督措施主要针对矿业企业而言，其中谈到的内容大多是原则性的，可操作性有待加强，具体的奖惩手段和行政法规没有明确。

目前，我国还没有专门针对生态补偿的立法，现有涉及到生态补偿规定的法律规定大多分散在其他法律之中，缺乏系统性、可操作性和针对性。矿业生态补偿政策需要界定补偿原则、客体、主体、形式、内容构成、量化标准等角度，在国内、省内尚不存在此类法律法规，地区的差异性与复杂性使得矿业补偿难以形成统一的标准。也正是由于规范的不统一，导致各矿区在政策执行上存在较大弹性，它不利于矿区复垦和补偿资金的筹措；江西省的矿业补偿需要站在众多利益相关者的角度，让受益者与受害者之间的利益实现动态平衡，依据本书观点，矿业补偿的主要矛盾集中在矿区居民与矿业企业之间，如果我们有充分的补偿技术支撑、完善统一的矿业法律保障，矿业补偿难题将会迎刃而解。

当前江西省矿业补偿存在众多的问题和难题，废弃矿山、旧矿山的恢复治理问题，新矿山如何执行好矿山地质环境治理恢复基金，受害矿区居民历史遗留的补偿问题都亟待破解。由于补偿标准不明确、补偿资金不足，而政府财力有限，投融资政策有待优化，受影响群众很难得到应有的补偿，矿业企业又大多是实力雄厚的国企央企，地方政府也显得有心无力，法律依据欠缺、补偿技术不完善、部门职责界定不清楚，使得问题的解决变得难上加难，对于矿区生态环境治理有诸多不利影响。

2. 矿产资源开发生态补偿资金不足

据江西省地质环境监测规划统计，江西省历史遗留废气矿山4006个，矿区总面积467.79平方千米，江西省不仅面临沉重的历史矿区修复任务，而且矿山地质环境问题非常突出，具体表现在：截止到2015年底，全省矿区土地损坏面积达710.2平方千米，历史遗留矿山累计占用损害面积212.3平方千米；矿山废渣年总产出量2.75亿吨，每年排放量大约2.02亿吨，而年利用量仅为0.31亿吨，累计积存总量约37.11亿吨；废水年产出量约1.61亿吨，年排放量约1.35亿吨，循环利用大约0.26亿吨；矿山引发的地质灾害共578处。这些触目惊心的数字证明江西省矿业修复及补偿形势非常严峻，现行补偿资金投入对于矿产资源开发生态补偿的巨大资金缺口显得微不足道，近些年来，江西省对于环保投资趋势有所下降，本身资金就缺乏，再加上在实际情况中，政府关于矿业资金投入的环节变多，不仅包括保护环节，还包括勘察、开采环节，分散了生态环境补偿金，使得生态补偿资金投入在保护环节的资金就更加少；部分地方政府本身财力有限，还可能会存在挪用矿业补偿资金的情况。环保投资与GDP的情况见表3.13：

表3.13　2013～2017年江西省环保投资与GDP

项目	2013年	2014年	2015年	2016年	2017年
环保投资（亿元）	41.8	56.14	124.23	180.43	149.70
GDP（亿元）	14338.5	15708.6	16723.8	18364.4	20818.5
投资与GDP比值（%）	0.29	0.36	0.74	0.98	0.72

资料来源：2013～2017年江西省国民经济与社会发展统计公报与年报。

江西省矿业补偿资金之所以不足，一是江西省历史矿山遗留问题较重，加重了补偿资金的短缺；二是在于过去补偿技术及法规存在不完善，补偿标准较低，而实际需求资金远远高于收取的补偿资金，出现收不抵支的现象；三是历史遗留矿区补偿资金来源单一，历史遗留矿区没有主要责任人，矿区生态环境恢复与治理工作主要依靠相关政府机构，生态环境补偿资金主要依靠政府的资金支持。矿区生态修复过程中找不到具体责任人，政府反而成为最终的责任主体，使得政府筹集资金压力大；四是矿业企业对于矿区修复表现并不积极，企业的本质在于追逐利润，以最小的投入获得最大的经济利益，而矿区生态修复资金投入没有获利机会，所以与企业经营目标背道而驰，最后造成企业对于生态环境修复工作能拖就拖，政府若不给予修复资金，修复工作很可能就会陷入停滞。

资金管理过程中补偿资金的收取和使用存在较大漏洞，补偿资金的作用是为了促进生态环境改善，对于矿产资源开采过程中造成的生态环境破坏进行修复，促进生态资源可持续发展。资金具有灵活的移动特性，所以生态环境补偿费用资金在监管过程中，资金可能会存在被挪用到其他领域，甚至还存在被人占用的情况。对于矿产资源开采的企业或个人征收了生态环境补偿金，但这部分补偿金实际是被投入到非环境治理的领域使用了，如矿产资源补偿费是政府在矿产资源开发前明确提出的补偿费用，但它的主要使用领域却投入到了矿产资源勘查，用于矿产资源前期勘察领域了，使得这笔补偿费用于矿产资源开采前的生态环境保护和矿产资源开采后的生态环境环境修复的很少，而且补偿费用经过层层审批返还到资源所在地用到生态资源补偿的比例也非常小。根据现状发现，由于相关部门根据管辖权进行生态环境补偿收费的情况，会造成位于一地的矿产开发责任人向在另一地的管辖部门交费的现象。此类事件如果出现较多，就会造成当地自然环境资源的破坏无人管理，生态环境就不能得到补偿。目前生态环境补偿费采用国家对矿产资源补偿费的返还制度，下拨到省级政府的资金会在有其相关部门根据需要统一调配资金的使用，这种情况下，就会造成矿区生态环境破坏程度和范围与生态资源的补偿不对应的现状。

3. 矿业生态补偿机制有待加强

我国目前的矿产资源有偿使用政策中还存在诸多问题，例如矿产资源补偿费利用率低，导致其权益补偿并没有百分百到位；资源税改革的现状下，它真正对于资源调节的功能远远低于促进财政收入的本质功能，有违资源税设立的最初目的；探矿权、采矿权使用费标准过低、缺乏动态调整机制，难以根治市场投机行为，从根本上发挥规范勘查开采的调控作用，也难以实现资源勘察、开采和利用过程中矿产资源的利用效益最大化。矿产资源补偿实施机制不完善，在资金补偿、实物补偿、政策补偿、技术补偿等方面生态环境补偿政策都存在较大的漏洞，这就会导致有的企业钻漏洞，对矿区环境造成一定的影响，不利于生态环境政策的实施和开展。

矿业开采会牵涉国土、环保、林业、税务等多部门，其监督管理职责存在某种程度的重叠和交叉，甚至还会存在监管真空地带，原因主要在于我国行政职能责任划分有待完善，有些行政部门可能抱着多一事不如少一事的心态，涉及责任承担的时候相互推脱，未能建立统一的协作管理机制，对于生态环境治理不利；政府关于加强矿业开采监督的行政条例较多，但往往流于形式，很难让政策实际落地，现在矿业企业以自主管理为主，政府如今未能建立一个事前事后动态的监管评估体系，关于监督管理的人员资金投入大多只停留在纸面上。目前，国家鼓励锂能源金属矿产资源的开发和利用，江西宜春锂云母矿资源丰富，面对政府的支持，不仅要做好开采工作，还要就其勘查开发要做好补偿机制。

生态环境机制监督的薄弱还有更深层原因，某些地方政府为了快速推动本地经济发展，不惜以牺牲生态环境为代价，在矿业开采中降低环保审批门槛，更有甚者完全忽视环保要求，再加上缺乏相关规划和法律法规的约束，使矿业开采处于无序状态，最终的结果是矿业企业获得巨额利润，百姓和环境承受生态恶化之痛，千疮百孔的矿区的治理责任反而落在地方政府身上，从矿业企业获得的微薄财政收入与巨额的修复治理费用形成强烈反差，地方政府在治理矿山问题上也显得有心无力，长此以往使得矿山治理资金缺口越来越大，政府肩负沉重的环境治理重担，使得生态环境补偿机制也发展受阻。

4. 矿产资源生态补偿范围和主体不明确

江西省地下矿藏十分丰富，矿产种类多，其中有色、稀有稀土和贵金属矿产具有明显优势。但我国的生态补偿工作刚起步不久，相比于国外更是经验不足、制度不健全，矿产资源生态补偿过程中会产生诸多问题，其中矿产资源的生态补偿范围和主体不明确，造成生态补偿机制效率不高就是其中亟须解决的问题。江西省的补偿范围主要集中在那些开采量大，经济效益较高或者破坏较明显的矿区，出现了生态环境补偿范围与实际情况不紧密贴合的情况，使得一些开采量较小、矿区面积较小的矿区生态资源补偿不及时或根本没有补偿。

除了矿产资源的生态补偿范围不明确外，生态补偿的主体也存在不明确的问题。生态补偿过程中使用者、受益者、保护者三者之间的界定很难分清。因为有的时候一个主体可能充当这三者中的多种角色。破坏者补偿原则，主要针对行为相关主体在开采利用过程中对生态环境产生不良影响的直接相关方，对生态环境造成的影响进行补偿的行为。这一原则适用于大多数矿产资源利用过程中的生态环境问题责任方的确定；生态资源属于公共资源，并不属于任何个人，具有不可再生的特质。受益者主要指以在生态资源勘查开采利用的过程中直接获得了经济利益的企业、个人等。保护者是对资源节约做出贡献作用和对生态环境做出保护行为的人，面对这些人对生态环境的保护，需要提供资金奖励，以提高对生态环境保护主体的积极性。但大多数情况下，这几个主体由于关系相互交织、政府对于补偿主体没有严格的界定标准和生态环境特有的性质，使得生态补偿不能都落实到实际责任人或所有者手中。造成生态环境治理出现责任人不明确的问题，影响生态环境治理进程。

5. 基层矿业行政管理不到位

由于一些相关负任人和责任人员对于矿业法规条例了解较少，对于破坏生态环境要付出代价的成本没有相关认识，所以，这些人对于矿产资源所有权、矿产资源合理开发、资源高效利用、生态环境保护的意识还需多多灌输。加之受经济完成指标的压力和自身利益的驱动，一些地方政府面对经济诱惑，忽视了对于矿产资源生态环境的保护和治理，缺乏长远眼光和整体观念，对于生态环境保护缺乏年度规划和政策引导，导致资源使用责任方为了短期获利，未在正规规划和政策的引导下开采，事后补救措施不及时或者根本没有实施修复，造成了矿产资源利用率低和矿山地质、水文、植被的破坏等现象。

我国有关环境资源行政管理机构采取按资源要素分工的部门管理模式，各部门职责权限的空间配置存在一定的重复，资源与环境的二分化管理模式更是加剧了资源部门与环境部门之间的冲突，环境主管机关的统一管理与资源部门之间的分别管理事实上很难统一起来，由此更加强化了部门利益。各行政主管部门往往从自身的职能和权限出发，从维护各自部门利益的角度进行相应的政策设计，并以国家有关法律法规政策作为挡箭牌，使得政策割裂，不能形成一个完整相互协调的整体，无法满足维护整个生态环境系统生态环境服务功能的需求，政策冲突时有发生。这在一定程度上容易导致管理目标不一致，影响了矿山生态环境恢复治理工作的顺利推进，促使矿区生态环境恢复治理工作无法确保。

首先，一些地方以经济指标为首要考虑因素，为了实现既定经济目标，忽视生态环境宣传和环境保护，为满足经济发展，对于涉及环境问题的项目为其降低生态环境门槛。在审批过程中，潦草行事，居于表面。为了达到制定的年度目标，跳过环境影响和环境评估程序，给予获利大的企业政策优惠和多方支持，以吸引大企业在此投资。其次，矿产资源是归国家所有的，但地方生态环境管理部门隶属于地方，多数政策方针的实施受制于地方，使得它们自我发展较小。由于大多数地方相比于无形的生态环境更重视实实在在的经济发展。领导及直属单位每年、每季度等都有相关经济考核指标的任务，为了达到指标，导致环保等生态管理部门难以执法，对于生态环境的补偿与治理以多种为借口相互推诿。更有甚者，生态环保相关管理部门为了获利，与地方政府排污矿山企业联手“合作”，对环境造成消极影响。

6. 生态补偿财政政策问题突出

根据政府为达到生态补偿目标所采取的手段不同，可以将财政政策分为税收政策、公共支出政策和投资政策。在国外生态补偿资金收取的税金主要通过征收环境税来实现，这种方式有效地将环境污染的外部成本内部化，私人边际收益的减少促使生产商理性生产，最终达到减少环境损害的目的。从另一方面来讲，追逐利润是商人的本质属性，为了降低生产成本，生产者会竭尽全力寻找清洁生产技术，在某种程度上推动科学技术的发展。反观我国对生态补偿的税收政策体现在具体的税种之中，比如我们熟悉的消费税、资源税、增值税和城市维护建设税等税种。在资源税方面，生态补偿政策的缺陷体现在征税范围相对狭窄，从量税税率较低，征税环节单一税负转嫁情况时有发生；在消费税方面，征税范围的狭窄仍是致命弱点，税收实现的环节会对群众环保意识的形成产生不利影响；在城市维护建设税方面，由于收入规模较小，削弱了税费对改善城市环境的功能；在企业所得税方面，其对环境保护的引导作用较弱，调节范围和力度远远不够。

财政转移支付对促进矿业生态补偿具有重大影响，当今在生态补偿转移支出方面，政府花费去向体现在对个人、企业的补贴和政府间的转移支付。财政补贴在改善被补贴人生活质量上有一定意义，但由于补偿额度相对于损失而言较低，实施过程中存在的问题也比较突出：补偿标准较低，很少考虑地区差异，“一刀切”现象较为普遍，很难实现生态恢复与环境保护的目的；通过项目工程补贴方式只能看到短期效益，难以形成生态补偿的长效机制；政府更加青睐有效的“输血式”补偿，“造血式”补偿较少；补偿资金来源单一，对补偿工程来说显得杯水车薪；财政转移支付对于生态补偿至关重要，是相关部门用于生态补偿资金的主要来源，地方政府在推进补偿政策的过程中困难重重。目前财政转移支付主要以纵向的转移支付为主，该转移支付未将与生态保护相关的国土面积、机会成本等要素作为确定补偿标准的因素，未保护地方政府推进生态保护的积极性；生态补偿资金专款专用的拨付形式对地方政府配套提出了要求，它反而加重了地方政府的财政经济负担。

7. 政府投融资政策有待优化

政府投融资是指政府以实现调控经济活动为目标，依据政府信用为基础筹集资金并加以运用的金融活动，是政府财政的重要组成部分。政府投融资不仅包括政府投资，而且还包括政府融资，资金来源方式主要有两类：一是政府财政出资，二是政府债务融资。为了做好生态补偿工作，政府需要将投资和融资工作统筹协调，使其合理的运用到矿产资源生态补偿中。对于生态补偿来说，一方面要考虑如何筹集足够的资金用于生态建设，另一方面还要管理好补偿资金，资金的划拨和使用至关重要，要使资金的下达实现作用最大化。然而目前政府在生态补偿投融资方面政策实施并不乐观，在筹资渠道、补偿项目经营上、资金使用情况等方面存在不合理的情况。

从生态补偿融资方面来讲，财政支付占据了主要地位，其他渠道的资金筹集处于从属地位，由于矿产资源特有的性质，生态补偿融资政策很难调动企业、自然人等参与生态建设的积极性。从长期来看，拓展生态补偿资金渠道，诸如发行国债、政策性银行融资、地方政府融资平台等相关方式对于筹集资金并用于矿山环境恢复与治理具有重要建设意义。在生态补偿项目经营上，仍然以政府为主导，政府负责项目的建设和管理，民间资本、项目负责企业很难进行参与，不利于投资多样化、投资风险分散和生态补偿项目的经营发展，因此创新生态补偿项目经营方式，有助于民间资本深度参与到矿山生态环境保护，使其生态补偿项目经营方式更具活力；从生态补偿投资方面来讲，生态补偿除了有资金不足的问题外，还存在生态环境补偿过程中对于资金的使用效率不高的问题。从目前发展来看，政府需要提高生态补偿方式、方向以及金额的合理性和准确性，有了比较确切的依据和方向，将利于提高政府的生态补偿工作的效率。

8. 经济合作有待提升，市场机制建设有待完善

开展跨区域生态补偿合作，解决生态效益外部性，弥补生态保护区发展机会成本，需要解决目前面临的难题。一是区域之间的利益如何平衡。矿产资源利益分配是指矿产资源利益在政府、企业、个人等利益主体之间的划分。利益划分不仅涉及利益主体，还涉及了其余利益相关者之间的利益划分。利益主体划分不清楚，制度间难以协调统一，造成了矿产资源利用的利益分配不均衡；二是生态补偿标准如何确定。矿产资源开采过程中造成的生态环境损坏大多呈现区域性、综合性的现状，生态环境治理需要政策的引导和资金的支持，仅仅依靠企业的经济能力难以对其进行有效的治理和恢复，需要政府全程参与，协调相关事宜。政府向责任企业征收生态环境补偿费，使企业的矿产资源开发生产成本中包含了生态环境补偿费用，为恢复区域生态环境提供有力的资金筹集手段。但矿产资源生态状况不同，治理范围难以精准确定，污染损坏程度不同、企业规模和发展参差不齐，造成生态补偿标准难以明确；三是需要完善共建共享机制。生态的恢复本来就是时间拉锯战，任务难度大，资金需求高，投入与获得不成正比。所以仅靠一人之力或政府的管理就想取得成效是不可能的，所以生态环境的治理还需要多方协作，政府、地方部门、企业、个人共建共享机制，发挥协同作用，提升生态治理效果。

生态补偿由于其公共品的属性问题，需要由政府牵头统筹推进，还可以充分发挥市场机制作用，但政府在生态补偿市场化建设中存在一些问题：一是有关概念不清。矿产资源开发生态补偿由补偿的主体和客体针对各自实际情况进行协商确定补偿标准，对补偿主体的责任认定是难点，由于采用不同的责任认定方法会对矿产资源开发利益相关者产生不同的利益分配结果；二是面临产权界定难题。我国矿产资源产权是由所有权和矿业权的财产权属性等组成的，矿产资源的国家所有权很明确，但矿业权的财产权较模糊，界定较难；三是产权交易处在探索阶段，仍有很多不完善之处。产权交易是指在市场经济中，经济主体之间发生的生产要素（包括无形资产）及附着在生产要素上的各种权利的有偿转让行为。矿产资源不仅是一种资源，还是一种国有资产，可以在市场上交易。但我国产权交易市场还不完善，交易范围、出资方式、交货方式还存在诸多漏洞，矿产资源交易市场机制建设还有待完善。

9. 环境生态补偿机制忽视事前生态保护

环境保护面对企业和地方经济发展的问题时，往往处于劣势。目前我国总体情况和各地治理现状对污染的治理还是立足于污染的事后治理，对于污染源头的事前防范还是没有进行有效的控制。我国目前的法律法规在对环境污染的治理上主要还是集中在污染事件发生后的补救措施上，而对污染源头和污染预防还没有引起足够的重视。目前法律还是更关注于对污染发生后的处罚上，例如《水法》《土地管理法》《水土保持法》等法律，对企业资源开采前的状况没有强制法律法规加以约束。

目前，我国矿产资源开采造成的污染事件的预防及治理还没有形成统一的法律法及预防机制。针对我国产资源开发的实际情况可以发现，对矿产企业的开发、生产、运输等统一的管理还没有彻底执行，造成相关政府部门对矿产企业多个环节监督不严，在矿产开采前没有询问检查矿产企业对于勘查开采后的生态环境保护有何具体措施和规划，而是在资源开采后对造成生态环境破坏的企业征收环境补偿费用，破坏后再让相关责任人承担环境治理责任，容易出现补偿款征收困难、时间长等问题。生态补偿补偿机制下更多的是关注矿区生态环境破坏后的补救，没有充分考虑在破坏前加以管理，使其得到保护，不用给矿产企业施加生态补偿资金压力。环境生态补偿机制在我国还是新生事物，需要国家、地方、企业多方面的支持才能茁壮成长。在目前环境问题日益严峻的形势下，必须建立环境补偿机制，从事前监督控制污染物的排放到事后加强生态环境的治理，多方位管理才能保证生态环境的可持续发展。对于矿产资源对生态环境的破坏性极强的特性和现状，一定要强化矿产资源开采和利用的源头管理和控制，依照法律法规规定监控采矿活动对矿区生态环境的破坏和影响。坚持科学规划生态环境补偿，提升矿产资源勘查和开采能力。对于稀有的珍贵矿产资源，如高硫、高氟煤炭和湿地泥炭，以及沙金、砂铁等重砂矿物，相关部门不仅要采取限制开采范围和开采量，还要制定合理科学的开采时段，对于开采权要严格审查和办理，避免对珍贵资源滥采滥挖，造成不可修复治理的环境影响，还要做好矿产资源管理和矿区周围生态环境保护相关规划工作，事前做好防御措施。

10. 矿产资源评价不准确

21 世纪，我国经济已经进入到高速发展的阶段，工业化作为经济的重要领域，也以前所未有的速度前进。与此同时，我国对各类矿产资源的需求也快速增长。但是在矿产资源的勘查开采过程中不可避免地会对矿区生态环境造成一定破坏，有些破坏在短时间并不能由环境自我调节，甚至有些开采过程中对周围生态环境造成的影响往往具有不可恢复性，尤其是对于一些生态环境和地质比较脆弱、破坏后难以修复的区域。面对生态环境的独特性质，生态环境补偿政策就产生了。生态环境补偿就是责任人要为自身矿业开采活动中所造成的环境问题支付赔偿金，并将其赔偿金用于对生态环境的修复治理中。但是在矿产资源评价、衡量矿产资源过程中，计算方法存在不准确的问题。计算法则按照矿产资源本身价格来衡量，这种算法忽视了矿产资源开采和加工过程中对破坏环境所产生的代价，对与生态环境的破坏因素在矿产资源评估时并不加以考虑。

目前，矿藏开采企业主要集中对矿藏的品位、矿藏储量、藏位置、开采的难易程度、人工成本的高低等进行评估，而对开采过程中对矿区环境所带来的环境代价并不进行计算。因为考虑环境因素会使得企业的运营成本大幅增加，而在我国相当长一段时期内矿产资源的价格处于偏低状态，大批矿产企业无法负担过重的环境补偿经费，加之国内矿产企业的改制情况，所以在重大的企业生存问题面前生态环境问题并不是优先考虑的问题。而一直以来对环境问题的忽视最终导致目前的环境恶化，国家和矿产企业不得不重新面对生态环境处理所需要的大量资金。在这种背景下，矿产开采过程中的生态环境补偿问题不得不重新提上日程。生态补偿机制实质上是要求矿山开采企业在开采过程中考虑生态环保问题，并把生态环保价值考虑在开发成本之中。具体上说，就是国家向矿山开采企业征收环境补偿费用，并在开采之后把费用用于开采后的环境治理。矿产资源评价和计算过程中不仅仅是矿产资源本身的价值还需要加上生态补偿费用，使之事后生态环境得以修复，可持续发展。

11. 生态补偿机制缺乏舆论宣传

生态补偿机制以保护生态环境、促进人与自然和谐为目的，运用行政手段的基础上，同时运用市场手段对生态环境修复进行补偿。然而在行政和市场手段下，生态补偿机制主要以资金、政策提供为主，对于生态补偿机制的宣传和传播有限，现阶段我们还需运用社会舆论进行宣传和普及。大多数人对生态补偿机制基本都停留在生态补偿是什么的阶段上，而没有对其有更加深刻的认识与理解，也没有对矿区生态环境治理与修复付出实际行动。

与此同时，政府对生态补偿政策的宣传也不是很到位。一方面，对于政府机构发布的生态补偿政策，相关人员没有对其进行更加详细的解读，及时回应大众对政策规定的关注，只是发布出来或挂在网站上等相关所需人员去搜索查看。这种情况下，大部分人没有真正注意到政策的颁布和了解生态补偿的真正意义。另一方面，大部分情况下，只是在新闻、广播、网络等传媒介质下，依托现代技术，传达环境污染、矿产资源破坏和宣传保护环境等情况，而没有详细地把生态环境补偿政策提及并讲解出来。应该通过环保典型代表人物、政策方针展示、环保经验分享等形式引导全社会树立保护环境、破坏有价、珍惜环境、保护生态的良好意识。所以除了运用行政手段和市场手段对环境进行生态补偿外，我们还需多多关注和运用社会舆论宣传，使保护生态环境这个观念深入人心。

第四章

江西省矿产资源开发生态补偿指标及费用模型构建

一、矿产资源开发生态补偿主、客体界定及分析

1. 矿产资源开发生态补偿主、客体界定

为了能够更好地构建矿产资源开发生态补偿指标体系，进而最终通过该指标体系得到客观、公正的评判结果，那么首先就需要对生态补偿主、客体进行明确、有效的界定，即要对生态补偿中由谁补偿、补偿给谁的问题做好明确的区分。因为只有在明确好生态补偿主、客体基础之上，才能够让补偿指标的确立更具科学性、针对性。以下是关于主客体界定以及矿产资源开发过程中形成的经济关系基本架构的具体内容：

1）补偿主体的界定

通俗来讲，生态补偿的主体是指既有责任也有义务将被破坏的开采矿区生态环境修复到与开采前生态自然环境状况相近或类似的自然人或者法人。而与不同的补偿类型相对应着的是与之相匹配的各个补偿主体。通常情况下，根据补偿主体的不同可相应地细分为：以国家为主体的补偿、以受益者如矿山企业的补偿以及社会公众为主体的补偿。至于是如何区别、分类该主体，大体上可以遵循着以下的特征而进行分类：

首先，因为生态环境与生俱来就带有全体性、公众性特点，所以正是基于此，一方面它必然要经由国家才能做出具有一定高度的且能兼顾协调

性的调节行动或者具有综合性的整治，另一方面是因为最终导致生态环境被破坏的原因通常是由于缺乏政府的监管，或者是政府的调控失灵。因此政府本身就有难以推卸的责任，要对生态环境进行补偿修复，所以相应产生了以国家为主体的补偿的说法。

其次，因为矿区所取得的收益的直接受益主体就是矿区企业，其在开发利用矿产资源过程中获得了大量收益，同时也是导致矿区生态环境受到破坏的直接推手，因此于情于理，矿区企业有责任也有义务要对矿区生态环境进行补偿，在修复其自身所导致的生态被破坏后果中负有不可推卸的责任①。

最后，从社会大众的角度来看。虽然从表面而言，似乎社会大众既没有直接参与破坏矿区生态环境，大多数的社会公众也未能从矿区开采中获取到直接利益。但是实际上，矿区生态环境保护的受惠者并不仅仅会是矿区企业，其综合治理的受益者将会是当地所有居民，那么作为综合治理受益的一分子，社会公众显然也有一定的义务参与生态补偿。于是也就有了社会公众为主体的补偿主体的说法。

至于，具体的主体是如何区分的，从政府为补偿主体角度而言，可以说其是历史发展的必然，也是政府履行好其职能的必然。

第一，从历史角度来看。在我国计划经济时期，国家扮演着唯一的作为“资源的所有者”角色，因此这份角色就赋予了其作为当时的唯一补偿主体的历史使命。而且就从其本身所拥有的社会属性色彩而言，政府身肩着代表人民群众和社会利益的责任，它有难以逃避的职责要为受到损失、破坏的矿区生态环境予以相应补偿。

第二，从矿产审批到开发的一系列操作流程来看，政府部门代表国家作为矿山产权的出让者，在维持矿产开采秩序上负有重要责任。而该矿产资源开发补偿活动的政府主体又可以分为两个不同的部分：一是中央政府，根据我国宪法规定，矿产资源属于国家拥有控制，而中央政府在属性上而言是具有权利和义务代表国家的，因此自然相应就具备了矿产资源的归属权，也因此而享有矿产资源的所有权收益，在当前政策下，中央政府能够

① 黄小平，郑于浩．中国矿产资源开采责任观分析及对策建议［J］．中国国土资源经济，2017，21（3）：44－48.

通过收取补偿费、资源税、矿业产权使用费等获取矿产资源的所得收益，当然与收益相对应的往往也就意味着责任，中央政府有责任通过税收分成等方式进而成为能提供与之匹配的动力引擎去撬动当地的稳健发展。二是地方性政府，这主要指与矿产资源开发与利用的利益相关方的地方政府之间进行机制对接相协调的经济补偿。这类补偿是指互相之间存在矿产资源开发经济利益关联的输出地区与得到利益的地区间经由输出中形成的“予收关系”从而形成的协调补偿性关系，这大致又可以划分为两种形式：第一种指的是资源使用输入区对资源开采输出区的利益受损补偿，比如工业城市对矿业城市的补偿；第二种形式是上游开采地区对下游开采残渣等排放地区的利益相关者进行相互妥协后的产物：矿产资源开发补偿。

而在此过程中，地方政府通过出让矿区开采权充盈了地区财政，矿区企业需要缴纳与之对应的各种税费，这为地方财政的充盈提供了充足的动力来源。具体来看，市场机制有效配置资源的前提之一是矿业企业开采资源的行为不存在外部性。但事实上矿业企业的开采却始终存在外部性，这表明市场的自主交易没有反映矿产开采的成本与收益，此时也说明了一种现象：市场配置资源因为缺乏有效的监管机制使得资源合理分配可能过于低效，这也是我们常说的一种市场失灵导致的现象。市场配置资源没有实现社会整体的利益最大化，政府有责任代表社会整体利益对矿业开采的负外部性进行政策干预，从而实现资源的合理配置。由于我国对于生态补偿的关注较晚，导致很多废弃矿山企业无法得到有效的治理，现已成为政府沉重的负担。更为困难的是，由于历史性因素或是时间过长或者是矿场历经多次流转导致目前存在的一种状况：基本上很难找到相应的责任主体，只能由政府承担矿区环境的修复治理工作①。

当然，造成矿产区域生态环境被破坏的原因是多种多样的，我国经济发展曾长期处于落后的、不发达、粗放的劳动密集型发展结构，为了能够适应快速经济发展的能源需要，全国各地开始大量开采矿产资源。再加上当时国家为了经济发展，缺乏足够的环保力度，主要把精力着眼于经济的发展而对环境保护缺乏考核与关注，相应地，国家也就未能建立一个良好

---

① 周宣平，郑宝红．中国矿产资源开采中政府责任分析与对策建议［J］．中国国土资源经济，2016，23（3）：21－25.

的环境保护体系以及能及时做出反馈的动态系统。而在停产工矿后，原本是不可缺少的修缮环节也就没有相应的部门专门负责，又何谈能够拿出行之有效的举措去对被破坏后的矿区进行及时的修复改善呢？

于是就陷入了一个恶性的循环模式：地方政府不能精准及时地掌握到矿区动态，也就不能及时准确地去督促开采企业承担起缴纳必要的修复经济资金，去保障开采矿区环境的修复和完善，最终产生的结果就是导致了大量的废弃矿山被随意地扔弃闲置，使得矿区周边生态环境不断的在退化而造成被破坏的矿区产生难以修复的环境，甚至导致矿区范围内居民的健康安全也因此受到相当严重的威胁。

更为棘手的是，之前提及的因为种种因素这些停产的工矿往往很难找到最初的开采方，应该负责主要修缮、复原工作的补偿主体难以找到，更难谈收集相应补偿款。那么根据“谁破坏，谁做偿”的环境补偿的基本原则，此时，政府作为一个“环境的监督者和生态的保护者”的角色，对以前欠下的“负债”就具有不可推卸的补偿义务。而政府在矿区恢复治理中其实是可以大有作为的，在这其中通常是可以采取诸如大力加强对矿产资源开采生态补偿资金投入力量，进而推动其在全社会范围内予以合理的补偿分配机制，还可以采用加强激励鼓励措施和深化协调体系制度改革的力度，从而最大限度地发动起全社会进行参与矿区生态环境补偿的热情。在这其中还可以尝试采取建立矿山公园项目、综合协调运用配套政策优惠、财政补贴等手段来进行生态补偿。

站在矿山企业为补偿主体视角来看。依据“谁排污，谁收益，谁做偿”的环境补偿基本原则，矿山企业在此过程中获利是最为直接也获利最多。在进行开采时由于往往会受到现有的技术水平局限或是操作规范不得当的种种因素而造成了一定的环境被污染，乃至使得开采当地的生态系统被损伤到难以重新复原。正所谓收益和义务相辅相成，所以其也有相应的责任去承担被其破坏的矿区生态环境修复的任务，并要相应地对该区域因为环境受损而造成大幅度提高的生活支出做出综合的酌量性补偿。

通常而言，由于最终的矿产品要历经开采、加工、消费等过程。在此过程中，矿产企业因为开采而获得利润，加工企业对原矿进行深加工也从中获得了利润，消费者通过对产品的消费获得了自身的满足，与此同时矿区因为采矿而获得了某种程度的发展。归结起来大致存在三股受益群体，他们分别是政府部门、矿业企业等受益群体以及包括环保组织在内的社会公众。

而决定了其不能推卸责任的另外一个重要原因在于：矿产开采企业在利润最大化的指引下，通常枉顾环境承载能力而开采矿产品，这种做法对土地和植被造成了相当严重的甚至难以复原的破坏性；与此同时还会因为采矿引发严重的地质灾害，主要表现为地貌景观破坏、地面塌方塌陷，甚至还会有地质次生灾害，诸如地裂缝、崩塌、滑坡以及含水层受到破坏等。目前开采矿山和新建矿山，采矿企业要按照法律法规的规定承担完全修复责任，以往废弃矿山的修复由于历史原因和补偿技术的不成熟无法找到直接责任主体，可以对采矿企业等受益群体采取提升税费形式，实现矿区修复。

这些受益者的履行义务则主要体现在对开采矿区进行环境修复之上。当前的矿区修复补偿方式一般是通过缴纳矿产资源税费补偿款、勘探（开采）矿产使用税费等方式，但是现在面临的问题是这些措施并不能使得相关问题得到良好的解决。因此，要及时地采取切实有效的征收生态补偿费措施来应对目前被破坏的糟糕生态环境，真正把对其保护和修复落到实处就显得相当迫切乃至刻不容缓。

至于从社会补偿主体的角度而言，在某种程度上，社会公众也是矿产品链条上的受益者，关注和支持矿区生态补偿意义重大。首先，环保组织等社会中介机构可以通过募捐等形式筹集资金支持政府进行矿区生态补偿，它们对于矿区生态补偿具有不可取代的作用；众所周知，经济的发展才能够不断地推动人民生活水平的改善升级，随着经济的发展，居民已经开始越来越关注与自身利益相关的方方面面，环境现在已成为百姓关注的热点。社会的发展不仅仅是经济数量的增长，更是经济发展质量的提升。一些关心生态补偿的公众可以直接向受偿地区和群众提供补偿，但支持生态补偿的群众可能因为受时空的限制而缺少补偿的渠道，此时环保等中介组织的作用就相当重要，它们起到了一个中介桥梁作用，对于拓展生态补偿渠道、创新生态补偿方式作用不容忽视。矿区生态补偿不仅关系政府责任履行，而且关系千家万户身体健康，这也是需要调动广大群众参与生态补偿建设的热情，让全社会行动起来，关注和支持矿区生态补偿事业的原因。

其次，从社会补偿的主体构成而言，一般是指各种各样的环境保护协会组织以及其他各种形式的社会团体组织对矿区生态环境补偿提供诸如资金资助或捐物援助的总称，这种补偿大部分时候所表现的形式是无偿的以资助或援助的方式提供资金对环保事业进行帮扶、支持。例如，设立专门的矿区生态环境补偿基金，又或是通过筹备成立专项生态补偿基金、彩票等形式来募集修缮资金，以备能对矿产资源开发过程中被破坏的地区进行及时准确的补偿。从社会补偿的参与者来看，社会补偿的参与者既可以是个人，可以是带有非营利色彩的单位，也可以是金融企事业单位、民间社会团体以及国际性集团。随着时间的推移，在世界范围内的社会补偿方式在生态环境保护中对经济发展带来的影响中所起到的作用都在得到加强。

这种趋势一方面得益于政府的宣传使得越来越多的民众的环保意识得到增强，另一方面也得益于经济社会的发展使得民众有资金、有能力去投入到环境生态保护中去，使得该社会补偿的作用越来越突出。社会补偿主体的优势在于：通常而言，补偿主体能够通过直接向受补偿者提供补偿或直接投入到生态重建中，但绝大多数情况下会由于空间的阻隔和时间有限而使得这想法并不能直接实现，这使得补偿资金并不能直接投入而不得不要设法要通过一些补偿机构对受害者做出相应的补偿。比如，矿产资源输入区由于得到利益就需要对付出资源、生态被破坏的输出地区做出相应的物质性补偿，而又由于通常其支付距离过远，具有跨地域性的特点，这时就需要一些中介补偿机构或者是非政府的民间团体等提供支持。

而此处稍有意思的是在于，有时原本作为中介补偿机构的国家对废弃矿山的补偿和修复竟然也需要借助于其他中介机构提供协助。这是因为虽然有些补偿机构并不一定会提供资金上补偿，但它们却在该行为的积极倡导中扮演重要的角色，它们所起的作用不可忽视，而且要引起相当程度的重视。这种情形下就使得社会补偿机构不仅成为了能够沟通企业和政府之间的“话筒”，而且也顺势地会在推进生态环境产业化、多元化的投融资环境渠道层级发挥巨大的推力作用。

综上所述，已经可以对生态环境补偿的主体进行一个明确区分界定，正如前文所说，因为生态补偿的主体是指有责任也要承担相应的义务将被破坏的开采矿区生态环境修复到与开采前生态自然环境状况相近或类似的自然人或者法人。而与不同的补偿类型相对应着的是与之也大为不同的各个补偿主体上。所以，根据补偿主体的不同也可以相对应地细分为：国家为主体的补偿、矿山企业为受益者的补偿以及社会公众为主体的补偿①。

2）补偿客体界定

我们知道，是先有损失而再衍生出有针对性的补偿。所以，补偿的客体通过一定的标准大致可以划分为三大不同的客体：一是表现为资产状态的资源性客体，即矿产资源本身具备的价值，当前正在进行征收的矿产资源补偿费，实质上就是在对该客体进行相应的补偿；二是存在的生态、环境机制系统，即其作为生态环境的部分损失进行的相应补偿；三是对矿区居民由于采矿而造成的损失，还有包括因为开采而失去发展其他产业机会成本以及采矿带来的污染的相应补偿部分。

当然，第一类的所谓资源客体又大致可从两个不同角度进行解读：第一个角度是指虽然是合法开采但是仍然会对当地生态环境造成损伤，要由矿产资源的各个开采人所要承担的各自应负担的补偿；第二个角度是指由于过量开发矿产而使得对矿产资源的长远开发利用产生难以修复的破坏，而要由矿山资源的直接受益人——开采者做出相应补偿的部分。由于在实际征收过程中出现不少重复计征的情况，故此对待这部分补偿，要及时地对矿产资源税进行一个全面、综合的分析，最好能使目前已经重复计算、征收的补偿性资源税以及补偿费之间尽快得到合并，并尽快将它们都一体纳入矿产资源生态补偿体系中。

而从第二类补偿主体来看，由于矿产勘探、采集过程中不可避免的会产生大量的土质污染，水体污染，这会导致能利用土壤资源大为缩减，土壤肥力含量大大降低，到达一定程度时甚至还会让当地矿区的生态系统出现覆灭性风险，在此过程中地下水位发生偏离而使得原本的平衡被打破，以及在选洗煤过程中需要大量用水，但是企业却往往会出于成本等因素而排放大量未经处理的污染性水源，这些污水大量地排进了河流、湖泊，导致水质恶化，失去再使用能力，结果就是由于开采煤矿而导致产生污水中含有大量的有害物质在严重地影响采矿区生态环境情况，更会对生态系统中的一系列可持续发展的资源造成难以逆转的不利影响；并且在矿井开采

① 邹鹏远，郑文进．中国矿产资源生态补偿状况分析与对策建议［J］．中国国土资源经济，2017，12（1）：21－25.

过程中由于产生的大量有害气体，例如二氧化碳会加剧温室效应。其中产生的硫化物还有大量氮化物甚至会导致出现农林业减产、土质恶化等一系列生态环境问题。

所以正是由于煤矿企业的这些开采行为并由此引发的不少环境问题，使得它成为环境补偿中要负担主要责任的补偿客体。当然一些较为轻度的生态环境问题，比如土地和植被的破坏，这种情况若是能经由煤矿企业一边开采一边复垦，那么这将有很大概率会使得该区域恢复一定的土质肥力，在研究中我们通常把此类形式的补偿称谓为近期修缮；但是如果像水质等生态环境一旦被污染，那么想要治理好将会是一件长期、艰巨的工作，单靠一个或者多个公司、企业承担起独立的较短期限内的完善修复工作，将会是不可能完成的任务，这类补偿我们可以统称之为长远修复。至于其中遭受的直接污染、被破坏环境产生的受害者除了传统的我们所熟知的开采资源价值之外，还应该要包括对人体的相应补偿。大规模的矿产资源开采往往由于时间长、范围广会对矿区居民的生产、生活都会产生明显的不利影响，尤其要特别重视因为该行为而造成的经济损失以及健康的危害。

至于第三类，从矿产补偿的机会成本角度而言，矿产资源的补偿存在两个方面的意义：一是采矿企业合法开采而给与矿山产权所有者的补偿；二是过度开采对子孙后代进行的补偿。当然目前大多数学者对矿产资源的补偿不会有太多困惑，我国目前主要通过征收矿产资源税、探矿权和采矿权使用费等项目作为对资源的补偿。

而补偿客体从另一个角度解读来看，又会所有不同。因为生态环境补偿是指将因采矿而造成的环境破坏恢复到开采前的状态，实质上就是生态环境的恢复治理。在采矿过程中，采矿企业由于过度追求经济利益，不可避免的会危及生态环境，使得矿区环境污染严重，生态持续恶化。采矿企业在冶炼矿产的过程中，出于减少成本等因素考虑，往往会将未经处理的废气高空排放，这将不仅会影响室外能见度，还会改变大气成分，酸化土地，改变生物的生存环境；废水的排放不仅会对河流产生污染，还会污染地下水，导致水体变质、含有大量污染性有毒物质成分，使得水体不再适用于人畜食用，从而造成人畜饮水等困难，并且废水中含有对人体有害的化学元素，同时对农作物生长也会造成严重损害。

其中的固体废弃物污染主要是指在雨水淋滤后，污水中含有的重金属元素流向河流和渗透到地下水中，会影响到居民饮水健康，而成堆的矿山固体废弃物不仅会占据大量土地，在某种程度上腐蚀土地，造成土质的疏松和土壤的软化，还可能会引发严重的次生灾害。简而言之，正如生态恶化绝非是“一顿吃成大胖子”，而是历经了一个较为渐进、长期演变的阶段而来，生态环境的修复也不是“三日之寒”，而是需要相当的耐心以及付出心血的漫长路途，这既离不开政府要着手去制定长期修复计划和短期修复目标，还需要相关民众、组织团体积极参与，才能使得环境恢复得以实现。

至于其中所谈的矿产资源中的关于经济补偿和对生态环境的修复赔偿只是相对狭义上的生态补偿，广义的生态补偿离不开要对人的补偿。矿产开采影响了矿区的生产方式和生活方式，由于环境的污染，使得居民身体健康受到损害，农作物的产量也受到影响，甚至矿产开采引发的诸如土地塌陷、水土流失等地质灾害对居民的财产和生命安全造成重大损失，这些损失都需要得到有效补偿。本书认为对矿区生态环境做出贡献的保护者也应该受到补偿，因为这可以提高公众参与保护生态环境的热情，使得社会更加关注和支持环境保护，壮大矿区生态环境保护的力量。在现实情境中，受害群体还包括成千上万的间接受害者，间接的受益者当然也不少，但是由于难以对他们进行识别，本书在研究的过程中没有进行考虑。

3）矿产资源开发的经济关系基本架构

因为通过矿业权的流转，以转让价款的形式体现矿业权的经济价值，而矿业权的有偿取得又使矿业权流转的经济基础不断加强，从而形成了当前矿产资源开发中的经济关系基本架构模式。当然因为历史性和现实性的一些问题导致此部分的关系架构模式并不健全。当前，矿业权转让经济关系的矛盾点主要是管理者与转让主体间的矛盾，即体现在政府如何规范矿业权转让而形成的关系上。随着我国矿业的不断发展，矿业产权方式和类别越来越多，而我国法律法规对于禁止转让的规定又太过笼统，因此，区分哪些转让行为不利于矿产资源保护和合理利用并进行禁止是调整此类经济关系和立法的关键点之一①。

① 邹非，程皓．中国矿产资源生态经济关系架构模式分析［J］．中国国土资源经济，2015，7（1）：45－50.

矿产资源勘探开采过程可以根据开采收益的分配关系，据此把不同的经济利益主体因其身份的不同而获取相应不同的经济收益。在此过程中的主要关系主体有管理者、所有者、使用者。因此构造所形成的收益分配关系如下：

国家与市场间的关系。作为矿产资源所有者在通过矿产资源收益分配的过程中能够获取到经济收益，即得到相应的补偿费。补偿费体现的是拥有所有权的主体与需要购买或者租借该资源者之间的自由互换关系。它的实质是由于国家具有该资源所有权而带来的经济权益。因此具备一定自由度市场的双方意味着存在一定程度的供需关系，故此，作为供给方的国家并不能单方面决定补偿费要多少就是多少，它还需要关注购买或者租借该资源方意愿或者能提供多少，换言之，它会综合地集中反映在矿产资源资产的双方形成的供给需求间关系上，一方面它会随着矿产资源资产需求的增加而逐渐加大生产力度、供应量，另一方面，它又会随着市场需求的萎缩而要进行相应减产甚至要进行大力的削减。

通常可以这样形容它们间的关系：形式上是政府在决定矿产资源的消费从而影响矿产开采供应的高低，但实质上是政府出于对资源资产供求关系的判断而做出的相应结构化调整。这十分考验政府的判断能力，要是政府能做出正确判定，那么不但能使得国家的经济利益得到保障，而且也能推动相关行业的发展，产生良好的推动力；而若是不能做出符合实际客观运行所需要的方针、政策，那么这不但会使得国家不能对矿产资源的财产权益做到良好维护，甚至可能将会对国家矿业经济及国民经济的发展产生相当不利的影响。

国家以政府强制性权力征收资源税。此类税种所体现的是经济协调制衡关系。资源税基于矿产资源自然赋存特点而产生，不同的矿山因其资源丰富程度等自然条件的不同会使同样的投资产生不同的收益状况，只有对投资人征收资源税，才能保证投资者处于同等的竞争地位。国家依法对勘查、开采行为进行适度干预，为维护勘查、开采秩序而向矿业产权人进行征收探矿权以及采矿权使用费等为表现形式。使用费体现的是政府履行管理职能而产生的经济管理关系。矿权使用费最初的目的是保护国有资产，防止投资人跑马圈地，其性质是管理费用，属于政府经济杠杆。从当前看，矿业权使用费在一定程度上起到了约束矿业权人的作用，有利于维护勘查、开采秩序，提高矿产资源开采利用效率。宏观调控关系是指对矿产资源勘探、开采、开发利用等总体活动进行把控、调整过程中所触发产生的经济关系，也是国家层面对国民经济进行宏观调控的不可分离的有机组成部分，是市场经济中经常采取的重要经济管理方式。

市场管理关系。市场管理关系指的是国家使用行政权力对市场上的交易活动依照依法适度的原则进行干预而所形成的经济利益关系。主要包括三个层面：一是对于资源和财产权利的保护，如财产权利的确认和争议调解行为、监督和惩处破坏资源行为等；二是维护矿业权市场交易秩序，如制定矿业权出让转让规则、规范中介服务等；三是要对矿产资源的开采进行综合监督、让开采企业合规有序运转，比如夯实矿产资源勘查开采的行政许可和进行监督管理工作等。资源与环境保护关系是指因调整矿产资源经济外部性问题而产生的经济关系，如通过行政权力来使得矿产资源开采主体能够履行环境保护的社会责任和调解矿产资源开采主体与矿产资源原产地居民的关系等。

合理有偿使用经济关系。某种程度而言，有偿使用经济关系在矿产资源经济关系中处于核心地位。有偿使用制度最初只反映了收益分配关系，但随着我国矿业改革和发展的深入，其所含涉的经济关系也逐步扩充，资源配置方式、收益分配关系、市场干预等都被归为有偿使用制度中。矿产资源有偿使用主体主要包括管理者（中央、地方）、所有者、使用者（矿业权投资人、勘查开发主体）、中介服务组织（评估机构、学会、联合会）、原产地居民（社区）。这些主体彼此之间在矿产资源开发活动中会产生各种具体的经济关系。除管理者与其他相关主体的经济关系表现为不对等的服从关系外，其他经济关系的双方主体均是处于平等的相互关系。

矿产资源有偿使用的经济管理主体和所有者（事实上为同一主体）自身是一个系统的、庞大的组织团体，其内部需要进一步划分事权、财权，主要包括对中央与地方之间的事权进行明确的划分：中央税收和地方税收关系，中央与地方的财政组织关系等既能够提高实际管理效率而又能对防止腐败起到作用的关系。这种组织内部的事权关系和财政关系我们称为职权关系。具体分为：

矿产资源价值关系。矿产资源的不可再生性决定了其具有独特的经济价值，不可再生的意思到目前为止已经不仅是指其稀缺，更重要的还有占有上不可再次获得的含义（这指的是有的人有，有人没有而且需要有），相应地产生了不同的经济行为发生的多样性的可能性。由此，可以说明的是，经济关系最初指的是人对物的关系，或者称之为所有者与其他任何主体相互的关系，而其他经济间的关系都是在围绕该组织关系的基础上而衍生出来的。

到目前为止，我国矿产资源产权制度都是在遵循由国家所有的规定而展开的。国家拥有控制矿产资源的权利，国家掌握了管理、开发、转让到收益的一系列权力。当然在伴随着国家经济体制的改革不断地专耕细耘、明确方向推进中，探矿权和采矿权已经在逐渐的剥离，从原先综合性的矿业产权交易中分离，其中的矿业权交易形成的关系则是在立足于矿业权的出让、转让行为才逐渐衍化而产生的经济协调利益关系。其中最为重要的一环也就是该买卖所形成的经济关系。其中所形成的关系具体包括矿业产权的买卖、矿业产权的互换投资、中介服务、矿业权人以及其他权利主体之间的交易补偿关系（包括土地权利主体、林地权利主体）等。而矿业权交易之间的双方地位是处于一个平等的天平状态，另外，也正是由于互换投资、相互服务等一些新的矿业权交易方式慢慢涌现。这类关系也在保持稳定的情形下发生着一定的深变动：往往在体现不同的主体间竞争关系发生着一定的偏移，而自由、平等的关系则是市场经济存在的基础性要素条件。

行政管理关系中的宏观调控关系。矿业权人作为矿产资源的使用者，作为经营者和企业法人在上缴相关税费后而获取利润。作为矿产资源开发的投资主体，可以是国家也可以是其他经济成分，投资主体在矿产资源收益减去政府税费及企业经营者所得后，参与利润分配。矿业权人获取利润、投资主体参与分配反映的是一种自然经济行为关系，是市场配置资源内容的一个方面，遵循市场经济的基本规律。在这个过程中，围绕着中央与地方的收益权力分配而产生的财政转移支付等问题所催生的财政关系就是中央与地方间利益的相互协调经济关系。从实质来讲，它们关系的形成是第二次的社会收入进行再分配的过程，而在我国目前的管理体制改革后，将不会再像矿业权市场建设的时期一样：当时它是矿产资源收入再分配的最主要的矛盾之一。

而分析中央政府与地方政府之间的经济关系，实际上就是厘清中央与地方政府的财政关系，两者在经济利益上的关系有以下两种情况：

第一，中央政府与地方政府间利益的一致性。从总体而言，中央政府与地方政府利益在国家整个国民经济体系中是一种比较和谐的利益关系，两者在经济利益上具有相当的一致性，即从整体上要服从于整个国民经济运转的整体利益，各级政府“同吃一份大锅饭”。在这一利益关系下，处理地方政府间财政关系的原则，通常过于强调局部服从整体、地方服从中央，并在一般情况下，往往忽视地方政府利益。这样“全国一盘棋”的思想就被理解成为“什么地方不地方的，统统都是国家的”，造成的后果是经常性的完全忽略了地方要代表的相对独立的经济利益价值。而且使得该问题更为突出的是由于国家全局利益的最优代表者被人们公认为是中央政府，故实际操作中时，这一利益关系就集中体现在中央、地方的利益在面临矛盾时要服从于中央利益，通常情况下一般都不会顾及地方利益。

第二，中央政府与地方政府之间的利益差异性。从相互区分的层级利益关系而言，在对中央政府与地方政府间财政关系的处理上，虽然在地方行为不合理的情况下也强调局部服从整体、地方服从中央，但同时也不应该忽视地方政府的诉求，相应要能给出实际行动支持地方合理合情的经济诉求。在过去的计划经济时代，政企不分，很难调节好地方与中央间的关系，通常采取的措施是只能通过与政府签订财政合同等权宜办法来改善，采用的往往是以财政包干的办法。值得重视的核心问题也正是合理协调好地方利益与国家利益之间的互相关系。在目前的发展潮流下，地方利益和中央利益要通过双方携手、共同发力磋商寻找到既能使得中央得到该有资金，而又不会影响到地方经济发展的道路。

矿产资源有偿使用的过程根据经济行为的不同，各主体之间的经济关系表现也不同。我国矿产资源有偿使用的过程大致可以分为矿业权出让、转让、矿产资源勘查、开采几个阶段，每个阶段的经济行为表现不尽相同。因此，综合主体和经济行为、内容三方面特点，对矿产资源有偿使用经济关系进一步分析如下：矿业权出让的经济关系。这一过程中的关系主体主要有政府管理者、企业所有者、使用者以及中介性机构。

所形成的主要关系既有中介机构与所有者之间的，也有所有者和使用者之间的，即中央和地方各级政府之间的合作、监督关系；所有者和使用者之间的联系关系，即国家进行设置并以通过出让矿业产权的形式而形成的关系；中介组织和管理者之间的关系，即政府通过对评估机构的规范化管理而形成的关系；中介组织和所有者、使用者之间的关系，即通过对矿业权评估影响所有者和使用者的收益而形成的关系。

我国实行的是矿产资源由国家拥有所有权，而矿业权的安置、出让以及管理主体实质上是同一主体，因此，如何保障“国家所有者”的理性经济行为，防止随意、任意配置资源就成为经济关系调整的关键点之一。其中矿业产权出让的所有者与使用者之间形成的经济关系是产权交易模式的关系，受让人通过交易而获得了探矿权或采矿权，出让人则获得了出让金(价款)。

目前我国矿业权出让的方式有三种，分别是申请审批、协议出让和竞争出让（即“招、拍、挂”）。三种方式虽然都能体现“有偿”，但区别是前两种是非竞争的方式，后一种是竞争方式。市场经济环境下竞争方式是资源配置的有效方式，但是由于矿产资源自身的特点使得有些矿种无法采用竞争方式来配置资源。当前阶段，“无偿”与“有偿”的矛盾主要是历史遗留问题，“竞争”与“非竞争”矛盾将成为此类经济关系调整的关键点之一。

2. 矿产资源开发生态补偿利益相关方博弈

博弈，是诸多经济关系中代表不同的利益主体，在所指定的、不会轻易所改变的条件下，若要是能得到最终实施需要一次或多次从各自所允许具备选择权的行动中加以挑选确认，从而取得不同结果的活动。博弈论，也可认为是系统地研究博弈活动中参与人应该如何进行合理抉择才能达到均衡的理论。这既包括参与主体、行动等具体指标，又包括战略、支付(效用)、结果以及较为抽象含义。博弈的区分可从两个不同的方面解读，第一个方面是指各个参与主体行动的不同顺序，而这又可以分为两个不同的状态：动态和静态；第二个方面是不同的参与主体对各自参与主体间互相的特点、支撑角度以及不同的利益协调支付函数之间不同的认知。

利益驱动是一个社会发展的不竭动力源泉，因为经济利益诉求是一切经济活动的起点和落脚点。的确，矿产资源开发可以带来利益，但是与此同时相互的利益博弈也必然会紧紧伴随。而其开发利益间的碰撞性博弈，既会反映在资源管理的事权、财权之间的碰撞之中，更主要的是还会映射在资源的收益与分配的博弈过程之中，涉及的利益主体囊括了中央政府、地方政府、企业三者，同时也涉及资源出产地与资源消费地等之间的利益博弈。上级政府与下级政府、资源所有者与资源所在地居民、资源使用者与资源所在地居民。仅仅就这三者中利益博弈而言，中央政府的身份是多重的，它既是资源利益协同分配政策的制定操刀者，又是矿产资源的所有者，乃至还担任着资源开发“裁判员”的角色；而地方政府的分工则体现在具体执行之上，它既是分配政策的实际行动响应者、执行者，又肩负具体监管职责，并承担着要切实履行好当地生态环境保护人的具体责任①。

而企业的定位则更为具体、明确，它是矿产资源开发与加工成产成品的具体执行人，综上而言，三者之间既包括与之相关联的利益主体在矿产资源开采建设活动中成本等要素不同，收益也大相径庭，它们享有不同的利益，承担着相应的不同的社会经济责任和义务。这些不同经济利益关系调整，只有用资源资产的思路、方式能比较清楚地实现各种利益关系的制衡，并最终通过法律法规和政策规定固定下来。在利益博弈中，应当充分考虑矿产资源开发的外部性，建立并制定与之相应的不同利益主体的法律制度和政策规定。矿产资源开发的外部性，具体表现在外部的经济性和与之相对的不经济性，其外部经济性，是指矿产资源自身带有着“准公共物品”的特征，能够在当下的国家财政税收体制以及目前的矿产资源政策下给非资源产地带来的利益。

虽然长期以来，资源开发源产地一直处于廉价的初级矿产品被动输出者的地位，输出的矿产品价格一直以来只包含着开采成本，而并不计算其中所导致的污染、矿产开采中造成被破坏的生态环境。矿产性资源产品的投入是高成本的，却在实际交易中没有能得到正常的反映，其开发所耗费的资源没能得到充分计算，实际上进入市场的往往是以远低于其内在价值的价格进入市场，这使得相当数量的收益未能收到，实际上所增加的资源输出地的收益极其有限。但是资源的输入地却在交易之后通过延长产业结构链、开发产品附加值等方式得到了远高于购买时的收益，然后又将经过二次加工的具有较高附加产值的工业制成产成品再次输入到原资源生产地，

① 苏毅然，陈学礼．中国矿产资源生态环境博弈模式分析［J］．中国国土资源经济，2017，9(2)：35－40.

这使资源生产地面临着双重的利益损失局面，一方面既未能收回原来应该收回的资源开采开发成本，却又在支付高额经过二次加工后的资源产品费用。

实践证明，资源原产地从资源消费地获得的收益大幅度小于它能给予资源产地的外部性收益，从而出现了受损远大于受益的局面，使得资源原产地经济增长困难，当地居民生活水平提高缓慢、经济社会发展滞后，出现与资源消费地的差距在越拉越大的局面。因此，亟待对此类外部经济性的资源产地给予相应合理的补偿，建立资源产地（含矿业城镇）合理补偿机制，补偿的实现形式可以通过国家财税的转移支付，让资源消费地获得足够的后续发展使用资金，从而可以用于产业结构优化升级调整和协调好当地城镇建设发展。

从另外一个角度而言，博弈论也可以通过决策来进行理解，决策就是要通过做出方案，达到目标。通过实施决策通常会产生一个结果，但这个结果的产生往往受到方案以外多种因素的干扰，使得结果呈现随机分布，更复杂的是其他人会十分关注你的行为，并依据你所给出的方案采取针对性行动。博弈论就是根据各个参与者之间的特性采取不同措施所产生的不同行为作为具体研究课题的方法论，探讨在互动、碰撞、融合过程中参与人的一般行动规律。博弈论作为一种优化方案所可选取的研究性工具，广泛地应用在各个学科的深入探究之中，广大科研工作者借用博弈工具在自己的研究领域取得了不菲的成绩。

本书在参考相关研究的基础之上，具体分析了矿业开采主要利益相关者之间的行为关系。在矿产资源的开采过程中涉及多方利益主体，但其主要包括以下关系：中央政府与地方政府、政府与矿业企业之间、政府与居民之间、矿业企业与居民。

矿业企业作为博弈模型的另一方也有自己的应对措施，它同样存在两种选择：一是规范生产，二是违规生产。矿业企业对于政府的相关奖惩措施非常熟悉，它们会在政府奖励与惩罚之间进行有利于自身的选择。政府与企业这两个博弈主体都会站在自身的利益立场做出选择，代表群体利益的政府如何进行决策，不仅关乎利益相关者的切身利益，也关乎资源与环境的可持续发展。因此研究它们之间的博弈行为，对于政府制定针对性的政策来化解博弈困境意义重大。

第一，政府。矿产资源的所有权属于国家，政府代表国家出让矿产开采权，享有对矿产资源开采的管理权，并享有管理权而带来的收益。同时，政府也要代表广大居民的利益，维护社会生活正常秩序，使居民不因矿业企业的采矿行为而蒙受损害。

第二，矿业企业。矿业企业作为盈利实体，其目的就是要实现利润的最大化。矿产企业一般通过取得采矿权，获得采矿的经营管理权，将经营管理的部分利润按照国家相关法律法规转移给政府，剩下的部分利润维持企业的生存与发展。

第三，居民。在矿产开采过程中，政府与矿业企业是最大的受益者，而周边居民则成为了最大的受害者，他们不仅不能享受因开采矿产带来的收益，还要承受环境恶化带来生产与生活的损失，但是在与矿业企业、政府的斗争过程中，他们的呼声很难得到重视，往往处于弱势地位，自身利益很难得到保障。

在上述主要的利益相关者中，存在以下多种关系：

1）中央政府和地方政府

在我国现行的法律体系框架之中，从中央与地方的利益分配设定角度来看：中央政府与地方政府的职权划定有三个层级。

位于第一个层级的是宪法。宪法作为国家的根本大法，它具有总揽性特点，其规定了在国家的各个层次的各项基础性制度上，具有最高等级的法律解释权。从《宪法》所规定的基础思想来看，中央政府和地方政府的事权划定、划分总体上都必须要遵循“中央统一协调领导，地方分层管理”的原则。

而从第二个层级而言是各项具体性法律法规，这主要体现在《中华人民共和国地方各级人民代表大会和地方各级人民政府组织法》，在遵守宪法基本精神的大前提下，对地方政府的职责做出了细化具体的规定，而对于新疆维吾尔自治区来说，除这一层面的基本法律外，还有《中华人民共和国民族区域自治法》，该法在严格遵守《宪法》的基本原则、基本制度的同时，又结合当地具体实际采取了一系列的尊重当地习俗的特殊办法。

第三个层级是有针对性的具体保护法律。比如说《中华人民共和国矿产资源法》《中华人民共和国环境保护法》等法律体系。综合而言，虽然上述法律在整体上明确地规定了中央和地方在不同领域范围内的责任划定情况。但是在实际的区分过程中，中央与地方仍产生了诸多问题，即市场与政府的职责划分不清晰，政府职能时有“越位”的情况，在履行职责时有时又有未能履行好相应的职责，两者本是对立现象竟然同时存在，由此该法律规定的原则往往不具有实际可操作性，只停留在“原则”上，从而出现中央与地方政府间事与权交相错位。

从中央与地方的经济利益博弈关系来分析。中央通过所颁布一系列的法律、法规，进而对地方会产生具有完全约束力的效力并进行强制执行。因此，中央与地方的博弈到最后通常是采取大家互相妥协下达到一种利益协调一致的互利互惠方式开展具体行动。这与法律层级上所说的中央与地方的永久性互助博弈并不相同，想通过法律、法规来产生强制性的约束力显然并不现实。在实际操作中，中央与地方的合作、非合作博弈并不是静止的，而是动态转换的。因为产生博弈的前提条件通常是在双方实力较量所差无几而又在某问题上各自的利益诉求大相径庭。

所以在从计划经济体制逐步地向社会主义市场经济体制进行转轨换道的过程中，中央政府对地方、企业实行放权让利政策，地方政府逐步地形成了自身的财政权益体系，慢慢地进化演变成为具有自主权的经济主体。同时，因为地方政府能够充当沟通的媒介作用，一方面具有代表中央政府进行对当地经济指导、管辖的权力；另一方面却又要积极地去争取中央政府对自身辖区的企业给予相关政策扶持、帮助，以期望达到经济效益最大化目标。这样就逐渐使得中央、地方间形成既相互协调、步调一致，又存在一定的矛盾的局面。这时一旦双方的利益目标差距较大，就会衍生出博弈的可能，这将使得地方政府具备较大的自主行权自由，此时地方政府往往会及时地根据中央的政策进行分析，再从地方利益出发做出相应的策略调整抉择。在中央政府与地方政府的相互博弈中，经济利益协调是难以摆脱的一环，而这可以通过财政分权机制实现平衡。

无论是 1949 ~ 1978 年三十年的财政运行机制在集权与分权的圈子里循环，还是 1978 ~ 1994 年国家财政运行机制改革，以及 1994 年至今的分税制改革，都从实践中充分证明始终存在着中央与地方的财政博弈行为。在财政博弈中，中央政府代表着整体国家利益，处在主导优先的地位；地方政府则代表着地方地区的局部利益，需要遵循国家利益高于一切的处理原则，处在相对的从属地位。造就这一财政博弈主体关系的根本原因，是在于财政运行机制的问题，而非政策问题。在实践中，真正能请求中央政府在一些边际问题上让利的也只是省级政府，地方通过与中央财政博弈，实质而言也是财政机制在不断完善过程中的体现。

从中央、地方政府以及企业矿业产业的资源管理收益分配角度来看。以新疆地区的石油、天然气资源为例，石油企业的消费税、所得税100%是由中央所有、增值税的75%划归中央财政，地方财政分成只占25%。并且由于体制等原因，新疆地方性企业要想挤进石油、石化领域很难，地方油气资源开发带来的税费收益等太少；与此同时，地方税收分成过低，反而加大了地方治理环境的难度和支付成本。从近几年的收益分配的公布情况来看，我们可以看到，新疆矿产资源间的收益分配在呈现出收入与支出间的差距逐年拉大的趋势，作为新疆地方政府本身财政收入来源就较为少，自身财政支出却不少，收入与支出之间早已出现入不敷出的局面，更勿论拨付一笔专项财政资金用于对当地的生态环境进行治理。

不过无论最后究竟采取何种的补偿方式，矿山的地质环境活动与社会相关监管费用，终究还是要从销售的矿资源产品收入中得到，归根结底，矿产资源开发的所有收益集中体现在矿产品的销售收入中，并且更为重要的一点是需要在各权益主体间进行合理分配：应让资源产地群众共享开发矿产的收益，资源受益地向资源输入地要支付相应足够的环境补偿费用，以满足被破坏地区的环境有足够资金进行修复，这种模式在国外已经被广泛采用。其理论基础就是此前提到的资源耗竭理论、可持续发展型的理论以及开发资源利益共享理论。当前的资源补偿机制不健全已经在成为制约资源地经济发展腾飞的绊脚石，如何使资源产地走出“富饶的贫困”怪圈是一个亟待解决的问题。最为直接的例子就是：新疆虽然是我国的资源大区，各种能源和矿产资源的蕴藏量丰富，但资源开发并没有惠及新疆居民。新疆的城镇居民人均可支配收入连续三年位居全国各省市区倒数第一，农牧民人均纯收入位居倒数第六。

尽管拥有如此丰富的资源，但是其却长期处于欠发达状态，当地的各项经济、社会发展难以匹配资源大省状况，乃至于严重滞后其他省份。究其原因在于，由于长期以来原料的生产与加工企业长期割裂，形成了所谓的“环境资源无价”的观念，资源输入地无偿或者低价地占有输入地资源并通过深加工获取到超额的利润，但是资源原产地却未能得到合理的补偿。以西气东输为例，2016 年西气东输供气 99 亿立方米，高峰期日均超过 3600 万立方米。

目前已向 12 个省区、80 多个大中型城市供气，沿途有 3000 多户的工业企业、2 亿居民从中受益。西部的这些天然气为东部输入地的经济、社会的发展做出了功不可没的贡献。西气不仅为输入地的能源消费结构的升级调整起到助推作用，有效地帮助输入地大为缓解了过去由于矿产和石油产品的燃烧而造成的空气污染状况。同时天然气作为稳定、安全的高质量燃料能源，既能满足城市居民对环保无污染的高品质生活需求的追求，又在推进重工业和当地的城镇化、现代化过程中起到了重要的作用，大为缓解了当地随着现代化发展而激增的能源需求，同时也为输入地的扩大开放、加快发展创造了相当良好的经济和社会发展环境。

当西气东输工程每年达到 200 亿立方米时，就相当于提供了接近 2000 万吨的原油，折合标准矿产 2660 万吨。专家对矿产和天然气在相同能耗下排放污染物量作过对比，两者排放灰粉的比例为 148∶1，排放二氧化硫比为 700∶1，排放氮氧化合物比为 29∶1。输入地每年相应地减少了烟尘排放数十万吨，会极大地改善当地环境质量，但是输出地——新疆并没有得到与此相匹配的合理补偿①。因此，应按照“谁污染谁缴费、谁付出谁受益、谁开采谁保护、谁破坏谁修复”的原则，建立健全合理的生态环境修复机制。国家应该进一步做好明确，要按照“谁破坏、谁恢复”的原则，真正使得该原则能够生根、发芽、落地，这不仅仅要精准明确地划定好补偿主体与被补偿主体，还要使得相关的补偿标准具体化。

2）*矿业企业与居民*

矿产资源开发企业与当地居民的关系。矿产资源的开发利用能够带动当地的经济发展，所得到的税收财政收入能够用来升级改造当地的基础设施。但是不容忽视的是一方面是矿山开采中会带来的环境被破坏、污染的环境成本，另一方面矿山开采过后当地如何进行生态恢复、进行产业转型

---

① 王端平，邝建新．新疆矿产资源生态环境分析与建议对策［J］．中国国土资源经济，2016，13（5）：35－40.

的机会成本同样将会是当地难以回避的问题。并且地方政府通常也承担着维护矿业监管秩序、矿工劳动的合理保障、矿业城镇转型救助、环境恢复治理等职能。

其中，环境治理、社会监管、城镇转型都要付出巨大成本，因此必须给矿区所在地管理部门及居民以补偿，否则就会产生众多的社会问题。国家在开发管理矿产的资源过程中，经常会由于矿产资源的所有权、使用权与其他不同类型属性主体的权力产生冲突，进而引发出现了不同权利人之间的经济互调关系，这也是矿产资源进行开发利用的经济行为中的外部性问题典型行为表现。

目前，我国的矿产资源开采模式所采用的和大多数矿产资源国家所使用的一样，都使用的是一元化模式，但是稍有区别的是，土地资源却采用的是二元化模式：所有权由中央政府与集体所有。从特征而言，矿产资源天然就携带着很强的依附属性，与土地的联系难以分割，因此在矿产资源的开采应用过程中必然会同其他权利产生难以回避的矛盾。

例如，当某个矿业产权人试图在当地建设一家矿山企业时，但是所在地如果有居民住宅时，这时就必须要考虑到矿业产权同居民个人财产权之间的矛盾冲突问题。但是如果建设矿山企业的土地归属于集体所有时，那么又可能会引发国有矿产资源的所有权同集体土地使用权之间难以调和的矛盾。

同时，我国资源资产收益的分配方案之中几乎不会包括资源资产的收益外部性效益，受益主体不包括矿山开采地的本土居民，当地居民不但未从中获得多少收益，相反却在咽着由于矿山资源的开采所带来的环境破坏的“苦果”。而这种情况并非个例，目前已成为相当普遍的现象，我国很多地区都存在着类似的问题：从理论上讲，煤矿产地的居民因为矿产资源的开采能够得到收益，但实际上因为所有权是由国家所有，当地群众并没有资源的所有权，他们与资源之间不存在任何直接联系。在当前的审批制度下，勘察、开采矿产资源首先要得到相关部门批准，而真正具备实力通过批准进行开采的往往只有那些拥有较为雄厚的资本与有一定的人脉资源型企业家。这就使得矿产开采当地的居民深受环境破坏、污染之苦，却无法得到任何合理的资源、环境和经济补偿，这一状况极大地损害了社会公平。

3）矿业企业与政府

矿业企业开采矿产的目的就是要实现利润，追逐利润是其本质特征，它们会想方设法减少成本；矿业企业与政府之间就会存在两种可能性，既会有合作的一面，同时也可能会因为各种因素而产生矛盾。矛盾的一面表现为：矿产企业在采矿过程中，会向外大量的排放污水废水、废气有害气体、废渣，使得周边生态环境不断恶化，使得周边居民的生产与生活受到了严重影响，矿业企业一般会选择逃避补偿，降低生产运营成本，监管矿山企业是政府的责任，政府代表居民的利益势必会对矿业企业逃避补偿的行为进行处罚；合作的一面：矿业企业通过允许企业采矿，这不仅大为缓解了当地的人口就业压力，有力地拉动了当地经济发展，还能为地方政府带来不少财政税利收入，对缓解财政危机有一定帮助。地方政府和企业的补偿机制是建立在地方政府和中央政府的双重性基础之上的。

虽然最终的目的都是一样的，都是为了发展矿产经济，但是地方利益首先必须要服从中央利益；但地方通常又具有一定的自主性，其作为宏观调控的居中层级，地方既要能够做好一个为中央政策的具体执行者，履行好协助中央实现矿产资源发展的战略的具体执行任务；而另一个作为地方利益的代表者的身份，又使得其还得为地方矿产利益发声。

因此，地方政府往往要做一个中间的桥梁：既要能巩固当地的环境指标又要想方设法在此条件下如何大力发展地方经济。承担做好当地生态最后的守护者。而这一身肩负着的双重身份和双重目标很容易让地方陷入两难境地。在实际情况下，矿产企业除了追求自身利益外，很难使其会有要主动积极承担相应责任的主动感，在要对因为其自身造成的环境破坏补偿上，如果没有强有力的要求，它们很难主动去认领自身责任清单，因此企业和地方政府之间的目标虽然的确在大多数时候能达到一定的协调性，但是，也不可避免的会产生一定的矛盾。

4）政府、矿产企业与居民

政府与居民之间利益理应一致，但在利益的驱使之下，地方政府的决定可能损害居民的利益。矿产企业的采矿活动增加了当地就业，还促进本地经济增长，更重要的是，矿业企业通过上交税费缓解了开采当地财政的短缺问题。若政府对矿业企业采取强硬措施，将会影响地区经济发展，但如若不及时采取行动，放任矿业企业破坏环境行为，会引发严重的社会危机，在居民利益与经济发展之间如何决策一直困扰地方政府，采取行之有效的措施势在必行。

矿业企业与居民的关系比较复杂，周边居民可能在矿业企业工作，他们之间存在紧密的利益关系，而其他居民可能会和矿业企业的矛盾比较尖锐。总的来说，矿业企业与居民的矛盾十分突出，矿产企业在采矿过程中获得了丰厚的利润，而居民却很少从采矿中获得收益，是受害的一方。矿业企业不仅占据了他们的土地，而且还破坏了当地生态环境，使居民的健康深受影响，有些居民不仅健康状况堪忧，而且还失去了生活来源，并且矿业企业承担的补偿也很难真正落实，所以矿业企业与居民之间的矛盾在不断升级①。

而要对三者关系进行比较时，从与之相关的法律关系方面解读往往更为有效，法律关系可以分为：

首先，我国矿产资源开发法律关系是指通过法律规范予以规制和调整矿产开发中的各种所有者与使用者之间的经济关系。在实际情况下，社会关系非常的复杂，既可通过法律的形式进行确定和调整，也可通过道德等方式予以规制。矿产资源开发补偿建构的重要前提是明确矿产资源开采中形成的权利义务关系。明晰多层的矿产资源法律关系，才能合理配置相应的矿产权利和矿产义务。权利的享有和义务的承担赋予权利人和义务人要能准确确定权利行使的边界，这在督促义务人及时履行自身的义务，同时也为法律制裁提供了制度性前提。随着经济关系的不断演化，矿产资源中的法律关系不再仅仅是指为了调整矿产资源拥有者与具体开采者之间的行政、民事法律关系，而是逐渐发展成为以经济利益为中心的分配调整作为表现形式，在调整矿业权出让、转让和矿产资源勘查、开采行为过程中形成的民事、行政及刑事法律关系。这些与之相关的民事、行政及刑事法律关系以法律制度的形式相互补充，甚至相互之间在融合，共同保障矿产资源财产权利的实现。

---

① 陈继平，黄春和．浅议中国矿产资源生态环境补偿主体［J］．中国国土资源经济，2017，11（1）：12－14.

其次，以矿产利益分配权为表现形式的经济法律关系是指法律在调整矿产资源拥有权与具体开采者利益分配过程中所形成的法律关系。其中的主体是代表国家的中央政府，客体是矿产资源的勘查行为。随着探矿权特许权属性的确立，对行政主管部门与探矿权人之间的行政法律关系内容提出了新的要求，即行政主管部门在完成维护矿产资源勘查秩序，资源综合勘查的公共利益管理的同时，更加突出了行政主管部门对于探矿权人财产权利的保护和救济职责。矿产资源开采过后所要付出的生态环境修复费用包括民事、行政法律关系，行政、民事法律关系是指法律在调整采矿权人行使权利的过程中形成的法律关系。开采行政、民事法律关系是采矿权有偿获取取得法律关系的延续。现行法律制度下，矿产资源补偿费是矿产资源有偿开采的主要标志。具体从不同法律角度可分为：

民事法律关系。矿产资源开采过程需要以法律形式确立的民事法律关系、主要包括救济法律关系、对他人损害赔偿的法律关系和收益分配的法律关系。首先，矿产法律关系的主体是采矿权人，客体是采矿权，内容是采矿权人有权利以投诉的方式，通过矿产资源主管部门和司法机关的强制力来排除其他民事主体的妨害或获得损害赔偿。其次，对他人损害赔偿的法律关系是指法律在调整矿产资源开采行为会给其他民事主体在侵害过程中形成的民事法律关系。这种法律关系的存在是矿产资源开采的自然特点所决定的。

调整指的是采矿权人同其他各个民事主体之间的财产关系。在此类的法律关系中，采矿权人在扮演着修复的义务人角色，而权利主体则是处于受害方的地位，内容是采矿权人因为自身的开采行为而对他人造成财产损失的，负有及时采取补救措施、赔偿破坏损失的义务。这指的是法律在对矿产资源所有者与使用者之间进行收益分配的过程中依此形成的民事法律关系。收益分配法律关系所调整的是矿产资源所有者与使用者就矿产资源最终形态的价值转换完成后的收益在分配上的基本经济关系。收益分配法律关系的主要权利主体指的是矿产资源所有者即中央政府，义务性主体则是采矿权人，法律关系的内容表现为采矿权人在最终实现矿产资源开采收益后根据法律规定的标准向国家缴纳足够的资源补偿费。

行政法律关系。是指调整在法律规定中国家把开采权利赋予矿产开采者之间行为的法律关系，它是矿业产权制度中相当重要的组成部分。矿业开采权的转让关系中，主体包括两方面：既包括代表所有者的转移方，也少不了代表开发者的接受方，内容是指他们在遵守相关的法律法规下，转让方通过专业评估和发展需要决定自身是否转让和接受方也有权自主决定是否依照转让方所提出的价格出价购买。客体则是指对矿产开发开采的权利。而在矿业产权的具体抵让方面的相关法律法规关系中，主体也包括两方面：既包括把矿业产权作为抵让产权的抵押方也包括对该抵押产权接手方，内容则是指双方在此关系中所衍生而要调整的义务和权利。客体则就是指拿出来抵押的矿业产权。这种模式可以提高双方交易的安全以及在促进相关资金的金融通畅上也具有比较重要的意义。

物权法律关系。物权制度可以分为四个方面：物权的排他效力、物权的请示权效力、优先权效力和追溯溯及效力。矿业权作为用益物权的一种表现受这四种效力的保护。矿业产权物权的保护关系体现的是矿业权人对矿业权人所具有的权利，它还在围绕着矿业权的物权保护开展以应对矿业权人要如何具备在享有的权利以及矿业权人之外的个体负有相应义务的问题上“大做文章”。要不断地健全完善矿业产权的保护机制，这才能让行政权力不会过分干预矿业产权，也能增强矿业权人对自身权利的安全感、归属感。

制度法律关系。第一，从制度角度而言，矿业产权登记的不动产权的有关物权登记制度属于物权法律的重要制度中的一环，不动产权的相互变动必须得根据登记的情况视之为生效要件要素，如果是没有经过标注登记的不动产权有关物权变动的行为不具备法律权威效力。国际上通常采取的做法是将矿业产权视为不动产权的物权范围，矿业产权必须要符合不动产物权的相关要求与规定，按规定办事。当前我国矿业权的变动所采用的制度也是与此相关登记公示制度。矿业产权的变动内容概括了矿业权的三个阶段：取得、变更和注销。矿业权的登记法律体系中，主体是矿业产权的登发机构和矿业产权人，客体是矿业产权，内容包括矿业产权登记过程中的矿业产权登记机关以及矿业产权人所拥有的权力和所要负担的义务。第二，矿业产权的行政救济规范，“无救济即无权利”，任何一项权利都需要有相应的救济手段并以此为能完成的最终保障手段，否则很多时候权利只能是如镜中花、水中月，甚至有纯粹沦为形同虚设的风险。而救济方式则既包括依靠自身力量完成的救济，也离不开政府等公共力量和社会力量的救济。自救救济是指主要依靠自身所储备的资金、资源在遵守法律法规条件下进行自我的救济，但是实际中矿业产权受到不法侵害时，仅仅依靠于矿业产权人的自身力量无法有力地保障自己合理合法权益时，可以向有关国土资源主管部门积极地寻求救济。矿产资源国家所有法律关系主要体现矿产资源开发领域基本的民事法律关系上，矿产资源国家所有权具有完整的物权属性，进行修正调整的是矿产资源所有者与其他民事主体间的基本经济法律关系。若是缺乏矿产资源国家基本法律制度，就丧失了法律手段对资源的有效保护，矿业权的设立就根本无从谈起，矿产资源的财产很难实现。矿产资源国家所有行政法律关系是由于国家的特殊主体的身份所形成的，是以法律的形式赋予国家的行政监督权，管理部门是指由国务院下属有权行使矿产资源所有权以及有义务对矿产资源进行保护的相关部门①。

二、矿产资源开发生态补偿原则

1. “谁破坏，谁付费”原则

由谁补偿的问题是建立生态补偿机制的首要问题，目前关于生态补偿主体的问题可以说众说纷纭：有些研究者坚持受益者补偿，有些人坚持破坏者补偿，如果坚持受益者补偿，会面临难以明确补偿主体的困境，现实中，受益群体过于庞大，准确识别受益主体存在不少困难。本书认为矿产资源属于全社会的财富，社会中的每一个人都享有平等利用的权利，因此坚持“谁破坏，谁付费”原则十分必要。当然矿山如果能够明确破坏主体，则必须由其全面负责；对于不能明确破坏主体的矿山，由政府承担补偿责任。矿山企业因为开采矿山的开采行为造成了环境破坏，通过对其征收补偿费用，使外部成本内部化，能在很大程度上遏制矿山企业为了追求利益肆意破坏环境的行为，也符合“谁破坏，谁付费”原则。

---

① 陈尚新，黄福容．刍议中国矿产资源开采中的法律关系［J］．中国国土资源经济，2018，10（7）：09－13.

2. 利用者补偿原则

所谓利用者补偿原则，就是指依照相关规定在环境补偿机制中要由实际开采利用资源的受益者来补偿因资源开采而破坏生态的受损者的损失。这个原则也被称为“谁受益，谁补偿”原则，在国内学术界早已存在对此原则的多种阐释，具体知识内核基本一样，区别只在于所采用的说法不同罢了，江西农业大学王端平教授认为资源的开采利益被周边临近地区的受益者所瓜分，但这个“周邻地区的受益者”必须能够得到明确定义，这个最终定义就是“谁受益，谁补偿”。当然也有学者指出，谁是利用资源的主体，谁就是最终受益的主体，谁就应该担负起支付生态修复补偿费用，弥补因为开采资源而使当地所付出的代价。此项原则成为征收环境保护费用来源的主要依据，客观来说此类举措不仅使得生态环境保护来源有所拓宽，而且真正的激发了当地政府进行环境保护的积极性，为我国的生态环境保护做出了不小贡献。生态环境保护已经成为当今经济健康可持续发展的必然选择。假如社会受益了，就应该政府投入。因此，此项原则是必要的、确实可行、最具有实际指导意义的原则。

我国长期以来也的确存在着“产品高价，原料低价，资源无价”的严重曲解市场价值问题，导致产权关系模糊，资源被无偿的占用，由于未花费太多的代价，也就缺乏保护资源的意识。为了扭转这种病态问题，在1989年国务院办公室出台的《关于加大对生态问题重视程度问题的调研》中首次出现了“谁利用，谁补偿”的资源开发使用原则，紧接着在1991年的《促进生态与经济和谐发展的八大对策》中特别表明“必须坚定不移地坚持资源开发利用有偿使用原则，要尽快规划制定好相关费用的计征，并尽快落实好环境税，并要把其置于较高地位：要把生态资源的计算纳入到国民经济运行发展体系中，使市场价格能够正确地反映在开展经济活动中付出了多少生态被破坏的成本”。

3. 利益权衡原则

所谓的利益权衡原则，是指国家在对生态补偿的过程中，要既能兼顾好经济建设又要能注重对生态环境的保护，要使得两者能够达到一个相对的平衡状态。要做到用最小的生态代价得到最大效益的经济利益。也就意味着不仅仅要注重经济发展的总量，还要特别关注经济发展的质量。这就要求生态补偿制度要坚定不移地遵循效益最大化原则，与此同时，也要符合市场以及价值导向规律，不遗余力地为投入值与补偿值的平衡而努力，以保持资源的经济再生产过程。这也可以认为是利益权衡的问题在生态公益林补偿中的体现。国内学者钟元等认为：虽然在现有的原则下资源所有者和经营者的利益都在受到损害，但已经脱离于“帕累托改进”的范围。

但是，资源的保护政策使得与之相关的广大公众、相关单位乃至个人得到惠利，匹配的受益者福利增加值出现显著比受损者的所损失的福利更大的特征。国内外相当多的研究结果也充分揭示了这点：资源的生态效益是要大于经济效益的，所以必须要尽快建立好资源补偿机制，通过让资源的受益者对资源开发受损者进行符合标准的补偿，这样虽然不能做到使双方都不遭受损失，但至少可以做到有一方能够获利，进而能够促使该机制实现从“非帕累托改进”转化为“帕累托改进”。这可以简单地理解为尽量使少数人受损，而大多数人能够获利，并且会使那些受损者能够得到机会重新获得正向收益。这就是所谓的在经济学上的“帕累托改进”。实践证明，对各个层面的相关利益主体纳入综合考虑、倡导平衡的改革所受的阻力并没有想象中的那么大，造成的利益碰撞、引发的社会动荡也没有想象中的那么大。

反之，在此过程中若有人遭受了损失，而且很多受到利益损失的人没有重新得到补偿的机会，那么改革将会遭受难以推进的阻碍。所以要充分综合地考虑到对全体的利益受损者及时足额的补偿，使得制度演化、变迁过程中不会有一个人的利益受损，这的确难以做到。但是，若是能够通过补偿让受损者的人数得以有效地减少，那么相应的阻力就会随着下降，那么制度变迁也会得以顺利地进行。可见，若是能够建立一个合理健全的资源补偿生态机制，并使其形成在该机制之中的受损者能得到足额的补偿，那么公益林保护变迁的阻碍就会大为减少，保护效果也将能够得到不断优化。当生态效益和经济效益之间产生矛盾时，我们应该首先要立足于生态效益，把生态放置在统筹考虑的首要位置上，因为这两者都是我们维持生存以及要进一步繁衍可持续发展的效益观，当两者产生冲突时，我们应本着平衡两者的理念，综合地把两者置于全盘、全局高度进行考虑。

4. 坚持新、旧矿山分治原则

由于生态补偿技术的不断发展，关于矿产资源生态补偿的法律法规不断推陈出新，为了公平解决新法颁布前后矿山生态补偿问题，坚持新、旧矿山分治显得十分必要。所谓的新矿山是指新法规颁布实施之后产生生态破坏问题的矿山，相比较而存在的旧矿山是指新法规颁布实施之前已经产生环境问题的矿山。如今的旧矿山更多涉及的是历史遗留矿山，它们往往很难明确责任人，大多只能由政府负责旧矿山的恢复与治理工作；而新矿山可以依据“谁破坏，谁付费”原则能找到相应责任主体，从法律上能够明确其补偿责任。

5. 坚持政府调节与市场补充相结合的原则

由于矿产开采的负外部性影响，企业在追求自身利益最大化目标的推动下不愿意进行生态补偿，这使得政府推动的矿山治理与环境恢复的目标难以实现。在这种情况下，政府对采矿企业破坏生态的行为进行强有力的干预，可以采用向其征收生态补偿费用的办法，以达到其外部成本内部化的效果，这能在一定程度上对矿业企业破坏生态环境的行为进行遏制；但江西省面临沉重的历史遗留矿山修复任务，如果采取完全由政府补偿的方式，难以实现矿山治理目标，而完全由政府主导的矿山补偿未必是高效率的，引入市场机制进行适当补偿是很有必要的，比如我们比较熟悉的市场手段：排污权试点、碳汇买卖等。

6. 坚持权利与责任相统一的原则

矿产资源开发生态补偿涉及不同的利益主体，其实质是一种利益的再次分配，这可能会引发新的矛盾和冲突。构建矿产资源开发生态补偿机制会引起利益相关者之间利益的此消彼长，它需要各部门的通力协作，才能有效平衡不同利益主体的利益。如何有效实现利益主体之间的利益平衡，需要政府制定相关补偿政策，协调好与之相关的诸如开采者、破坏者、保护者、受益群体间难以厘清的利益关系。为了能够使相关补偿政策真正落地，需要政府持续的监管，最后才能实现利益相关者之间的权利与责任的统一。

7. 补偿标准体系化原则

补偿标准体系化是指由于环境被破坏、受损后的影响并不是单方面的，而是会深刻地影响到多个多方面的利益主体。现在的补偿大多数是依照着整体性原则而来，并不会去考虑其中的个体性差异。这直接忽视了其中不同的受损主体所具有的差异性。正确的做法应该是所作的补偿标准应具体要依照不同的细化要求作出规划，并且要最终能够统一为一个指标体系，再按不同主体之间的差异性补偿分配给当地的机构、政府以及个人等主体，并要按照相关标准及时、专项地使用于生态修复工作当中。当前我国的矿业权使用费机制一味只强调资源所有者的收益，而缺少对能促进矿产资源生产要素方式市场以及相关产品市场的培育，未能深刻地调动社会各经济主体积极参与矿产资源的勘查和开采。我们需要采用健全矿业权出让的方式，进而健全建立起以出让金为核心的矿业产权有偿补偿标准体系化原则。

8. 合理划分标准，多样化补偿方式并举原则

大致可以分为以下四种补偿方式：自行补偿、委托补偿、等量补偿和加倍补偿。从自行补偿和委托的区别而言，具体主要是指破坏者必须要在开采资源后承担因为所破坏生态环境的补偿义务，要支付相应的补偿费用。既可以采用由开采者自身再次直接奔赴生态区组织专门团队进行修复，也可以采取委托的方式，寻找该方面的专业机构对他们在评估之后给予资金的方式进行，由前者承担因修复而要付出的全部费用。例如，若是因为修建铁路、公路而使得沿岸地区的生态环境被破坏，那么则可以由其建设公司组建专门的小组团队扎根于被破坏的当地，及时地进行生态环境修复。

当然，它也可以采用交纳专项补偿费用的形式委托专业的机构对其进行修复补偿。另外，当修复工程过大时，还可以考虑成立专门从事生态修复补偿的相关专业公司，从而依照制定的相关标准对不同的破坏类型、范围和程度在评估后采取具有针对性的修复补偿措施。从专业化定义而言，这就是采取等量补偿和加倍补偿的措施。而为了能从全局的高度上维持好生态的平衡就必须要能区分不同的情况，等量补偿就是此类情形下的产物，要使破坏量和补偿量大致相符相等。

但是由于有些被破坏的生态并不能有明确的计量单位，这时可以采取对相关生态功能进行综合推算的方式来进行等量补偿。而加倍补偿就是指补偿量要大于其破坏的量。例如，若是在一个地方砍伐了 5 棵树，那么就要在另一个地方种植 10 棵树并要保障其能够存活。当然也可以采取对其中一般保护区的破坏实行等量补偿的方式，但是若要想全面生态保护区和重点保护区域或重点保护对象得到真正的修复，那么就要实行相应的加倍补偿措施。

但实际情形中由于生态环境的某些破坏并不能实行异地补偿的方式，比如污染型企业大量排放的各种污染物，那么可以采取的措施除了就地治理之外，还可以采用异地治理的方法。破坏者通过向相关的专门机构交纳一定比例补偿费用，通过这种方式在治理的控制区或者其他区域修复治理，这样就能对整个生态环境都能够起到某种治愈修复作用，也可以采用在治理控制区划出部分专门区域用于对异地进行治理和修复补偿。

关于生态补偿机制建立的原则，不同的学者有不同的见解，其本质大致一致，只是说辞有些差异罢了，比如郑志国（2015）针对跨区域生态补偿提出了共建共享的原则。本书谈到的生态补偿原则对于新旧矿山生态补偿都具有适用性，当然也可能还存在不完善的地方，需要今后进一步改进。

三、矿产资源开发生态补偿形式

关于如何进行矿产资源开发环境生态补偿问题，各级党政机关都非常重视，大致形成了三种生态补偿方式：政策性补偿、资金偿债补偿以及实物补偿，这三种都是以政府为主导的生态补偿方式，其具有“输血”性特征，但是在实际的工作中难言显著，在未能彻底解决旧问题的前提下还衍生出了不少新问题，其缺陷主要表现在以下方面：补偿资金渠道过于单一，补偿内生机制难以为继；补偿途径少，方式难以生出实效，且补偿机制不具有可持续性；资金管理方式、相关管理模式不妥，相应的产权补偿体系尚未能发挥实质性效果。具体可以采取的措施如下：

1. 巩固和完善“输血式”生态补偿方式

1）政策补偿

所谓的政策补偿就是给予受偿对象政策支持和倾斜，常见的政策补偿囊括分区管理、政策倾斜、差别待遇以及相关的机会补偿。在推动相关政策补偿协调机制过程中，中央和地方政府扮演着重要的角色，中央政府要站在相关利益相关者的角度制定宏观的生态补偿政策，地方政府则要在中央政府制定的补偿框架内结合实际具体实际，不断地完善和丰富政策补偿措施，使得其具有可操作性。对于缺乏补偿资金并且补偿负担沉重的江西省来说是一个比较合适的选择，它能减少资金补偿直接投入，更为重要的是它不仅能使受偿对象感受到实实在在的利益，而且更可能促使受偿对象获得长期受益的动力。政策补偿的落实有赖于政府官员的职责履行及重视程度，地方政府需要高度重视政策补偿，可以将地方干部的考核与矿区环境改善相挂钩，也可以推动地方社会事业的发展，比如增进社会福利、提供就业培训、优惠税收政策等。

2）资金补偿

资金补偿是比较常见也是比较有效的补偿方式，常见的资金补偿方式有：财政资金转移支付、专项生态补偿金、专项减免税收、财政补贴、优惠贷款等。本书认为资金补偿不仅涉及如何使用资金的问题，还要重视资金的筹集和资金的管理。政府要加强宣传工作，使全社会关心和支持矿业生态补偿，不断对生态补偿资金渠道进行拓宽，并使生态补偿资金得到充盈；同时政府可以建立生态补偿专户，实行专款专用，在动用资金过程中加强全环节监督，使资金真正用到生态与环境建设中；政府可以增加矿业企业的违规成本，加大补贴规范生产的矿业企业的奖励力度，避免出现违规成本过低，守法成本过高的现象。对于矿业企业要从两方面入手，一方面可以考虑采取对违规的生产企业加大惩处力度，使企业违规成本上升，也可以采取对违规企业罚款、吊销相应营业执照关停并转的方法或者媒体曝光等措施；另一方面对规范生产的企业给予专项奖励，以降低其遵守成本，政府可以采取生态税收优惠、现金奖励等措施；政府还可以充分利用优惠信贷，向有利于环境和生态发展的企业贷出资金，推动相关产业的壮大和发展，反过来环保与生态产业的发展和壮大，使得矿区生态环境不断改善，造福矿区百姓。

3）实物补偿

实物补偿是指由补偿者向受偿者提供诸如物质、劳力等生产要素或者生活要素的补偿，相较于政策补偿、资金补偿等其他补偿方式，此种利用实物进行补偿的方式可以增强受偿者生产能力，改善生活质量；典型的实物补偿如矿业企业在专家的指导下对矿区进行修复。

2. 探索和推进“造血式”生态补偿方式

近些年来，由于矿产资源的开发所导致的环境问题越来越多、越来越突出，应该选择何种方式进行生态补偿越来越受到各方关注，政策性补偿、资金类补偿、实物补偿方式仍然是当前所存在的主流补偿形式，但是该种以政府为主导型的“输血式”生态补偿在对矿产开发和生态环境之间的协调关系方面显示的弊端和问题越来越多，亟须探索其他生态补偿途径来完善现存的补偿体系，以最终实现矿产资源产业的可持续发展的目标。

所谓“造血式”生态补偿是提升地方内在发展能力的补偿项目，其补偿途径主要有比如产业扶持、产业升级、对口帮扶、技术指导、政策支持、就业培训、共建园区等。在当前“输血式”生态补偿的效果越来越不明显的背景下，探索“造血式”生态补偿途径和方式就显得尤为迫切，比如技术和教育补偿。这需要两方面的共同努力，既离不开诸如政府或者其他有义务要承担补偿的个人，也不能缺少相应的技术帮扶、技术服务咨询等方面的全力支持，这两者的组合发力可以间接地推动被开采区的生态环境重建工作。它所能提供的生态环保处理技术以及所培育的专业复合型人才，实实在在地为恢复当地环境的建设提供巨大帮助。这种补偿方式能将资金以及实物用在切实需要的实处，减少损失，能为确保开采开发区的生态环境建设正常顺利地开展奠定坚实基础。

但当前对矿产开发的“造血式”生态补偿及其途径的研究明显不足。如当前矿产开发生态补偿体系的现状与存在的主要问题有哪些？将“造血式”生态补偿引入现有的生态补偿系统后，该如何从理论上修正矿产资源开发的生态补偿系统？“输血式”生态补偿与“造血式”生态补偿在矿产开发生态补偿体系中的边界如何界定？关系如何协调？矿产开发“造血式”生态补偿的基本框架是怎样的？究竟有哪些途径？构建什么样的运行机制和政策体系以保障其正常运行？这些问题还需要展开探索。

探索“造血式”生态补偿途径有利于丰富和发展矿产开发的生态补偿理论体系，有利于完善矿产开发的生态补偿政策体系，有助于建立多元化的矿产开发生态补偿途径和方式，并为矿产资源产业合理的调控决策政策提供依据来源。

四、基于层次分析法的补偿指标优先序确定

1. 数据来源

鉴于江西省生态补偿资金不足的现实情况，为了更好地提升补偿资金使用效率，本书借助层次分析法确定补偿因子权重，从而优化补偿资金结构，其主要数据来源于江西省国土资源局的统计文件及江西省统计年鉴，通过层次分析法，确定影响因子，根据专家组评判打分，确定影响因子的重要程度，为了使各指标权重更准确，本问卷向35位研究生态环境的高校教授、企业单位、政府部门等人员发放，本书采取综合专家意见提取均值的办法求取权重。

2. 指标体系

矿山开采造成的地质损害对地球的四大圈层会产生不同程度的损害，包括水圈、岩石圈、大气圈、生物圈，对其相关生态补偿大致可以分类为三类：环境破坏补偿、环境污染补偿、其他环境损害补偿。考虑到自然资源本身的补偿国家已经通过各种税费予以征收，本书探讨的补偿体系剔除了自然资源本身的补偿。

环境破坏补偿是指矿产资源开发造成的环境破坏补偿，包括两大类：对不同土地类型破坏补偿及矿山修复治理补偿。不同土地利用类型又可相应划分为：耕地、林地、草地及其他用地。因此，我们可以把矿山开采造成的环境破坏补偿划分为：占用耕地补偿、占用林地补偿、占用草地补偿、占用其他用地补偿及矿山修复治理补偿。

环境污染补偿是指矿山开采企业可能存在将未经处理的废水向外排放，污染土地及水源，未经处理的废水中含有汞、砷、铅、六价铬等元素，会对人的健康及寿命造成不可估量的损失。矿山企业在冶炼过程中，不断向大气中排放废气，未经处理的二氧化硫、氮氧化物、烟粉尘等有害气体改变了大气的自然成分，可能降下酸雨，改变生物成长环境，侵害农业用地，造成土地使用人的财产损失。根据科技部社会发展科技司进行制定的《科技促进资源保障和资源节约型社会建设实施方案》指出，我国金属矿山采选回收率平均比国际水平低 10% ~20%，矿山平均资源综合利用率仅为 20%，约 2/3 的共生、伴生有用的矿山未开展综合利用，尾矿利用率仅为 10%，方案指出，我国一些具有世界影响的超大型复杂多金属矿床，没有得到合理有效的利用。每年矿产资源开采过程中的损失总值约 780 亿元①。高强度的开采与低效率的利用形成了矿山开采的一组矛盾，固体废弃物的堆积，不仅占用了土地，而且经过淋滤之后，污染土地和地下水。与此同时，工业噪声时刻影响着居民的正常生活和工作，其对人的危害性不可忽视。

其他污染损害补偿是指矿产资源开发生态补偿的主体，主要涉及企业、政府、居民及其他利益相关者，矿产资源开发造成的地质损害，不仅影响居民的收入、健康，还会影响居民的发展机会，因此，针对江西省矿产资源开发造成的生态补偿应该从广义的角度进行征收，一来为废气矿山的修复筹集资金，二来补偿居民及其他利益相关者损失。其他污染损害补偿可分为以下几类：对农林畜牧渔生产损失补偿、居民健康补偿、矿区居民的发展机会补偿及引发的地质灾害等补偿。

3. 研究方法

本书依据相关资料，梳理出对生态环境造成主要影响的因素，然后采用问卷形式，利用专家打分的方式及相关统计数据对影响因子进行不同权重赋值，借助层次分析软件确定影响因子的权重，本书综合考虑各位专家意见，通过提取均值的方法确定最终的比重。该研究方法对于江西省这样一个矿山治理任务繁重并且处于资金紧张的状况的省份，在矿山治理资金一定的情况下，可以明确矿产资源开发生态补偿指标的优先顺序。

---

① 陈芳．矿产资源开发生态环境补偿法律制度研究［D］．太原：山西财经大学，2015.

层次分析法是一种既需要定量技术，也需要定性方面数据的分析方法，该方法在20世纪40年代由英国统计学家罗特健朗教授提出，当时是指应用于研究网络体系理论和健全多目标评价指标，从而区分出各自不同权重决策分析方法。它往往运用不同的权重指标、在目标指数很难得到定量性描述的问题上，该方法不仅要立足于专家组所作出的理论分析判定，还要结合客观实际情况将问题分成不同组成元素，根据元素间的关联关系分层聚合形成多层次的结构模型，利用求解矩阵方向向量，使各个层级间的不同顺序能够得到一个合理的排序，最后得到不同权重组合间的分配关系，从而能为最后的决策提供定量分析。

它为探究复杂问题提供了一种新的、简洁的、实用的方法，自1982年进入我国以来，广泛用于安全科学和环境科学，还可更多用于解决个人遇到的难题。它运用于不同层级的交错评比体系且目标值难以进行定量分析问题中，该方法要依据于一定的相关事实并综合专家与分析者的判断进行评判、判定，将问题分成不同的组成元素，根据元素间的关联关系分层聚合形成多层次的结构模型，利用界定评判矩阵的向量特质，分别计算每层次相对于上层次的元素优先次序表，最后通过汇总的指标计算各个层级的元素，进而对整体目标组合权重进行比较、对比，从而为决策的做出提供矢量定量分析数据。

1）*层次分析法的特点*

层次分析法是基于评价者对问题的理解出发，相对于一般的定量分析而言，不仅要求更为实质性的分析与判断，也更为注重其中的定性分析和相应的职业判断，它能更为快速、有效地处理好在传统方法中难以解决的实际难题。它也能平衡、协调好传统理论方法未能解决好的实际难题。它具有以下特点：

一是简洁实用。层次分析法使得定量与定性分析得到充分的有机结合，使得复杂的问题得以层层剥解，展现人们思维过程，其计算简单明了，容易被决策者理解。

二是系统性。层次分析法采取例如大数据收集、综合比较判断、综合评判分析等手段，把层次中的各个因素对结果的影响层级进行了自由度的量化，并且把整体的研究对象视为一个统一的整体进行相关论述、研究，这使得研究对象更加清晰明确。

2）层次分析法的不足

层次分析法只是从备选方案中进行择优选择，现实情况是人们局限于自身的创造力，虽然从备选方案中选出了最好的方案，但相对于人们已知方案，其效果也不尽人意。

严谨的研究方法，必然离不开大量的数据在进行科学理论的假设基础之上再进行数学论证，但人脑决策不完全依靠数字进行，掺杂了其他的定性分析。层次分析法可以模拟运转人脑的思维过程，使它更加形象地呈现在人们面前，必然加入了人们的定性考虑。

层次分析法随着指标的增加，构造的层次加深以及数据量的增加，其复杂程度也随之增加。通常我们使用1～9标度法衡量指标间的重要性，指标的增加会影响我们对于指标间重要性的判断，使得一次性检验不能通过，使得调整工作困难重重。

层次分析法对于特征值和特征向量的求解较为复杂，如果求解指标过多，层次不断增加，会使运算变得更加复杂。

3）层次分析法的基本步骤

（1）建立层次结构模型。

建立层次结构模型是运用层次分析法的首要环节，这一步的建立必须在对问题和环境充分理解的基础上，需要专家以及决策者之间形成紧密配合的联系才能完成。这需要将决策的相关目标分解、统筹相关因素并且根据决策对象之间的相互关系进行拆分为目标管理层、准则规划层、方案设计层，目标层就是对层次分析所要达到的目标进行管理，准则规划层则一般表示要采取的某种措施、政策等所要实现总目标从而对涉及的中间环节进行规划，而方案设计层表示的是要解决问题应该要采用哪些措施、方案等进行事先设计。

（2）构造判断矩阵。

判断矩阵所代表的含义是指本层的所有因素相较于上一层某个因素哪个因素相对重要性的比较，通过对矩阵的元素aij采用Saaty的1～9标度间的甄别，数字代表含义见表4.1：

表 4.1　　判断矩阵标度含义

标度	含义
1	表示两个因素相比，具有同样的重要性
3	表示两个因素相比，一个因素比另一个因素稍微重要
5	表示两个因素相比，一个因素比另一个因素明显重要
7	表示两个因素相比，一个因素比另一个因素强烈重要
9	表示两个因素相比，一个因素比另一个因素极端重要
2，4，6，8	上述两相邻判断的中值
倒数	因素 i 与 j 比较的判断 aij，则因素 j 与 i 比较的判断 aji = 1/aij

（3）层次单排序及其一致性检验。

具体步骤如下：

①计算一致性指标 CI：

$CI=\frac{\lambda_{\max}-n}{n-1}$，若 $CI=0$，有完全的一致性；CI 接近于0，有满意的一致性；CI 越大，不一致越严重。

②为衡量 CI 大小，引入随机一致性指标 RI。Saaty 的结果见表 4.2。

表 4.2　　随机一致性指标 ***RI*** 后 Saaty 的结果

n	1	2	3	4	5	6	7	8	9	10	11
RI	0	0	0.58	0.9	1.12	1.24	1.32	1.41	1.45	1.49	1.51

③计算一致性比例 CR：

$$CR=\frac{CI}{RI}$$

④判断：当 $CR<0.1$ 时，认为判断矩阵的一致性是可以接受的，否则应对判断矩阵做适当修正。

4. 矿产资源开发生态补偿指标优先序确定

1）指标体系构建

江西省矿产开发环境生态补偿指标见表 4.3：

表 4.3　　江西省矿产开发环境生态补偿指标

决策目标	中间层要素	备选方案
江西省矿产资源开发生态补偿 A	环境破坏补偿 B1	占用耕地补偿 C1
		占用林地补偿 C2
		占用草地补偿 C3
		占用其他用地补偿 C4
		矿山修复治理补偿 C5
	环境污染补偿 B2	废气污染补偿 C6
		废水污染补偿 C7
		固体废物污染补偿 C8
		噪声污染补偿 C9
	其他污染损害补偿 B3	农林畜牧渔生产损失补偿 C10
		居民健康补偿 C11
		矿区居民发展机会补偿 C12
		地质灾害补偿 C13

2）结果测算

先以某位专家的意见为例构造判断矩阵，然后在对各位专家意见求平均数获得最后的结果，其结果如下：

$$A=\begin{bmatrix} A & B1 & B2 & B3 \\ B1 & 1 & 2 & 5 \\ B2 & 0.5 & 1 & 6 \\ B3 & 0.2 & 0.17 & 1 \end{bmatrix}$$

$$B1=\begin{bmatrix} B1 & C1 & C2 & C3 & C4 & C5 \\ C1 & 1 & 1 & 3 & 7 & 0.5 \\ C2 & 1 & 1 & 5 & 6 & 0.25 \\ C3 & 0.33 & 0.2 & 1 & 4 & 0.2 \\ C4 & 0.14 & 0.17 & 0.25 & 1 & 0.17 \\ C5 & 2 & 4 & 5 & 6 & 1 \end{bmatrix}$$

$$B2=\begin{bmatrix} B2 & C6 & C7 & C8 & C9 \\ C6 & 1 & 0.17 & 0.17 & 5 \\ C7 & 6 & 1 & 0.5 & 8 \\ C8 & 6 & 2 & 1 & 9 \\ C9 & 0.2 & 0.13 & 0.11 & 1 \end{bmatrix}$$

$$B3=\begin{bmatrix} B3 & C10 & C11 & C12 & C13 \\ C10 & 1 & 0.5 & 3 & 0.25 \\ C11 & 2 & 1 & 5 & 0.5 \\ C12 & 0.33 & 0.2 & 1 & 0.2 \\ C13 & 4 & 2 & 5 & 1 \end{bmatrix}$$

3）数据检验

利用 AHP7.0 软件对数据模型进行检验与模拟，具体结果如表 4.4～表 4.8 所示：

表 4.4　A－Bi 的判断矩阵

A	B1	B2	B3	Wi	位次
B1	1	2	5	0.5498	1
B2	0.5	1	6	0.3681	2
B3	0.2	0.17	1	0.0821	3
λmax＝3.0858C.R＝0.0825					

表 4.5　B1－Ci 的判断矩阵

B1	C1	C2	C3	C4	C5	Wi	位次
C1	1	1	3	7	0.5	0.2321	2
C2	1	1	5	6	0.25	0.2170	3
C3	0.33	0.2	1	4	0.2	0.0806	4
C4	0.14	0.17	0.25	1	0.17	0.0364	5
C5	2	4	5	6	1	0.4339	1
λmax＝5.3542C.R＝0.0791							

表 4.6　　B2 – Ci 的判断矩阵

B2	C6	C7	C8	C9	Wi	位次
C6	1	0. 17	0. 17	5	0. 0973	3
C7	6	1	0. 5	8	0. 3526	2
C8	6	2	1	9	0. 5135	1
C9	0. 2	0. 13	0. 11	1	0. 0366	4
λmax = 4. 2563C. R = 0. 0960						

表 4.7　　B3 – Ci 的判断矩阵

B3	C10	C11	C12	C13	Wi	位次
C10	1	0. 5	3	0. 25	0. 1525	3
C11	2	1	5	0. 5	0. 2913	2
C12	0. 33	0. 2	1	0. 2	0. 0662	4
C13	4	2	5	1	0. 4900	1
λmax = 4. 0807C. R = 0. 0302						

表 4.8　　多位专家权重平均值

决策目标	中间层要素	Wbi	备选方案	Wci
A	B1	0. 4233	C1	0. 0969
			C2	0. 1032
			C3	0. 0781
			C4	0. 0612
			C5	0. 0839
	B2	0. 3325	C6	0. 0786
			C7	0. 0678
			C8	0. 0951
			C9	0. 0910
	B3	0. 2442	C10	0. 0232
			C11	0. 0461
			C12	0. 0669
			C13	0. 1080

4）补偿优先顺序结论

因此，对于决策A（江西省矿产资源开发生态补偿标准）而言，中间要素层的重要性顺序依次为环境破坏补偿B1、环境污染补偿B2、其他污染损害补偿B3；备选方案的重要性顺序依次为地质灾害补偿C13、占用林地补偿C2、占用耕地补偿C1、固体废物污染补偿C8、噪声污染补偿C9、矿山修复治理补偿C5、废气污染补偿C6、占用草地补偿C3、废水污染补偿C7、矿区居民发展机会补偿C12、占用其他用地补偿C4、居民健康补偿C11、农林畜牧渔生产损失补偿C10。

五、生态补偿费用标准模型构建

关于生态补偿标准的研究，大多数学者一般从定量、定性、定量和定性角度进行论述，采用的研究方法相对更加多样化。确定的江西省生态补偿标准模型以矿产资源开发造成的损失为基础，通过市场价值法和机会成本法对其进行衡量。结合前文可知：江西省矿产资源开发地质环境生态补偿A = 环境破坏补偿B1 + 环境污染补偿B2 + 其他污染损害补偿B3。

1. 环境破坏补偿

环境破坏补偿包括矿山开发造成的土地直接损失、间接损失及修复治理基金、环境破坏补偿：

$$B_1 = \sum_{i=1}^{n} E_D L_i + \sum_{i=1}^{n} E_i L_i + F \quad (4.1)$$

其中，$i=1$，2，3，4，分别代表耕地、林地、草地和其他用地；$E_D L_i$：代表第i种资源直接损失；$E_i L_i$：代表第i种资源间接损失；F：代表恢复治理基金。

1）环境破坏直接损失

$$\sum_{i=1}^{n} E_D L_i = E_D L_G + E_D L_L + E_D L_C + E_D L_N \quad (4.2)$$

其中，$E_D L_G$：代表耕地破坏直接损失；$E_D L_L$：代表林地破坏直接损失；

E_DL_C：代表草地破坏直接损失；E_DL_N：代表其他用地直接损失；$E_DL_i = S_i \times P_i \times n$：$S_i$ 代表第 i 种资源的面积，P_i 代表第 i 种资源的年产值，n 代表第 i 种资源的占用年数。

2）环境破坏间接损失

$$\sum_{i=1}^{n} E_iL_G = E_iL_G + E_iL_L + E_iL_c + E_iL_N \tag{4.3}$$

其中，E_iL_G 代表耕地破坏间接损失；E_iL_L 代表林地破坏间接损失；E_iL_c 代表草地破坏间接损失；E_iL_N 代表其他用地间接损失；$E_iL_i = S_i \times V_i \times n$：$S_i$ 代表第 i 种资源的面积，V_i 代表第 i 种资源单位面积的生态功能价值，n 代表第 i 种资源的占用年数。

$$\text{第 } i \text{ 种资源单位面积的年产值} = \text{全省第 } i \text{ 种资源的年产值} / \text{全省第 } i \text{ 种资源的面积} \tag{4.4}$$

其中，第 i 种资源的单位面积生态价值功能参照中国生态系统单位面积生态服务价值表①。

3）恢复治理基金

根据2018年下发的《财政部　国土资源部　环境保护部关于取消矿山地质环境治理恢复保证金建立矿山地质环境治理恢复基金的指导意见》执行。

2. 环境污染补偿

环境保护税税目税额表如表4.9所示：

表4.9　环境保护税税目税额表

税目	计税单位	税额	备注
大气污染物	每污染当量	1.2~12元	
水污染物	每污染当量	1.4~14元	

① 谢高地，张彩霞，张昌顺，肖玉，鲁春霞．中国生态系统服务的价值［J］．资源科学，2015，37（9）：1740-1746.

续表

税目		计税单位	税额	备注
固体废物	煤矸石	每吨	5 元	
	尾矿	每吨	15 元	
	危险废物	每吨	1000 元	
	冶炼渣、粉煤灰等	每吨	25 元	
噪声	工业噪声	超标 1 ~ 3 分贝 超标 4 ~ 6 分贝 超标 7 ~ 9 分贝 超标 10 ~ 12 分贝 超标 13 ~ 15 分贝 超标 16 分贝以上	每月 350 元 每月 700 元 每月 1400 元 每月 2800 元 每月 5600 元 每月 11200 元	(1) 昼、夜均超标的环境噪声，昼、夜分别计算应纳税额，累计计征 (2) 声源一个月内超标不足 15 天的，减半计算应纳税额 (3) 一个单位边界上有多处噪声超标，根据最高一处超标声级计算应纳税额；当沿边界长度超过 100 米有两处以上噪声超标，按照两个单位计算应纳税额

资料来源：2018 年注册会计师全国统一考试辅导教材。

应税大气污染物应纳税额的计算：

应税大气污染当量数 = 该污染物的排放量 ÷ 该污染物的污染当量值 (4.5)

应税大气污染物的应纳税额 (C6) = 污染当量数 × 适用税额 (4.6)

每一排放口或者没有排放口的应税大气污染物，按照污染当量数从大到小排序，对前三项污染物征收环境保护税。

应税水污染物[①]应纳税额的计算：

水污染物的污染当量数 = 该污染物的排放量 ÷ 该污染物的污染当量值 (4.7)

应税水污染物的应纳税额 (C7) = 污染当量数 × 适用税额 (4.8)

① 每一排放口的应税水污染物，按照《环境保护税法》所附《应税污染物和当量值表》，区分第一类水污染物和其他类水污染物，按照污染当量数从大到小排序，对第一类水污染物按照前五项征收环境保护税，对其他类水污染物按照前三项征收环境保护税。

1）应税固体废物应纳税额的计算

应税固体废物的应纳税额（C8）=（当期固体废物的产生量－当期固体废物的综合利用量－当期固体废物的贮存量－当期固体废物的处置量）×适用税额 （4.9）

2）应税噪声应纳税额的计算

应税噪声的应纳税额为超过国家规定标准的分贝数对应的具体适用税额。

3. 其他污染损害补偿

1）居民健康补偿

$$C_{11} = [P_P \sum_{i=1}^{n} S_i(R_{pi} - R_{ci}) + \sum_{i=1}^{n} Y_i(R_{pi} - R_{ci}) + P_P \sum_{i=1}^{n} H_i(R_{pi} - R_{ci}) + P_P \sum_{i=1}^{n} W_i L_{oi}] \times M \tag{4.10}$$

其中，P_P 代表人力资本价值，元/(年·人)；S_i 代表第 i 种疾病患者人均丧失的劳动时间，(年)；R_{pi}代表矿区影响范围内第 i 种疾病发病率；R_{ci}代表清洁区第 i 种疾病发病率；Y_i 第 i 种疾病患者平均医疗费用，元/人；H_i 代表第 i 种疾病患者陪床人员平均误工，(年)；W_i 代表第 i 种疾病患者死亡工作年损失，(年)；L_{oi}代表污染区与清洁区第 i 种疾病的死亡率差异；M 代表污染区的人口总数。

2）农林畜牧渔生产损失补偿

$$C_{10} = \sum_{i=1}^{n} P_i S_i (Q_{ci} - Q_{wi})(1 - R_{zi}) \tag{4.11}$$

其中，P_i 代表 i 产业的单位产值价值，单位（元/kg）；S_i 代表第 i 产业受到污染的面积，单位（亩）；Q_{ci}代表污染前的单位产量，单位（kg/亩）；Q_{wi}代表污染后的单位产量，单位（kg/亩）；R_{zi}代表质量下降百分比。

3）矿区居民发展机会补偿

影响居民发展机会的因子较多，为了使其量化，我们通过比较污染区与非污染区的收入差异进行衡量。

$$C_{12} = \sum_{i=1}^{n} (S_{ci} - S_{wi}) H_i T_i \tag{4.12}$$

其中，S_{ci}代表全省平均年收入，S_{wi}代表污染区的平均收入，单位元/（年·人）；H_i为i矿区及周围具有劳动力的居民人数，单位（人）；T_i代表i矿区的生产年限，单位（年）。

4）地质灾害损失补偿

参照江西省的相关物品的市价进行计量。

第五章

国内外矿产资源开发生态补偿的实践经验及启示

一、国内经验

最近几年，中国在不断地对生态补偿进行相关研究和探索。但是，与大部分西方国家相比，中国的大部分地区研究矿产资源生态补偿才刚起步，很不成熟。因为在国家层面缺少一系列针对生态补偿的法律体系问题的解决对策，所以，分布于《水法》《水土保持法》《水污染防治法》《土地管理法》等这些法律法规中的相关矿产资源补偿规定非常零散，没有完整地罗列出来。一直发展到党的十八大时期，十八大报告中才出现了详细的生态文明建设内容，依据土地利用规划、重环境影响评价、“三同时”、征收排污费、排污申报登记、许可证、限制管理整治等所制定的具体的法律体系才得到初步确立。近五年来，我国陆陆续续地制定了许多与矿产资源开发生态补偿相关联的法律制度，并且积极开展实践，有效地探索并实施了多个系统，如环境恢复保证金制度和矿山环境治理备用金制度。该系统促进了生态补偿工作的实施，使矿区生态环境得到了一定程度的控制和恢复。

1. 开征生态补偿费实践

国内一直到20世纪80年代才正式开始实行生态补偿工作。各个地区关于补偿实践的重心都主要放在矿产资源开采引发的环境问题，以及森林植被的保护上。在1983年，云南环保局进行了大胆的试点工作，针对昆明的磷矿，云南环保局基于磷矿的价格以每吨0.3元征收生态补偿费，这样的生态补偿费的征收非常大程度能够对矿业开采造成的环境污染与破坏情况进行改善，当时矿区的恢复与治理工作取得了很好的效果。矿产资源作为一种不可再生的资源，它的过度开采必将会损耗物质资源，导致其越来越紧缺，最终子孙后代也会陆续地减少使用此类资源。所以必须做出措施给予补偿，这样也就引入了生态补偿费。目前我国矿产资源在管理上和开发上存在两大弊端，许多地区都经历过矿产资源过度损耗，如西北的过度开发现象。而越来越多的老矿区或以矿产开发为主的工业区长期以来一直面临着资源枯竭，我们需要解决一些社会问题，如经济转型。通过开征生态补偿费的方式，既可以对污染物的产生者起到制约作用，也能够相对惩罚生态环境的破坏者。并且，污染物的受害者也可以因此获取经济上的补偿，通过生态补偿的方式对污染物的产生者增加负担，迫使他们对生态环境提前进行修复和治理，这种生态补偿费在某种程度上说，也形成了社会性质的补偿。

1）我国矿产开发生态环境补偿试点概述

20 世纪的 80 年代左右，我国矿区生态环境修复的损伤开始有了正式的补偿措施。紧接着在 1983 年，云南省从起步阶段到修复阶段，开始了一系列的生态补偿费征收试点工作。大概在 2006 年，我国的矿区生态环境的补偿制度基本得到了确定。在那个时候，主要是面对当时昆阳磷矿中矿石的情况，按每吨 0.2 元的标准来征收生态补偿费，征收的资金全部用来治理矿区后期要进行的植被恢复和其他生态工作。随着个别成功试点的经验，云南省昆明市也紧接着积极开展很多活动，针对当时破坏严重的矿区生态环境，也开始进行重组，明确提出了需要上缴的矿石开采成本为每吨 0.3 元，而这些上缴的开采费用将全部都用来治理修复该矿区的生态环境。这样的措施在当时取得了很不错的效果，同样给大面积矿区土地带来了复耕、“退矿还林”的全新面貌。

在我国，资源枯竭型的城市中具有一定代表性的是云南省的个旧市和东川区，虽然我国已经引入了生态补偿的理念，但是对于生态补偿的要求和发达国家还是存在很大差距。接着，根据国家有关政策和法规的指导，云南省正式颁布实行了《矿山生态环境保护》这一适用于当地的法规，通过了以下几种主要的存在税目，其中包括资源补偿费、矿产资源税等。与此同时，再以省、地、县按适当的比例进行调整分配，设立矿资源保护及管理专项费。个旧市实行了现在关键领域的管理制度，重点行业继续推进重点业务综合污染防治和重金属的控制等关键领域，建立一个长期有效的生态补偿机制。依据“谁开发、谁保护，谁破坏、谁恢复，谁受益、谁补偿，谁污染、谁付费”的方针，环境和自然资源的开发利用者要担当着生态环境的恢复责任，同时也面临着因为要治理一系列由于采矿带来的环境污染所带来的问题。此后，我国环保部门对生态补偿费持肯定的态度，于20世纪80年代末扩大试点范围，试点工作在广西、江苏、福建等这几个地方开始展开。到了20世纪的90年代中期，此时的生态补偿试点工作也到了一个重点的阶段，主要试点工作在广西、福建、江苏等14个省开始实行，其中主要分布在145个县市里。到1989年，江苏省人民政府制定并且还实施了《江苏省集体矿山企业和个体采矿收费试行办法》，这种方法主要就是，让集体和个体矿山开采都应该开始着手收取矿产资源费以及环境整治基金。矿产资源费根据矿产种类，按其矿石销售收入（不包括深加工，以下同）分别不同比例征收：煤炭矿产收2%～3.5%，金属矿产收2.5%～4%，非金属矿产收3%～4.5%。开采矿山的环境整治基金根据谁开采、谁治理的原则，区别治理程度的难易，按照矿石销售收入的2%～4%征收。具体收费办法由市、县矿管部门或财政部门统一征收，也可以由市、县各主管部门分别征收。[①] 自1990年开始，福建省对煤矿征收生态环境保护费，按标准价每吨煤0.5元。1992年，由广西壮族自治区政府发布了《广西壮族自治区集体矿山企业和个体采矿、选矿环境管理办法》，对采选矿产和煤炭行业征收排污费（其实质为生态补偿费），标准按照销售收入占比的5%～7%。1993年初，内蒙古、包头和晋陕蒙周边等17个地方，生态环境补偿费也进行了相关试点。例如试点的神华集团将对每吨煤收取0.45元的环境保护费。在1997年的年初，陕西省也颁布了《陕西榆林、铜川地区征收生态环境补偿费管理办法》，对该地区内从事了资源开发，在全省使用矿产品进行进一步的处理加工及生产，以及能源运输的一些单位和个人收取生态补偿费用，不管是企业还是个人，都必须要按月来上缴生

① 江苏省集体矿山企业和个体采矿收费试行办法．法律快车，2020-09-03. https://law.lawtime.cn/d523985529079.html.

态环境补偿费。在1999年，贵州省出台了强制规定，就是在每吨煤炭价格中收取5元作为资金，来用于植被的恢复。

紧接着到了20世纪90年代以后，在陕西、山西、广西等省区这些矿产较为丰富的地区中，当地政府已经开始学习用行政手段，制定了一系列的生态补偿措施。到了21世纪后，国务院统一地方治理，废除地方政府的相关立法权力，通过生态补偿办法来解决之前生态补偿中仍然出现的挖掘乱收费的现象。大约在2006年，国务院通过回顾过去30多年我国矿产资源生态环境立法试点各个地方的施行情况，总结了经验，同时对矿产资源生态环境治理当中存在的问题进行了列举分析。最终，通过《环境保护法》的出台和后期完善，将生态环境保护费与我国矿产资源生态环境相结合纳入到了《环境保护法》当中进行规制。2010年，随着试点生态补偿制度的矿产资源工作的进行，矿产生态资源补偿制度在国内终于有效地实践和发展，并且朝着成为《环境保护法》中基本制度的方向发展。

2）我国矿产开发生态环境补偿试点经验

20世纪80年代初期，我国开始对矿产资源开发引起的环境污染等问题提高了重视，在当时的大社会环境背景下，陆陆续续形成一系列的相关法律政策和制度，从而将法律法规贯彻落实于整个矿产资源中，分为三个环节，即开发前、开发中和开发后。

（1）开发前的生态环境影响评价制度。

1979年，在《环境保护法（试行）》中的环境影响评价制度规定了“在现行环境保护法及其他环境保护单行法规对该制度作进一步规定”，如《基本建设项目环境保护管理办法》《水污染防治法》《大气污染防治法》等。1998年，在建设项目环境影响评价制度里作出规定，其中主要的一条是在以《建设项目环境保护条例》为主的多个法规之中，基于对自己的财富管理方面，管理办法和其他类别有更详细的规定。其中对建设项目环评扩大到规划环评是出现在2002年发布的《环境影响评价法》中。并且大约在2009年，在《规划环境影响评价条例》中，完善了之前对环境影响评价制度中的评价不足的地方，以法规这种更加具备权威性的方式，从根本上来提高保护环境的起点。这个条例可以在未来从各项规划环评工作的根源上，对环境污染和生态破坏的发生有一定的预防效果，同时加以审查制度，看重的就是根源的预防和公众的参与。

（2）开发中的矿产资源补偿相关税费制度。

一是关于资源税、矿产资源税。1984 年，我国开始有资源税，然后在 1993 年，国务院纳入行政法规并颁布两条条例，分别是《中华人民共和国资源税暂行条例》和《中华人民共和国资源税暂行条例实施细则》，这两个细则明确了一个原则，那就是“普遍征收，级差调节”。目前，中国推出资源税改革，由从量征收改为从价征收，税额随者矿产品的销售价格而变化。资源税征收的主要目的是可以促进资源节约，那么就可以利用市场调节机制的方式，更好地指导矿产资源生产者的挖掘工作。

1996 年我国首次修改了《矿产资源法》，其中明确规定了采矿者的一项基本义务就是交纳资源税。而矿产资源税的课税对象是自然资源，调整税收级差收入资源的目的，体现了国有资产的特性，也就是它的有偿使用性。2011 年再次修订了前文中提到的两个法规，完善了资源税征收范围，并对税率有所提高。因为矿产资源的开采成本增加了，采矿企业就要为保护矿区生态环境支付更高的代价。基于此情况采矿企业唯有提高矿产资源的开发利用率，才能更好地开展矿区生态环境恢复治理。2014 年 10 月，中央财政部与国家税务总局在共同发布的《关于调整原油、天然气资源税有关政策的通知》中对资源税这一税种做了改革，又一次把资源补偿费费率降为零并实施了多项减免。除此之外，还停征了煤炭、原油、天然气价格调节基金。2014 年底，财政部、国税总局联合发布《关于实施煤炭资源税改革的通知》，决定在 12 月起在全国范围内实施煤炭资源税从价计征改革，税率幅度为 2 ~ 10 个百分点。从 12 月起，对煤炭、原油、天然气价格调节基金不再征收并要求全国各地对上述三项矿产资源的收费基金全面清理。

二是关于探（采）矿权使用费、探（采）矿权价款。探（采）矿权使用费的相关制度规定在 1996 年进行了部分的修改，即《中华人民共和国矿产资源法》，在 1998 年，矿产资源、采矿登记和其他活动转移开始进入法律管理的体系，并反映在许多的有关规定中。探矿权、采矿权使用费和许可费是探矿权或采矿权将要承担相应的权利获得矿产资源的所有权后，支付费用的义务。我国矿产资源要探索（即勘探），必须首先获得勘探许可证，以及缴纳探矿权使用费后，才能在许可证规定的有效期内且在指定区块范围内开展探矿作业。这个成本是按照探矿的使用年限与区块面积进行确定。探（采）矿权价款都是国家为了取回前期付出的勘探投资成本而收取的，是国家将探矿权出让给探矿权人时按规定向探（采）矿权人收取的价款，而出让的探（采）矿权必须是国家自己已经出资勘查形成的探矿权，可见，这两种价款是对价交易。探（采）矿权人应当缴纳探（采）矿权价款数额是依国土资源管理部门会同国有资产管理部门认定的评估机构进行评估予以确定，既可以一次性缴纳，也可分期缴纳。并且，探矿权价款在两年之内必须交清，采矿权价款的最长期限为六年，是不可以超过这个规定时间的。

（3）开发后的土地复垦制度。

我们最早开始进行国家土地复垦工作的时间得追溯到20世纪50年代了，那时候，该项工作都还没有进入到法律规章制度中来，并没有进行规范。土地复垦相关制度体系是在1982年的《国家建设征用条例》中开始的。随后，我国的《矿产资源法》《土地管理法》和《环境保护法》中都出现了关于土地复垦的内容。在1987年，中国的土地复垦研究会正式成立了，该研究会成立是为了更好地完善对土地复垦涉及的相关科学技术课题进行的专业讨论。1988年，国务院颁布了《土地复垦规定》，随后在1995年颁布《土地复垦技术标准（试行）》。1996年施行了《煤炭法》，该法首次明确指出因煤矿开采而造成土地损毁后，相关责任人需要对其复垦。2006年和2008年国土资源部的《关于加强生产建设项目土地复垦管理工作的通知》规定了复垦的落实、资金投入和用途及复垦监督力度等主要内容，2008年铁道部发布的《关于进一步加强铁路建设项目临时用地复垦工作的通知》对铁路建设用地的复垦工作做了规定，这样一来，关于复垦制度的规定在我国就更加的深入了。在2011年废除的《土地复垦规定》是最近一次有关土地复垦制度的发展，《土地复垦条例》的实施也标志着矿区土地复垦制度法制化的工作从此走进了一个全新的阶段。

2. 矿山环境治理备用金制度

1）矿山环境治理备用金制度的发展过程

在中国，矿山环境恢复治理保证金制度的实施时间比较晚，而最先确立的省份是浙江，它在1998年确立了矿山生态环境治理备用金制度。2000年，矿山环境恢复治理保证金制度在国土资源部的工作会议中被首次提出建立。随后国务院发布《国务院关于全面整顿和规范矿产资源开发秩序的通知》，其中明确规定了要积极推进矿山生态环境恢复保证金制度的建立。随后，新疆、内蒙古、山西、青海、贵州等地根据文件精神，也相继建立了矿山地质环境恢复治理保证金制度。这些省具体的做法是：保证金征收的数额一般不低于生态环境恢复治理的费用，根据矿区面积、开采方式以及对矿山生态环境影响的程度等因素确定，各个地方虽然计算方式是不完全相同的，但是在大方向上保持了一致。保证金由国土资源行政主管部门分级负责收取，纳入同级财政专户，实行专户存储专款专用。各级财政和审计部门对保证金的收取、返还和管理进行检查和监督。2002年江苏省印发《江苏省矿山环境恢复治理保证金收缴及使用管理暂行办法》，对露天开采石材石料及其他矿产资源的企业实施矿山环境恢复治理保证金制度。缴纳方式依据采矿许可证有效期的分类，分为一次性和分期两种缴纳方式。国土资源行政主管部门分级负责收取的保证金直接纳入财政专户，对于闭坑前验收合格的企业，在矿山环境治理过程中逐步返还保证金。不然的话，保证金及利息不予返还，再由矿区所在地国土资源行政主管部门统一组织使用，统一进行环境修复治理。治理费用超过保证金的部分应由采矿企业继续承担。2003年，国务院发布的《中国的矿产资源政策》白皮书倡议，要建立以政府引导、市场运作的矿山环境恢复治理和土地复垦履约保证金制度。此后，各级政府不断扩增对老旧无主矿山的整治和修复工作的投入，并积极倡导社会资本的参与，通过示范项目的建设逐步引导矿山企业和社会第三方加入。2005年，《国务院关于全面整顿和规范矿产资源开发秩序的通知》明确了“新账”的整治和修复要按照“谁破坏、谁恢复”的原则坚决贯彻落实保证金制度，而“旧账”的整治和修复则按照“谁投资、谁受益”的原则，积极促成社会资本对矿山环境保护的投入，加快矿山环境恢复治理的进程。2006年发布的《关于逐步建立矿山环境治理和生态恢复责任机制的指导意见》规定，按照基本恢复矿山环境和修复矿山生态系统功能的原则，根据矿山服役年限以及矿山环境恢复治理实际所需经费等情况，由矿山企业按年份从矿产品销售收入中计提矿山环境恢复治理保证金；各地按照“企业所有、政府监管、专款专用”的要求，在企业所在地财政部门指定的银行开设保证金账户，并按规定使用资金；关于保证金的监管，则由地方财政部门会同国土资源、环境保护行政主管部门一起负责。

在2009年施行了《矿山地质环境保护规定》，规定里进一步规定了，采矿权人需要按照大于等于矿山地质环境恢复治理所需费用的标准，交纳矿山地质环境治理恢复保证金，保证金的所有权归企业，政府只对专门的保证金账户进行监管，保证金仅能用于矿山环境的整治和修复这一初衷，除此之外不得动用该笔资金。而在2009年的2月，国土资源部发布了《矿山地质环境保护规定》，其中的第18条明确指出“采矿权人应当依照国家有关规定，缴存矿山地质环境治理恢复保证金，矿山地质环境治理恢复保证金的缴存标准和缴存办法，按照省、自治区、直辖市的规定执行。矿山地质环境治理恢复保证金的缴存数额，不得低于矿山地质环境治理恢复所需费用”。该规定指明了采矿权人具有必须缴纳保证金的义务，并且划定了保证金的最低限额，为各地的实践提供了示范作用。此制度的实施将能有效保证被破坏的地质环境得到及时治理恢复，可以补偿矿区生态功能的减损。目前我国各省都在探索建立和实施保证金制度，但是对保证金制度依旧缺乏法律依据，在实施和管理过程中存在一定的困难。在缴存标准制定方面，多数省份的缴存标准制定采用了采矿许可证登记面积、矿山规模等因素，但是事实上采矿许可证登记面积并不一定就会是矿山的扰动面积，不等于实际矿山对环境的破坏面积，对于地下开采的矿山实际对地表的破坏面积要小于采矿许可证登记面积这一行为还应区别管理；而对于露天开采的矿山对环境的破坏面积还要加上砂石厂、生活办公区尾矿库等面积，实际破坏面积要大于采矿许可证登记面积。

2）*矿山环境治理备用金制度的概述及问题*

通过试点实施了备用金制度，现在我国各省份都已实行保证金制度，但还不存在一个统一的标准，大致归纳起来可以分成两个类别：其中一类是按面积核算。面积核算法中包括一般面积法、分矿种面积法；另一类是产量核算法，包括价值法、基价法。其中缴存标准的主要影响因素有：矿区面积、采场数、有效年限、矿山规模、采石量、开采方式、地表坑道口数、基价、分层采矿法、坑采法、充填法、崩落法、高边坡采矿法、空场法（允许地表塌落、不允许地表塌落）等16种。

与此同时，全面铺开保证金制度也是出现了层出不穷的问题，其实保证金制度依旧是缺乏法律支持，缺少了保障，其中最为突出的要属对矿山的制约力这一现象。在对湖南省、山东省、河北省等地的调研结果中发现，国土资源管理部门在保证金制度的执行上面临相对较大的难点。目前，尽管国家一直在提倡建立这项制度，但是却还是没有形成明确的法律文件。因此，管理部门只能按照当地的政府规定，对矿山企业进行一个大致的管理，对于不交存保证金的矿山企业政府只能在采矿许可证面临换证时，依靠许可证进行管制，不交保证金不给发证。但这样会很容易导致另外一种现象发生，也就是不发证时有些小矿山会开始进行非法无证开采，由于非法无证开采从而更容易引发安全事故。这样一来，一旦这种事情发生，就意味着如果矿山在开采的过程中发生了事故，国土资源相关部门的责任是更大的。

3. 我国矿山环境恢复治理的资金管理

1）探索多渠道筹集资金

浙江省在生态补偿机制方面的探索一直走在全国前列，它是我国首个在省级层面探索生态补偿的地区，它主要通过经济手段推动生态补偿机制的完善。

21世纪初期浙江省开始探索生态补偿机制，并在2005年出台了生态补偿办法，使其成为我国生态补偿制度的引领者，浙江省之所以能取得如此巨大的成就，主要依赖于各个地方积极大胆的广泛实践，它是浙江可以建立生态补偿制度的坚固基础。自浙江省2005年推出《关于进一步完善生态补偿机制的若干意见》以来，浙江省省级转移支付继续加强金融层面的管理，充分发挥省级财政的激励引导作用。浙江省的生态建设主要着眼于两方面：一是对森林生态建设的高度重视，省级财政在森林生态建设上大力投入，补偿资金从每亩3元提高到每亩8元；二是加大对重点生态功能区的投入，为了有效推动重点生态功能区建设，浙江省建立了试点专项基金，通过政策来推动建设生态功能区，例如财政奖励机制与区域排放总量相衔接、生态补偿机制与水质和森林覆盖率挂钩等。另外，从20世纪80

年代开始，大规模的生态建设工程已经在国内兴起，其中包括防护林体系建设、水土流失治理、退牧还草、退耕还林还草、荒漠化防治、天然林保护、“三江源”生态保护等一系列生态工程。这些工程其实都是为了完善生态补偿，期间资金投入巨大，高达数千亿。2000～2003 年，这三年中央政府用于西部基本建设的国债资金达到 2200 亿元，占到同期国债发行总量的 37%；中央财政转移支付额从 2000 年的 53 亿元，迅速增加到 2003 年的 170 亿元，4 年更是高达 450 亿元。在中央的基本建设基金中，用于西部的资金从 2000 年的 170 亿元，增加到 2003 年的 240 亿元。2000～2003 年，中央用于西部扶贫资金是 175 亿元。① 从区域补偿的角度来看，尽管这些财政转移支付和发展援助政策是忽略了生态补偿的因素，其中只有很少一些是用在生态建设和保护方面的，但是其中对西部地区因保护生态环境而牺牲的发展机会成本，或承受历史遗留的生态环境问题的成本变相带来了一定的补偿。退耕还林和天然林保护等六大生态工程也是对长期破坏造成生态系统退化的补偿。

为了可以让生态补偿的机制能够进行正常的运转，德清县通过提高资源性收费建立了生态补偿基金制度，也是根据方便管理的原则，德清县创建了生态补偿基金财政专户，实行专款专用；利用政府财政资金的转移支付，加上资源性收费比例的提升，德清县在环保基础设施建设、生态公益林建设、外迁企业补偿等项目上取得了巨大的成功。不仅仅是这样，若生态补偿仅仅依靠政府力量必然显得势单力薄，很可能达不到满意的效果。浙江省不仅最大力度地发挥财政转移支付的力度，还积极探索全社会参与生态补偿的模式，调动金融资本和社会资本的参与热情，据统计，截止到 2014 年 7 月份，浙江收到相关捐款达 17 亿元人民币。由此可见，建立以利益相关者为基础的生态补偿机制，拓宽生态补偿资金渠道是保证生态补偿机制运行的重要源泉。

这些年来，全国各地各级政府，以及各部门都在进行积极的探索，去创建矿山环境整治和修复的投融资模式，虽然目前我国还没有成立可以针对矿山环境恢复治理的基金会，但是有资产是专门用于矿山环境整治和修

① 我国西部开发资金渠道的现状与局限．新浪财经－中国经济时报，2005－08－15. https：//finance. sina. com. cn/roll/20050815/0913264476. shtml.

复的，并且还拥有独立的运作机制，例如矿山环境恢复治理保证金、矿山地质环境恢复治理专项资金。由于历史原因和现行体制的制约，我国现有的法律依旧缺乏对矿山环境恢复治理资金管理系统性的规定，矿山环境恢复治理基金制度存在立法空当期、基金运作模式单一、资金来源太窄、使用范围小以及缺乏对资金运作的监管等问题，阻碍了我国矿山环境整治和修复工作的推进。

2）*矿山地质环境恢复治理的专项资金管理*

我们在开展生态补偿实践工作时可以概括为以下几个方面，首先是基于国家政策的执行，这是以中央推动相关部委的形式来进行生态补偿的；其次是地方将探索自主性的做法；最后是在最近的几年，国际初步开始在生态补偿市场进行交易。总体而言，目前的实践工作主要集中在森林和自然保护区，矿产资源开发和流域生态补偿这些方面。

森林与自然保护区的生态补偿工作是起步较早的，国家在这上面也就投入相对较多，由此可知取得的成效也会随之明显。除了森林生态效益补偿基金制度之外，天然林保护、退耕还林等六大生态工程也是对长期破坏造成生态系统退化的补偿机制。2001～2004 年是森林生态效益补助资金的试点阶段；试点工作结束后于 2004 年正式建立中央森林生态效益补偿基金，并由财政部和国家林业局出台了《中央森林生态效益补偿基金管理办法》。中央森林生态效益补偿基金的建立，其实是代表着我国森林生态效益补偿基金制度从实质上开始建立了起来。2010 年，财政部、国土资源部发布了《关于将矿产资源专项收入统筹安排使用的通知》，明确提出将中央分成和地方分成（收取）的矿产资源专项收入统筹用于矿山地质环境恢复治理。在 2013 年 3 月 27 日，财政部、国土资源部发布了《矿山地质环境恢复治理专项资金管理办法》，规范了对中央财政安排的用于矿山地质环境恢复治理专项资金的使用，并且还明确了该专项资金主要用于国有矿山在计划经济时期形成的或责任人已经消失的，应由矿山开采活动造成矿山地质环境破坏的相关人员及部门进行恢复和治理。随后，各地政府相继出台了一些规范性文件，例如：2014 年 6 月 5 日，河北省国土资源厅印发《河北省绿色矿山建设工作实施意见》，为推动绿色矿山建设，河北省加大了对绿色矿山的财政专项资金的支持力度，明确提出从地方分成的矿产资源专项收入中安排资金，并明确了大、中、小型不同矿山的支持标准；2017 年 2 月 6 日，宁波市发布了《关于进一步加快废弃矿山生态环境治理推进矿地综合利用工作的实施意见》，主要为配合国家关于“旧账”整治经费筹措的相关政策法规，处理好本区域内的矿山环境整治和修复工作。鼓励矿山环境的整修积极探索 PPP（public-private partnership，政府和社会资本合作）模式，依据法律法规的规定利用好采矿权人缴纳的各项税费和备用金，将矿地的各项孳息收入优先用于“旧账”的清理，规定了政府要积极统筹好各项资金的使用，各财政部门要积极予以配合。

3）*矿山环境恢复治理基金的创建和管理*

在 2017 年 4 月 13 日，国务院公布了《矿产资源权益金制度改革方案》（以下简称《改革方案》），它提出了：要按照“放管服”改革的要求，将现行管理方式不一、审批动用程序复杂的矿山环境治理恢复保证金，调整为管理规范、使用便利、责权统一的矿山环境治理恢复基金，由矿山企业单设会计科目，按照销售收入的一定比例计提，计入企业成本，由企业统筹用于开展矿山环境保护和综合治理；有关部门根据各自职责，加强对基金事中事后的监管；同时，建立和完善对基金的动态监管机制，督促企业落实矿山环境治理恢复责任。现如今，国家相关部委以及地方政府根据上述《改革方案》的要求开始积极探索制定相关的配套实施制度。到此时，我国形成了由矿山企业自筹矿山环境整治和修复资金的基金模式。根据《改革方案》的内容，基金的运作模式大致上是可以表现为：基金由矿山企业自己单设会计科目进行储存，资金则来源于矿山企业的销售收入，基金由企业自主管理、自主统筹使用，相关的职能部门不再事前介入，而是对矿山企业履行矿山环境恢复治理的责任进行事中和事后的监管。通过目前这样的一种恢复治理资金使用方式，较好地处理了政府责任与企业责任之间的关系，避免了“新账”和“旧账”责任主体的混乱。但我国还没有建立专门的矿山环境恢复治理基金的统一管理机构，也未设立统一的行政机关对相关矿山环境恢复治理资金的使用进行协调和管理。在现有的矿山环境恢复治理资金管理体制中，因为目前用于“旧账”和“新账”清理的资金来源不同，所以不同类型的整修资金管理也是分开进行。用基金取代保证金的目的主要是为了改善保证金实施过程中存在的资金管理混乱、资金未能及时有效地用于矿山环境保护等现状，弥补保证金制度的不足，确保企业履行矿山环境整治和恢复的责任。因此，国家开始探索建立企业所有、自主使用和管理的基金模式，通过建立基金的方式来筹集“新账”治理的资金。这样的一种基金模式很好地贯彻了“污染者付费”原则，但目前的矿山环境恢复治理基金只解决了“新账”整治的资金问题，并没有兼顾“旧账”的整治，我国整体矿山环境的恢复治理仍然面临着较大的资金缺口。

4. 实行排污权交易制度

在早些年份，中国开始进行了一部分排污权交易的试点工作，但在法律法规的层面，有关排污权的交易还是很少的，无法从法律上界定排放权的所有权以及它是否可以交易的性质。因此，建立排放权市场首先应该明确市场的法律地位、排放权的法律属性、市场主体的责权范围等相关内容。值得关注的是，近十年来中国多次提出排污权有偿使用和交易试点工作，且重庆市等部分地方的政府也已经逐步开始展开相关的工作。排污权交易相关试点工作的逐步深入展开将为今后相关法律建设提供重要的实践基础与经验，这与近年来碳排放权交易试点工作相类似。水排放交易机制抵消市场是指水的污染排放权能够得到抵消的实际水的排放量，从而从相应的排污费豁免；惩罚机制主要是指实际排放量超过规定限制的上游污染者，应该对下游地区造成的严重影响负责，并加倍征收排污费。

在 1970 年初，排污收费首次作为制度表现出来，发展到今天，相关的规定也开始走向成熟。由于我国工业近年来的迅速发展，不可避免地带来了生态环境的急剧恶化，面对保护环境的巨大压力，排污费的征收也被我们国家所采用。我国实行排污权交易制度起始于 1988 年，当时推行了排污许可证制度试点。经过几年的试运行，在 1993 年国家环保局着手研究大气排污权交易，希望通过相关政策的颁布使其落地，为了今后大气排污权交易政策的推行，国家环保局在太原、包头等地展开了试点工作。此后，随着中美关系的深入发展，在 1999 年中美两国开展研究“运用市场机制减少二氧化硫排放”，该项目得到中美两国环保局的大力支持，双方还签署了合作协议。该项目最早在江苏南通和辽宁本溪展开试点工作。在辽宁本溪的试点工作中，中美草拟了《本溪市大气污染排放总量控制管理条例》，签署该条例的目的在于通过实行排污权交易，实现大气污染总量控制，该条例详细规定了排放检测、超额排放处罚、申报登记、许可证分配等内容。2001 年，在江苏南通实现了我国的首例二氧化硫排污权交易，交易发生在南通天生港发电公司与南通当地的一家大型化工公司；2004 年我国首例水污染物排污权交易成功完成，它是在南通市环保局的协助下完成的。[①] 在当时由于我国生态补偿技术不够完善，排污权交易发展不够成熟，存在很多有待解决的难题，但我们不能否认它存在的积极作用，它对于污染排放控制、保护环境质量起到了很大作用，更重要的是它是我国首次尝试利用市场手段解决长期困扰我们的环境污染问题。

1）市场交易手段的探索

从最近几年来看，排污权交易、水资源贸易的发展力度很猛，我们的商业水污染物的排放量出现在 1987 年，是上钢十厂在闵行区建立联营厂时以每年 4 万元的价格买下塘湾电镀厂每天排放 10 吨污水的权利开始。1987 ~ 2002 年上海闵行区已经实施排污权交易 40 笔，总的交易金额是 1403 万元。从 20 世纪 80 年代以来，我国已经在 10 多个城市开展了排污交易的试点，其中包括了大气污染物、水污染物以及生产配额，在这个契机下建立了含有排污交易的部门规章和地方法规。因为我国的排污许可证制度当时还没有全面实施，所以其实排污权交易还是处在试点的阶段。2001 年，在浙江省金华河上游地区水资源丰富的东阳市与下游水资源紧缺的义乌市签订了水资源贸易协议，其中义乌市每年付给东阳市 2 亿元，用每立方米 4 元的价格购买面积 5000 万立方米的永久调水权，这一依据是通过测算二者通过节水工程增加每立方米水资源成本的差额确定的。这也成为开创我国水权交易的第一个案例。[②] 2007 年以来中国部分省份相继发布并实施了有关流域生态补偿政策，而这些政策主要目标在于各省份内部，极少涉及跨省生态补偿问题。例如重庆排污权交易中，其规定交易范围只有全市范围，并未涉及与其他地区交易问题。

---

① 王晓冬．排污权交易制度的国际比较与借鉴［J］．税务与经济，2009（2）：52 - 56.

② 义乌巨资买水开水权交易先河专家提醒预防水权纠纷．义乌市人民政府，2007 - 10 - 19. http：//www. yw. gov. cn/art/2007/10/19/art_1229138191_50793380. html.

2）生态补偿机制的地方实践

浙江省是我国第一个以比较系统的方式全面推进生态补偿实践的省份。2005 年 8 月浙江省政府颁布了《关于进一步完善生态补偿机制的若干意见》，确立了“受益补偿、损害赔偿”“循序渐进、先易后难”“多方并举、合理推进”“统筹协调、共同发展”原则，这也是建立生态补偿机制的基本原则。具体政策和措施，包括以下几点：完善公共财政体制，调整和优化财政支出结构，加大对支付生态补偿的财政转移力度；加强资源费征收使用和管理工作，提高其生态补偿功能。积极探索区域间生态补偿方式，支持欠发达地区加快发展；加强环境污染整治，逐步健全生态环境破坏责任者经济赔偿制度；积极探索以市场为导向的生态补偿模式，积极引导社会各界参与环境保护和生态建设。在具体的实施方案中，采取了分级实施的工作思路，即省级政府主要负责实施跨区域的八大流域的生态补偿问题，市、县（市）等分别对区域内部生态补偿问题开展工作。目前，这项工作已经或者正在杭州和其他六个城市开展，并积极投入其中，试图建立与环境政策和补偿机制相关的实践。

在生态补偿方面，主要流域集中在上游和下游城市的饮用水源保护和地方之间的生态补偿问题，代表的是北京市与河北省境内水源地之间的水资源保护协作、广东省对境内东江等流域上游的生态补偿、浙江省对境内新安江流域的生态补偿等。

水排污权交易作为现有流域生态补偿机制的一种有效补充方式，我们也千万不能忽视政府补偿在生态补偿中占据的主导作用。从短期内来看，中国改变政府补偿的生态补偿模式并没有那么容易实现，建立水排污权交易市场只可以在个别的地方进行试点，却不能开展全面性的工作，因此水排污权交易只能对生态补偿机制有一定的补充帮助作用。与此同时，在中国国内，未来水排污费改税将会是必然的结果。纵观国际，中国需要借鉴欧盟国家的经验，来建立相对发展完善的水排污税税制体系。因此，如何能够有效地对水排污税税制与水排污权交易进行整合，变成了从今以后中国生态补偿进程中不得不面对的关键问题。

5. 矿产资源监管的发展

改革开放后，经过漫长和艰难的摸索，我国的矿产资源监管在不断地走向成熟和发展，从改革开放到现在，负责中国矿产资源监管的机构大概经历了三个发展阶段，第一个阶段是从改革开放到1982年，在这一阶段，负责矿产资源监管的机构是地质矿产部，是由20世纪70年代的国家计划委员会发展而来，经历了成为地质部、再成为地质矿产部的变迁过程。此时监管机构的主要职责是实施国家矿产管理的指南、发布的政策以及相关法律等，同时监督和管理矿产资源的开发；第二阶段是从20世纪80年代初延续到20世纪90年代末。在这个阶段里，《矿产资源法》及其配套的监管法律出台并且正式实施，此时的矿产资源监管体制全面构建，行政管理工作走上正轨，国家的监管重点是对矿业秩序进行重新整顿。第三个阶段是从20世纪末至今，地质矿产部并入国土资源部，2018年3月，批准成立了中华人民共和国自然资源部，同年5月，成立了中华人民共和国矿产资源保护监督司，矿产管理职能分配给自然资源部，负责监督和指导矿产资源的合理使用和保护。

通过党中央和地方政府的不断努力，中国的矿产资源监管工作取得了重大进展。一方面，监管的意识和力度不断增强。其中以煤矿安全领域为例，2018年煤矿安监局整治和专项监察煤矿3873处，查处的相关安全培训违法违规行为有147022条，责令停业整顿的培训机构有18个，严厉打击了走过场、官僚主义、检验和认证不严格、监督检查不到位的懈怠或违法行为。另一方面，监管的制度也在不断的完善，如全国全面推进矿业权人信息公示制度和矿权人黑名单制度。矿业权人信息公示制度是我国治理现代化进程中的一项重要制度变革，有利于社会公众参与监管工作。与此同时，我国的矿产资源监管还存在很多短板，矿产资源领域腐败问题依然存在。自党的十八大以来，随着巡视组以及各种监察工作的开展和推进，在31个省（自治区，直辖市）当中，涉及矿产资源腐败的地区有13个，比例高达40%以上，这反映出我国的矿产资源监管依然存在很多漏洞和不足。由于矿产资源涉及的领域众多，涉及环节较为隐秘，利益联系千丝万缕，给矿产资源监管增添了难度，监管软化时有发生，监管执法滥用自由裁量权的现象也随之出现。

我国的矿产资源监管要充分调动监管部门，特别是基层监管部门和人员的积极性，建立和完善监管激励机制，经济待遇和政治资源应适当倾向于基层。由于基层监管人员的待遇较低，不仅导致了工作的积极性不高，还严重流失了大量的基层监管人才。建立和完善矿产资源监管的激励机制可以有效地激发监管工作的积极性，也可以吸引优秀的专业人才到基层监管队伍中来，为监管工作的有效进行提供专业力量。激励机制的完善可以从以下的几个方面进行，首先，提高薪酬待遇；其次，完善基础设施，基层工作比较琐碎，比如矿产资源监管人员的出行问题，在公共汽车改革中，建议保留一辆公务车供没有车的工作人员使用；最后，改善基层办公条件和办公设施。另外，由于基层晋升空间相对有限，对于优秀的基层工作人员，经过一定年限，可以享受更高水平的待遇，以此吸引和稳定优秀的基层监管人员，激发他们工作的活力。

中国需要进一步深化矿产资源信息公开机制，推进政务公开，建立透明的政府。一方面，要加快对矿产资源的清查工作，全面调查国家矿产资源的数量、质量、结构和空间，尽快形成矿产资源家底表，实现“区域一张图”的管理制度，这为更好地解决矿产资源监管的实际矛盾和一系列问题提供了依据。另一方面，建议在不妨碍国家安全和采矿人合法权益的基础上，进一步细化矿产资源信息公开制度，同时，对公示信息的范围要继续扩大，充分保障民众的知情权和参与权，促进监管工作的信息对等。

二、国外经验

1. 建立严格法律法规，引导矿山开采活动

法律法规的执行是以国家强制力为后盾，矿山相关法律法规的颁布可以起到明示作用，以法条的形式告诉责任主体可以做什么，不可以做什么，可以使其准确判别哪些行为是合法的，哪些行为是违法行为，让其明白违法行为要受到怎样的制裁；通过矿山法律法规的引导，可以让矿山开采企业时刻意识到违规的法律责任，从而自觉地调整开采行为；制定矿山开采法律法规，可以清楚地界定行为主体的责任与义务，能让矿山开采保持高

度秩序、高度稳定、高度效率。

澳大利亚矿产资源是非常丰富的，其矿产资源多达70种，特别是铝土矿储量位居世界首位，达到世界储量的35%；澳大利亚也是世界上非常重要的矿产资源出口国，在烟煤、铅、钻石、锌及精矿出口方面居世界第一，氧化铝、铁矿石、铀矿出口量位居世界第二，铝和黄金出口量高居世界第三。自然资源储量如此丰富，如何有效规范矿产资源开采秩序一直困扰澳大利亚政府，特别是20世纪70年代以前，由于矿产资源的开采与生态保护未能同时进行动态管理，导致了生态环境的持续恶化，为了能够走出困境，澳大利亚政府坚持走可持续发展之路，改变传统的矿业开采模式，通过制定矿产资源开采法律法规，加强环境的恢复与治理，引导矿业开采秩序。澳大利亚制定的矿产法律中比较有名的有《1990年矿产资源开发法》《1986年环境保护法》，其目的在于解决矿区环境的恢复与治理，内容主要包括三个方面：一是开采主体必须做好矿区土地的复垦工作；二是开采主体在取得矿业开采权之前提交开采项目的详细规划；三是矿权所有者与开采证针对复垦工作需要提交书面保证及保证金，一起对矿区复垦工作承担责任。①

美国既是全球重要矿产品生产国，又是全球最大的矿产品进口国。因此美国非常重视矿区生态环境保护、恢复和治理，并且是生态环境保护机制体系较完善的国家之一。美国很早就开始关注矿区环境的修复，20世纪初期一些矿业企业就开始在矿区进行植被种植，在当时并未存在相关法律约束机制，更多的是矿业企业的自主行为。在1920年，美国出台了《矿山租赁法》，它明确规定了矿业企业保护矿区土地和自然环境的义务。随着露天采矿的盛行，美国生态环境急剧恶化，民众反对的呼声持续高涨，终于在1939年西弗吉尼亚州颁布了《修复法》，该法的颁布具有重大的历史意义。矿区的环境污染问题得到了缓解，同时土地植被的恢复与治理工作有序推进，极大推进了矿业开采规划进程，美国各地州结合自身实际，陆续推出法律法规对矿业开采进行规范化管理。本着方便管理的初衷，美国国会在1977年通过了全国性有关生态环境修复的法规《露天采矿管理与（环境）修复法》，简称《复垦法》，是美国生态补偿机制的重要组成部分，该

① 周进生，李兰，刁淑丽．澳大利亚：恢复废弃矿区　走可持续生态矿业之路［J］．国土资源，2005（5）：50－51.

法从矿区复垦许可证、土地复垦基金以及保证金这三个大方向确立生态补偿制度，对全美的露天矿区管理和复垦标准进行了统一，该法的颁布标志着美国露天采矿和土地复垦的相关制度进入了执法时代。之后1980年的《超级基金法》以及各州制定的相关法律对美国的矿产资源开发生态补偿制度进行了更为详尽的规定，例如矿产资源开发生态补偿的主体、原则、矿区复垦标准等内容。①

1944年英国在《城乡规划法》中明文规定各地方政府有权要求相关责任主体将荒芜的土地恢复。自1949年开始，各级政府开始陆陆续续制定因为采矿活动遭到破坏的土地复垦工作计划，并在相关法律工作中体现。《矿物开采法》于1951年制定，该法规定相关责任主体必须储备一定量的资金，该项资金可以来源于政府财政拨款、复垦基金、矿业企业支付和社会募捐等等，主要用于因采矿活动遭到破坏和污染的环境、土地等的治理以及恢复工作。1969年颁布的《矿山采矿法》是为了进一步完善《矿物开采法》，规定了各矿业主在开展采矿工作前除了提交必要的相关资料文件，还应当提交采矿后的土地复垦工作详细内容，并对农业区和林业区的采矿后复垦工作制定了不同的复垦标准，要求各矿业主必须严格按照不同的标准完成土地复垦工作。英国政府于1980年推出了“弃用地拨款方案”，其主要是为矿区废弃和污染土地的复垦提供资金支持。1990年，英国政府颁布了《环境保护法》，该法是立法上的一次重大突破，将污染行为定性为犯罪行为，规定要求各地方政府要严格督查危害生态环境和人类健康的污染行为。此外，《环境保护法》也对土地复垦抵押金制度做了详细规定。②

德国是欧洲矿产资源储量第一大国，是欧洲重要的矿产品生产基地。在一定历史时期，丰富的矿产资源及开发利用给德国的经济带来了繁荣，许多矿产资源型城市孕育而生。然而，资源并不是取之不尽用之不竭的，随着资源的枯竭和环境的恶化，这些城市就会存在经济结构转型的问题。针对矿区生态环境保护、恢复和治理以及矿区土地复垦等工作，德国制定了非常严苛的相关法律法规，并推出了一系列的相关配套措施。首先，建

---

① 陈沛谷．基于环境重置成本法的煤炭矿山生态补偿价值计量研究［J］．兰州财经大学，2019（6）：5－6.

② 宋国明．英国矿产资源开发环境保护与土地复垦［N］．中国国土资源报，2010－04－09（008）.

立比较完善的环境保护相关法律法规体系。德国政府陆续制定和出台了《土地保护法》《矿山保护法》《水土保护法》《环境保护法》和《森林保护法》等。这些法律法规极大地推动了矿区的生态环境恢复和治理工作，也对矿业主的环境破坏行为产生了有效的约束和控制。其次，德国建立了比较完整的矿区资料信息库。矿区相关的所有记录和说明等图纸或文字材料在矿业企业和当地政府相关部门存档。政府对这些资料信息进行数字化处理后，会把矿区所有矿井的相关图纸和文字资料以坐标定位方式在矿区地图上进行体现，以建立矿区数字信息资料库。通过该数字化信息资料库，可以很快查找到某个地方采矿信息和荒芜地情况等。该信息资料库是对全民开放的，而且数据会不断更新和完善。这为矿区环境治理和土地复垦等工作的展开提供了有极大的帮助。最后，德国建立了矿区危害管理系统。德国一些矿区环境破坏比较严重，因采矿后对植被和山体的破坏导致地面下沉、塌陷和山体滑坡等地质自然灾害频发。对于一些多发危险地带的防范和治理工作，需投入大量的人力、物力和时间。矿区危害管理系统的主要工作是确定某区域的危险等级，利用该区域现有地下空洞的尺寸、该危险区域的应用类型、安全状态以及外部影响等指标来进行，进而根据测验的结果采取相应的防范和治理措施。①

南非这方面的法律包括《南非矿业法》（1991 年实施），《南非矿产资源政策白皮书》（1998 年实施）、《南非矿产和石油开采法》（2002 年实施）。除了这三项法律之外，还有《矿山健康与安全法》《国家环境管理法》《国家公园法》等。2002 年颁布实施的《矿业和石油资源开采法》中，对如何履行环境保护、管理、问题防治职责等进行了充分说明，并对如何编写环境管理计划书提出了要求，政府应当给予充分指导，并结合实际情况制定环境治理资金具体使用方法。南非的《矿产资源白皮书》中，有一章是对于政府环境管理监管职能的说明，即要求高度重视矿业开采活动中的环保行为，并采取有效的监督方法，通过实施矿山监督检查制度来随时掌握矿区环境治理情况。②

---

① 乔青山．德国在矿区环境保护与综合治理方面采取的有效措施［J］．煤炭加工与综合利用，2013（5）：69－70.

② 鲍荣华．南非矿产资源及管理概况［J］．国土资源情报，2010（12）：7－12.

除了以上提到的国家，加拿大等国对矿产资源环境的保护问题都极为重视，这些国家都是在国家及联邦层面上开始颁布对矿产资源环境保护的基本法甚至是专门针对矿产资源环境问题的单项立法，然后各省份及州再根据自己管辖区域的矿区实际情况制定更具有针对性的法律法规，并且在法律条文中还详细说明了矿产资源生态恢复保证金的收缴标准、主体以及收缴方式，还包括如何归还以及检验的流程和标准，增强相关法律条文的可行性。

2. 新旧矿区补偿责任界定及分类治理

德国土地复垦实践有较长的历史，据记载，在1766年的土地租赁合同就明确采矿者有义务对矿区进行恢复和植树造林，直到20世纪20年代德国才出现系统的土地复垦。为了推行土地复垦计划，德国形成了整套的控制体系保障，主要由法律手段、规划手段、技术手段组成，德国已经把矿区生态的恢复与治理作为了采矿活动的一部分。德国对待矿区治理针对不同情况采取不同的策略，德国统一前，原东德地区的矿区修复治理工作主要由政府负责治理，而西德地区的法律对矿区修复治理责任早已明确界定，由采矿企业负责土地的修复治理。对于旧矿区的土地恢复治理，政府交给矿业复垦公司进行处理，所需资金来自横向转移支付，“横向转移”是为了将不同地区之间的既得利益通过这种转移的方式重新分配，主要是富裕的地区向贫困地区转移支付，最终均衡地区间公共服务水平。州际间的横向转移支付是这种方式的一个突出特征，以州际财政平衡基金为主要内容，支付基金由两部分组成：一是扣除了划归各州的销售税的25%后，余下的75%按各州居民人数直接分配给各州；二是财政较富裕的州按照统一标准拨给穷困州的补助金。而针对新矿区，政府严格执行复垦法，坚持“谁破坏，谁恢复”的原则。

美国也建立了类似的分类补偿制度，时间节点是以《联邦露天采矿控制和复垦法案》的颁布日期为准，在该法颁布以前已经开采结束的矿坑和土地，生态环境恢复的治理责任就交由政府承担，自废弃矿恢复治理基金中拨取资金；但在该法颁布之后产生的生态环境问题就由破坏者矿山企业完全负责。这种分类补偿方式体现了法律不溯及既往的原则，以严格明确的法律条文制约矿山业主的开采行为及治理责任，不仅可以限制开采过程中不必要的破坏、污染行为，也可以激励各矿山企业履行对矿区环境治理恢复的义务。当然，政府财政为了减轻矿山企业和社会的补偿负担，也会适当支持生态补偿工作，互相配合，提高对矿产资源开发生态补偿的效率。

3. 严格的准入与退出机制

为预防和治理矿区生态环境，国外建立了严格的准入机制和退出机制。准入机制包括许可证制度、复垦计划书、保证金或抵押金制度等；退出机制包含的内容有保证金的返还、严格的环境质量标准等。这两种机制互相配合、互相作用，有效减少了因矿产资源开发所造成的环境损害。

1）准入机制

矿产资源的所有权一般是属于国家的，任何单位或者个人要想获得开采权，就必须先获得国家的许可，自然矿山企业的开采权力范围也会受到限制。在生态环境逐渐受到重视的趋势下，很多国家开始关注矿产资源保护，将采矿许可证与矿山环境恢复治理保证金、复垦计划书或复垦方案挂钩，矿业申请人要想获得采矿许可证进入矿产资源开发市场，就必须出具科学合理的复垦计划，缴纳规定的保证金或抵押金。

美国实行的是采矿许可证和复垦许可证双证制度，不符合法定条件的一律不允许进入市场，将采矿权交予那些遵纪守法、复垦信誉良好的企业。复垦许可证是由内政部相关管理机构颁发的，申请采矿许可证时矿山企业应提交开采及复垦计划书，并缴纳由第三方机构或专家评估确定的相应数额的恢复治理保证金。被批准进入矿产资源开发市场的企业应当自觉承担责任和义务，边开采边复垦，采用高效、绿色的技术设备，后期的恢复治理工作应经验收合格后方可退出。美国双证许可制度能够有效筛选出适当的矿产资源开发主体开发矿产资源，降低矿区生态环境质量下降的风险，保障矿区生态安全。

在德国的《联邦采矿法》中，规定了矿山企业取得采矿许可证的前提条件是提交内容翔实的矿区复垦方案，并且要求企业每年提取3%的利润为矿区复垦预留资金，为后期的矿区生态补偿提供充裕的资金支持。澳大利亚相关法律规定矿山企业应当在获得采矿许可证之前对目标矿区进行环境影响调查和评价，并与土地所有者谈判，形成并提交完整的项目规划书，包含环境影响评价书、土地复垦书等，同时还要在开采矿产资源前缴纳复垦抵押金。这些国家都是对即将进入矿产资源开发市场的企业提出详细、严格的要求，从源头有效地预防矿区问题的产生或者过度开发无法恢复的隐患，将有限的资源交给更具有责任和实力的企业，这样不仅可以实现资源的优化配置，还能减少稀缺资源的浪费和破坏。

2）退出机制

很多国家对矿山企业退出矿产资源开发市场时遵循的是原样复垦原则，但也有一些国家例如加拿大，要求将矿区生态环境质量恢复至原有水平之上，可以通过建设公园、鱼塘等方式开展生态补偿工作。首先，“闭坑计划”在很多国家实施，即在申请采矿权时就提供复垦计划，之后要按照计划履行承诺，否则要承担一定的责任。其次，德国对矿产资源开发者明确要求他们要负责恢复周围地下水位、土层分类堆放复垦、耕地复垦等；美国法律对矿区表层土壤、水源等要素的复垦标准和程序等都进行了详细的规定。这样严格细致的环境恢复治理标准不仅能够避免矿山企业应付差事、敷衍了事，还能有效防止矿山企业退出市场后环境问题再度复发。再次，由于矿区环境问题的隐蔽性和潜伏性，有些国家会对矿山企业实行长期负责制。如德国矿坑恢复为人工湖的负责年限为100年，耕地成功种植7年作物后方可验收；澳大利亚的矿区复垦责任由矿山企业与政府共同承担，只有复垦水平达到复垦方案规定的标准后矿山企业才能退出。有些国家制定了采矿权收回机制，矿产资源的开发许可并不是一经批准就可以一直保留的，一旦出现违法违规或治理情况不符合标准等情况，国家将会收回矿山企业的采矿权，例如澳大利亚矿业公司的开采权收回的情形包括：矿业公司违规不缴纳抵押金；经两次催促后仍不提交年度影响报告；不按照约定完成复垦工作；环境治理未达到标准，居民不满意，情节严重的。最后，设定保证金等担保资金的返还机制，矿山企业要想取回保证金就必须完成法律规定的、之前承诺的复垦任务，否则保证金就不予退回，对于这留存的保证金及遗留下来的矿区生态环境的治理问题，澳大利亚政府的做法是移交给第三方机构，第三方机构在开展矿区环境治理恢复的过程中，资金不足的部分由原矿山企业补足。无论是自然退出还是强制退出，这些国家判定的依据都是从法律法规出发，是否达到法定的环境质量标准和要求，这也是对矿山企业责任履行的严格监管与评估，有利于维持矿区生态的平衡。

4. 健全的资金保障制度

国外矿产资源开发生态补偿制度的突出特点是资金来源多样化，比如国家转移支付、地区间横向转移支付、矿山生态恢复治理保证金、矿产资源开发生态补偿税费、社会团体捐款等都是生态补偿资金的重要组成部分，充足的资金是开展矿区生态补偿机制的重要条件。

1）建立土地复垦基金制度

土地复垦基金制度在欧美国家运用比较普遍，也比较成熟，对于治理矿山地区生态环境起到了很好的成效。1977 年美国国会颁布了《露天矿矿区土地管理及复垦条例》，该条例颁布以后，改变了以往只开采不修复的局面，在 1977 年以后因开采造成的土地损害执行复垦条例，边开采边复垦的模式得到了普及。美国颁布复垦条例的主要目的在于修复以往废弃矿山，规定采矿企业每开采 1 吨数量的矿产需要交纳一定金额的土地复垦基金，用于矿区土地的恢复与复垦；在美国，采矿企业需要取得采矿许可证，同时还要交纳复垦抵押金，如果采矿企业不履行复垦工作，其押金将交付给第三方展开复垦工作。美国土地复垦基金使用范围有明确规定，必须专款专用，其覆盖范围包括：保护公众健康安全、恢复生态环境、开展露天采矿技术相关研究、公共设施的修复、开发受到采矿影响的公有土地等。

德国将老矿区与新矿区实行分开管理，老矿区由矿山复垦公司负责恢复治理，而新建矿山按照联邦矿产法规定必须开展复垦工作，将复垦工作具体措施作为取得审批权限的前提；其法律规定按照利润的 3% 预留复垦专项资金，实行专款专用，对采矿占用的森林、草地实行异地补偿措施，在开发过程和复垦过程中要严格执行要求的环境和质量标准。

2）矿产许可证及保证金制度

澳大利亚在《1990 年矿产资源开发法》《1995 年采掘工业发展法》中提到了关于保证金的条款，其旨在保证土地复垦工作的顺利推进，保证公众利益。澳大利亚的法律规定复垦计划必须要有相应的保证金，采矿企业需要将矿区土地复垦计划与保证金一同交给政府，与政府一同承担矿区土地恢复治理工作。若采矿企业按照标准许可证条件和复垦计划完成矿区土地复垦工作，同时得到自然资源与环境部部长的肯定意见，保证金可退还给采矿企业；若采矿企业不能完成复垦工作，自然资源与环境部部长可以采取行动，动用保证金推进复垦工作，直到复垦工作圆满完成。如果保证金不足以完成矿区复垦工作，部长可以向采矿企业进行追缴。

澳大利亚从1970年之后就逐渐增强了监管力度来确保矿产资源环境治理、恢复工作的规范性。《澳大利亚矿产资源环境管理规范》是1996年澳大利亚颁布的文件。其中对矿山企业在开采矿山期间必须遵守的七个准则进行了详细说明。《联邦环境和生物多样性保护法》是1999年澳大利亚颁布的文件。在文件中详细说明了收缴保证金的形式、检查情况以及审查的流程。联邦政府首先对恢复、治理矿区环境的管理明确了整体的法律结构，还制定了详细、严格的标准以及治理所要满足的技术要求以及关键指标。各州也根据当地的具体情况，确定了更细致、更具有针对性的政策方针。在澳大利亚，环境保护局负责从总体治理矿产资源环境的任务，关于矿山企业应当上缴的保证金数额通常是根据该企业在上一年对活动矿区的环境治理恢复的情况和附近其他矿山企业的职责履行情况进行对比，对该矿山企业所上缴的费用核实之后进一步确定的。同时，澳大利亚政府还要求矿山企业要对已治理过的矿区环境每年进行维护，并将此作为审查保证金的调整数额的重要指标，除此之外，矿山企业每年所拓展的开采面积也是所上缴的保证金数额的依据。矿山企业可以和政府商议后确定保证金数额，同样，在矿山企业对目标区域进行开采、治理矿产资源环境的过程中，澳大利亚政府也会及时听取附近民众的意见，并对保证金的数额比重进行相应的调整。

在澳大利亚，保证金并不是一定要以现金的形式上缴，还可以向银行等机构申请，采取全额担保的方式。矿山企业在对自己负责的矿区资源环境进行恢复、治理后，政府会联合多位专家，根据企业提前制定的计划书和提交的治理矿产资源环境担保书，在不同的时间段检验矿山企业对矿产资源环境恢复和治理的进度情况，在这检验期间，政府部门还会针对矿山环境恢复后的具体地形情况的合理性等进行参考，进而修改调整退还的保证金数目。①

日本将矿山开发后出现的环境问题，称为矿害。日本的《矿业法》第117~120条对矿害赔偿保证金机制的流程、主体、归还的要求和上缴的数额都进行了具体明确的说明。该法规定，为了确保因为租矿权和矿区导致的损失，尤其因为环境污染导致的损失能够得到相应的足额赔偿，租矿权以及矿业权所有者一定要严格按照省令所要求的手续，根据通商产业局规定的明确数额，每年对相应的款项进行提取。上缴保证金之后，在治理、恢复矿产资源环境期间，矿山企业在得到保证金管理机构的批准后就能向银行申请贷款，从而保证环境治理的资金。

日本颁布的《公害对策基本法》第二条第一项规定：对地方公共团体以及国家实行的为了由事业者的事业活动形成的公害事业，事业者一定要承担起该事业金额的所有或某部分。进而让“谁破坏谁承担”的准则实现机制化。针对金属矿，日本于1973年颁布了《金属矿业等矿害对策特别措施法》。其中对金属矿业事业团融资机制、矿害避免公积金机制以及丢弃矿山矿害避免工程费用补助金机制等进行了明确规定。该法指出，根据具体情况，矿害避免工程所需的费用分别适合在三种机制中使用。矿害防止义务人应承担起实行复垦以及处理废水的职责。所需要的资金，适合在矿害避免公积金机制中使用，另外由矿害防止义务人负责筹集这些公积金。根据是不是具有矿害防止义务人，将矿坑废水的处理等工作划分为两种情形。在废弃矿山具有矿害防止义务人，同时是义务人自己破坏的状况下，矿害防止义务人就必须承担起尾矿坝复垦、矿山的闭坑以及制备种植工作的职责，其资金投入适合在金属矿业事业团融资机制中使用。国家机关中就包括金属矿业事业集团，该集团在地方公共团体提出申请的基础上负责对工程实行设计、审查以及管理等工作。在没有矿害防止义务人的情形下，或者有义务人但由于各种原因导致环境破坏的时候，那么就由地方公共团体负责复垦等工作，以废弃矿山意外防范工程费用补助金来对所形成的费用进行支付。国家和地方公共团体分别补助75%和25%的费用。②

上面提到的机制制定，一方面确定了矿业开发过程中不同主体的职责，

① 国外矿山安全法规及主要特点［J］. 资源与人居环境，2008（2）：30-32.

② 曹治国，王威驷. 日本《矿业法》修改简析［J］. 中国矿业，2012，21（1）：20-24.

另一方面还构建了矿山生态环境监督检查制度，这对治理、恢复矿山生态环境工作的顺利开展有很大帮助。

美国为了提高保证金制度的可操作性，对保证金的形式、测算以及返还都做了详细明确的规定。美国矿山企业缴纳保证金的时间一般是在企业获得审批后与正式颁布前之间，主要是为了敦促它们按照规定的标准进行土地复垦工作，起到一个约束的作用。《露天采矿控制与复垦法》的颁布确立了复垦保证金的法律地位，该法的颁布对于矿区复垦具有十分积极的意义，它极大促进了复垦工作的开展，矿区土地复垦率已经超过了80%。美国关于复垦保证金制度推行“合作联邦主义”的管理体制，州政府与联邦政府应当共同承担起环境保护的责任。目前美国存在两种保证金体系，即全复垦成本保证金与替代保证金，全复垦成本保证金顾名思义，就是指矿业企业按照完成全部复垦工作需要的资金进行缴纳，而替代保证金因为各州的实际情况有差异，所以具体的实施也会存在差异，但主要包括两个部分：一是依照面积或吨位费推行固定费率保证金，二是包括许可证费、开采税、罚金等组成的追缴复垦基金。

现阶段，美国将矿区分为硬岩和露天矿区，各州所颁布的法律政策和《露天采矿管理与复垦法》就是管理硬岩矿区和管理露天矿区的法律依据。美国最开始实施的保证金方式是现金，经过后续的发展，保证金逐渐向硬性及软性这两种方式逐渐转变，并在后期逐渐融合这两种方式。除此之外，美国还制定了非常严格的治理矿山的标准，同时实施全成本的计算方式来确定所要上缴的保证金数额，这个数额同样也具有灵活性，经常会发生变化，矿山企业根据初期核算的金额缴纳了保证金之后，美国的主管部门会根据矿业企业之前提交的复垦计划以及具体实施恢复治理的情况对保证金的金额进行评估。如若矿山企业可以承担起应付的责任并使矿产资源的生态环境达到法定的标准，就表示通过了相关部门的检验，可以收回已经缴纳的保证金，反之就不能。此外，美国还规定了在归还所缴纳的保证金之前有一个考察期，比如，可能需要十年的时间才能归还事先上缴的所有保证金，这样做也是为了避免治理过后矿区环境的潜伏性以及复发性的隐患。倘若矿业企业拒绝承担复垦的职责或者承担后经验收不符合法律规定标准的，那么保证金就肯定不会全额退还，主管部门会按照有关的复垦担保书，对某些保证金进行提取从而当成复垦资金来进行土地的复垦工作。美国也对土地复垦状况的检验时间做了明确的规定，通常一个期限就是五年，只要在这个期限内检查的结果不达标，矿业企业就必须缴纳一定的保证费用，开展复垦后再申请检查。①

南非在矿区生态环境治理方面与部分经济发达国家的做法不同，根据其实际情况由国家能源矿业部统一负责，多部门协同管理，没有设置专门负责此项工作的矿产资源环境管理单位。在南非国家机构中，能源矿业部是执行矿业法最重要的主体。在《矿业和石油资源开采法》（2002 年颁布实施）中，制定了矿山生态环境恢复治理保证金制度，矿业企业必须对提交的资产信息真实性和完整性负责，因为保证金的缴纳金额是以此为参考的。如果政府管理部门认为，企业的资产信息不准确、不真实，则可以要求专业评估人员再次评估，重新确定保证金额度。同时《矿产和石油开采法》也在技术应用方面为矿山生态环境恢复治理提供了指导，如怎样处理矿山开采后的废弃物等。在南非的《矿产资源白皮书》中，为了及时掌握矿区环境的治理情况并对其进行监督，对矿山生态环境恢复治理保证金制度实施的细节问题进行了说明。②

有关矿产资源生态恢复保证金的方式，加拿大、美国以及澳大利亚等国家明确指出，现金并不是唯一的方式。澳大利亚除了现金，还可以通过向银行机构以担保的方式获得对矿产资源进行恢复及治理的资金。美国的保证金方式就更加多样化，总结起来就是硬性方式和软性方式。由于对矿产资源环境的恢复以及治理是一项需要投入大量资金同时需要消耗很长时间的工程，要保证矿山企业可以上缴足额的保证金资金非常难，因此，加拿大也明确了形式多样的上缴保证金的方式，主要包括：公司资产、现金以及信托资金等。矿产资源生态恢复保证金采取多种征收方式，对矿山企业在第一时间、科学地应用现金流有很大帮助，避免政府部门由于使用矿山企业的资金而影响到矿山企业的发展，缓解矿山企业由于现金流不足而承受的压力，让矿山企业不会由于很难上缴足额的现金而对恢复、治理矿产资源环境的工作产生影响。

---

① 都运欢．美国《1977 年露天采矿控制与恢复法》研究［D］．沈阳：辽宁大学，2017.

② 鲍荣华．南非矿产资源及管理概况［J］．国土资源情报，2010（12）：7－12；陈丽萍．南非《矿产资源和石油开发法》矿业权简介［J］．国土资源情报，2004（7）：1－2＋10.

3）废弃矿山生态补偿资金

废弃矿区的生态补偿责任主体是政府，补偿资金的筹集和管理自然也是交由政府。美国针对废弃矿区的生态环境治理，联邦政府、各级州政府都设立了矿山生态环境恢复治理专项基金，用来恢复矿产资源开发后的生态环境，消除不良影响。其中，联邦政府专项基金主要来源于矿山企业缴纳的生态治理费、治理后的土地使用费、对矿山企业违规采矿行为的罚款以及社会团体、其他单位、个人的捐助；而各州政府的主要资金来源就是联邦政府的拨款。德国矿业复垦公司整治废弃矿区所需资金由联邦政府和州政府提供，主要是从矿产资源销售税中提取。

4）新建矿山生态补偿资金

新建矿区的生态补偿责任主体是矿山企业，承担责任的形式可以是缴纳生态治理费、保证金、碳税等税费，也可以是自主实施环境保护行为、加强技术研发等，但矿山企业往往更愿意选择前一种形式。

在保证金的收取方面，美国收取矿山恢复治理保证金遵循的是不得低于申请者提交材料里估算的复垦成本、不得低于1万美元等原则，为保障复垦工作的顺利推动，美国的矿山企业缴存保证金的期间延伸至闭坑后2年内。关于保证金数额的确定，美国是由矿种、受影响面积、地质条件、许可证年限、预期复垦方法及要求等因素综合确定，并且这个数值会随着采矿计划的进行不断改变，同时，为了减轻矿山企业在治理生态环境的经济压力，美国允许保证金分期缴存。在保证金的收取形式方面，美国的做法如前文所述，不限于单一的现金，也提倡矿山企业通过提供履约保证金、不可撤销信用凭证、联合储备金、法人担保、存款证明等方式提供担保。最后，美国采取分阶段返还保证金，复垦的土地达到可供利用状态时返还60%，达到恢复生产力时返还25%，达到批准的土地用途时返还15%；澳大利亚保证金的额度根据矿产资源开发所干扰的区域范围、矿区地形等因素确定，通常会达到项目总投资的25%～100%之间，澳大利亚将干扰区域分为1公顷内、1～4公顷和4～10公顷，若干扰区域在1公顷以内，复垦成本较低，矿业权以每公顷2500澳元缴纳矿区保证金，若所在矿区地形复杂、生态敏感，保证金的标准为每公顷5000澳元；倘若干扰区域在4～

10 公顷之间，矿区复垦要求低，保证金缴纳标准为每公顷 20000 澳元，复垦要求高的矿区按每公顷 40000 澳元缴存。在澳大利亚，银行贷款、现金、银行保函、信用证、保险债券等都可成为保证方式。关于新建矿区的保证金制度设置得如此细致，不仅能够最大程度地发挥政府的统筹作用，发挥保证金制度的作用，而不是"纸上谈兵"，而且还能对企业开采矿产资源的行为起到制约作用，以确保后期的生态恢复及治理。

5. 直接管理与经济手段相结合

为了提高矿山环境治理的效率，完善生态补偿机制，国外发达国家更加注重直接管理与经济手段相结合。直接管理包括矿山环境影响评价制度、环境许可证制度、矿山闭坑计划、矿山环境监督检查制度等；经济手段包括排污权交易制度、环境恢复保证金制度等。

1）矿山环境监督检查制度

这一制度是政府加强矿山环境管理的重要环节，其目的是查明矿山企业遵守各项环境保护规章制度的情况，监督企业在履行责任的过程中是否存在违法违规的行为，并在必要时采取各种强制执行措施。例如在美国，联邦和州一级都设置了矿山环境监督检查员作为具体矿山环境检查的执行者，并赋予执行者相应的法律责任和权利，从而敦促矿业企业提高矿区环境的治理效率。

2）排污收费制度

排污收费制度，是指国家环境管理机关根据法律规定，对污染排污者征收一定费用的法律制度，是运用经济手段来保护生态环境的一项法律制度。该项制度首先在德国于 20 世纪初应用，现已为世界各国所认同并采用。这项制度通过持续不断的收费压力消除污染并激励行业提高技术手段，因而更加有利于防范性环境政策的实施。排污收费的范围、标准、方法以及费用的使用等的具体规定各国不尽相同。

3）排污权交易制度

排污权交易制度是国外市场经济国家重要的环境经济政策之一。政府机构评估出一定区域内环境容量的污染物最大排放量，并将最大允许排放量分成若干规定的排放份额，每份排放份额为一份排污权。政府在排污权一级市场上利用招标、拍卖等方式，将排污权有偿出让给排污者。这项制度的意义在于运用经济杠杆调节经济发展与生态环境保护的关系，有利于促使排污者进行技术改造，开展综合利用，促进对污染源的控制。

6. 具体明确的复审程序

为了复核检验矿业企业对矿产资源环境的复垦情况以便及时调整复垦保证金的数额，美国就制定了一套较为完善的复审流程，加拿大同样制定了相类似的规定。美国主要负责对矿山复垦保证金进行管理职责的分管部门和各州部门，必须按照实际情况中的具体变化来对矿山企业已经上缴的保证金数额进行复审，复审时主要的依据有：在采矿期间所存在的有证据表明的会对复垦矿区所需要的费用产生影响的各类因素、矿山企业提交的同时获得批准的复垦计划等。

美国矿山复垦保证金机制对确保矿山复垦之后的检验以及审查工作的规范性给予了足够关注，这就是该机制能够高效运作的根本原因。这项复垦工作为修改保证金数额以及明确合理的标准提供了大量依据。此外，美国规定了复审期限一般是 1 ~ 5 年，在此时间段内，倘若矿山企业中的某个审查内容还不符合标准，那么这次复审就相当于没有通过，然后矿山企业就需要重新治理矿山，最终申请再次审查，在尚未得到验收的情形下，矿山企业依然要承担起上缴保证金的职责。各州也必须在这个要求下进行修改。一些州的政府每年都会对矿山复垦的情况展开一次审查。除此之外，各州还设计了针对不同情况的验收流程。

澳大利亚国家构建这种保证金机制的目的是为了让矿山企业在对矿产资源进行应用以及开采期间可以尽量不对矿产资源环境进行破坏以及污染，从源头尽量预防并减低对矿产资源生态环境的损害，让最终的破坏程度降到最小。因此，澳大利亚同样制定了很多复审流程。在《澳大利亚矿产资源环境管理规范》的相关内容中规定了矿山企业所制定的报告书每年都要提交，内容要包括这一年对矿产资源环境进行恢复以及治理的具体情况，另外国家还会选择某位从事审计工作的人来对该报告中所说明的复垦结果等进行审核。确认无误后负责检验以及审查职责的监察员就会到矿区进行复审工作。

对矿产资源环境进行恢复并治理的工程必须要投入大量的资金，在恢复、治理矿产资源环境期间会发生很多状况，对环境治理工作进行复审可以及时反馈信息给矿山企业和相应的主管部门，并按照具体的情况和影响因素调整保证金，另外对复审首次检验并被告知通过验收的矿产资源环境的最后恢复以及治理的成效有很大帮助。完善合理的复审流程属于一项科学有效的矿产资源生态恢复保证金机制中非常关键的一个环节。

7. 科学的监管机制和公众参与制度

国外会设置专门的管理机构，职能部门之间分工明确、权责明晰、协同配合，极大地提高了矿产资源开发生态补偿制度的实施效率。例如美国，由内政部负责管理矿区的生态修复工作，办公室负责具体执法露天采矿与复垦相关事宜，各州内的矿区复垦工作就由本州资源部管理，土地管理局、矿产管理局等部门通力协作，共同为恢复矿区的生态环境努力。加拿大采取的是联邦政府、省政府分层管理体制，联邦政府统筹协调，各省级矿业主管部门履行本地区的矿区管理职责，并配合联邦政府处理跨行政区域的或与公共利益关系密切的矿区事务。

同时也建立了严格的监督检查制度来强化政府的管理水平。美国联邦和州一级政府都设立了矿山环境监督检查员，他们负责监督检查矿山企业的开采计划、环保方案及执行情况、所用工艺设备设施有无违反法律法规以及污染物的排放、处理规定，并及时向矿业主管部门提出处罚处理建议，必要时可采取强制执行措施。德国的专门检查员由专家人士组成，每年被派往矿区检查矿产资源生态补偿工作的落实情况。秘鲁在能源部成立环境委员会，督促矿业权人按时提交环境影响报告，并对其进行审查。

此外，各国鼓励公众积极参与到矿产资源开发生态补偿中来，充分发挥社会公众的监督作用。澳大利亚积极鼓励矿工和居民参与监督；加拿大法律赋予公众参与环境影响评价程序、提起诉讼等的权利；墨西哥《生态总法》规定，如果受到损害的公民能够证明他们是受害方，或者证明政府主管部门有违规行为的话，公民有权对环境影响评价提出行政复议，并允许任何人提起行政诉讼。

民众通过自身的力量参与环境保护这一措施能够增强监督、管理矿山企业的力度，从而使得矿山企业主动承担起相应的职责，在第一时间对被损害的矿产资源环境利益进行补偿。美国的矿产资源环境恢复以及治理的效率都非常高，一方面是由于建立了科学有效的法律机制以及管理系统，另一方面是由于美国的民众都树立了很强的环保意识，同时美国还颁布了大量的法律政策来确保人民参与的权利不受损害。在对矿产资源环境进行保护的法律政策中，从设计恢复、治理矿产资源环境的规划，到对保证金加以调整，最后到验收恢复以及治理情况的整个过程都包含了民众参与，主要的参与方式有：举办听证会、信息公开以及申请诉讼赔偿。

加拿大针对矿山企业上缴矿产资源生态恢复保证金以及对矿山进行开采的行为，规定省政府一定要和有关专家以及人民共同举办听证会，这是矿山企业得到采矿许可证所必须满足的条件。澳大利亚也很注重在对矿产资源环境进行保护期间添加民众参与这一流程，另外采取法律机制对其进行相关规定。比如，矿山企业要想得到采矿许可证，就一定要和矿区土地的权利人一起商议。而澳大利亚的政府则明确指出，在这期间，民众有参与谈判的权利；另外还指出，这就是矿山企业得到采矿许可证的基础条件。这反映了在澳大利亚的保证金机制中，民众的参与流程是非常重要的。同时民众还掌握着调整保证金数额的权利。澳大利亚的政府以及矿山企业大致明确了该企业所必须缴纳的保证金数额，在此保证金实行期间，政府依然要倾听民众提出的建议以及按照实际的恢复情况来修改保证金的数额。政府同样会按照民众的建议来决定要不要收回矿山企业的采矿许可证。不仅如此，澳大利亚的《矿产资源环境管理规范》还提出了特别详细的条款，对不遵守环境管理规范法律的矿山企业可对其进行投诉或将上诉的权利给予民众。越来越多的矿业受害群体参与到矿业开发活动中来，这成为世界矿业发展的一大趋势，也成为矿业立法的一项重要内容。矿区民众是矿业活动的直接受害者，也是复垦与矿区生态恢复补偿机制的直接受益者，他们的积极参与有助于生态环境补偿法律法规的实施，同时也有助于分担一部分政府的监管责任，从而增强企业自律作业意识。前述有关环境影响评价进行听证的做法在国外十分普遍。

三、启示

1. 完善相关矿产资源生态补偿机制和法律法规

俗话说得好，“没有规矩，便不成方圆”，长期以来由于矿产资源生态补偿的法律法规没有形成体系并且不完善，令生态补偿很难得到法律层面的强力支持，完善生态补偿方面法律法规就显得尤为迫切。完善生态补偿机制相关法律法规主要从三个方面入手：第一是明确生态补偿原则；第二是确立生态补偿标准；第三是确立生态补偿方式。

总结国内外生态补偿原则，包括以下四个方面：一是坚持开发者进行保护、破坏者提供补偿、受益者需要付费的原则；二是坚持矿产资源生态补偿与经济社会发展相协调原则；三是坚持市场调节和政府干预相统一的原则；四是以生态环境的恢复为依据确立生态补偿标准的原则。

生态补偿标准在生态补偿机制中占有重要地位，到目前为止，全国尚未形成统一的生态补偿标准。各地区在全国性和地方性法律法规的指引下，结合本地实际零星制定了生态补偿的标准，但大多不够完整，难以实现生态环境恢复目标，给政府有效管理矿山开采带来很多困扰，同时也加剧了地方财政负担。在对待生态补偿标准的问题上，本书的观点是坚持定量与定性相结合的办法，生态补偿主要包括生态破坏补偿、环境污染补偿以及其他损害补偿，对于能够准确核算补偿金额的项目，要坚持定量补偿，对于不能定量补偿的项目可以通过其他渠道进行解决，其前提是要对矿业开采中的利益相关者的权利与义务进行严格界定，补偿与受偿主体明确，才能为其实现途径提供依据。

纵观我国的矿产资源生态补偿政策法律演变的过程，可以看得出矿产资源生态补偿的法律依据相对还是很缺乏的，在国家层面没有一个相对直接详细的法律规定，从《矿产资源法》和《土地管理法》以及相应的配套法规中寻找依据也只是简单讲述。尽管2006年以来，地方出台了地方层面的相关文件，但是也基本是属于规范性文件，法律效力还是不能明确体现出来。如今，中国的矿产资源生态补偿政策还面临着“摸着石头过河”的阶段，亟须要一个统一的立法。《矿产资源法》要重启修订，可以将相关的生态补偿内容更加完善，让成功的生态补偿的试点政策在法律上得到确认。矿山地质环境治理恢复保证金已经被相应基金取代，从而开启了矿产资源生态补偿的PPP模式，也会在《矿产资源法》修改中得以体现。确立生态补偿方式就是要解决如何补偿的问题，当今学者们对于生态补偿方式的探究主要集中在定性层面探讨，归纳起来包括“输血式”补偿和“造血式”补偿，具体来说可以分为政策补偿、资金补偿、实物补偿、技术与教育补偿。政府确立补偿方式不能一刀切，要通过调查走访，了解本地居民对于生态补偿方式的选择情况，制定落实相关补偿方式政策，才能真正让政策起到应有的作用。

我国是矿产资源大国，在对待矿产资源环境治理的问题上更应全面谨慎，目前我国的矿区环境问题形势严峻，生态补偿制度的建立迫在眉睫。首先，我国应当借鉴国外发达国家的先进经验，立法先行，建立统一高效的法律体系，对矿区环境的治理工作做一个法律的引导和统筹作用，对矿产资源开发生补偿制度的内涵、主体、客体、权利义务、原则、标准等内容进行细致规定，提高生态补偿制度的可操作性。其次，地方性法律法规必须在严格遵守上述法律体系的前提下，再根据各自管辖范围内的矿区实际开采及治理问题的情况进行制定，更加有针对性地开展矿产资源开采前、开采中、开采后的预防与治理工作。最后，必须建立针对严格的监督及奖惩制度的相关法律，对矿区环境的生态治理做出贡献的必须进行嘉奖，同样对破坏和妨碍矿区生态环境治理工作者也必须以严格的法律条文规范制约其行为，并让其付出代价，从而提高矿区生态环境治理工作的效率，达到理想的目标。

2. 建立和完善生态补偿恢复治理基金制度

我国目前的生态补偿制度还不完善，资金不足也是其中的问题之一。首先，我国矿产资源生态环境修复治理保证金制度并不成熟，对矿业企业的过度开发甚至损害环境的行为起不到很有效的制约和震慑作用；其次，矿产资源税、矿业权使用费及价款等税费制度的生态补偿能力较低，国家财政的生态补偿专项基金压力大导致资金缺乏，从而造成“一波未平、一波又起”的局面：废弃矿区未完成复垦，新建矿区又不断产生问题的恶性循环。因此，我们可以借鉴国外的多元化的生态补偿机制，不能仅仅依靠政府的力量，还应当注重激活市场的活力，用经济手段激励责任落实到位，吸引其他单位、社会团体和公民参与到生态补偿过程中来，设立有效、全方位的资金筹集机制，提高生态补偿的实施效果。

我国的矿山环境恢复治理资金管理制度经历了三个发展历程，分别是由保证金管理，然后到专项资金管理，再到基金管理。在法制的层面上来说，我国目前还没有出现最高权力机关制定的专门用在规范矿山环境恢复治理资金管理的法律制度，仅仅一部分相关的政策性文件可以与矿山环境恢复治理基金相关，以及还有关于整治矿山环境和修复资金管理的政策法规，同时包括一些有关矿山环境整治和修复资金筹集的规范性文件等，通过全面的了解，我们发现这些相关的规定却也是相对零散，没有整理的。

在 2017 年，江西省正式取消了保证金制度，矿山恢复治理将以基金的形式进行筹集，企业将保证金转化为基金。该方案的提出可以更好地加强开展矿山恢复治理工作，但由于以往推行保证金制度，存在保证金缴纳标准过低的问题，不足以覆盖矿山恢复治理成本，再加上相关配套制度不完善，导致矿山恢复治理资金缺口越来越大，地方财政承担矿山恢复治理成本压力很大。随着江西省逐步推进《关于取消矿山地质环境治理恢复保证金建立矿山地质环境治理恢复基金的指导意见》的落实，它成为了解决江西省矿山治理困境的有效举措。

该意见规定矿业企业依据土地复垦方案，严格遵守会计准则处理方法将恢复治理费用预计弃置费用，计入相关资产的成本，并按照一定的标准进行摊销，计入生产成本。企业要设立基金专户，专门反映基金的提取使用情况，把基金专用于矿山恢复治理，其复垦方案执行情况将通过矿业权人勘查开采信息公示系统进行公告。国土资源部门和环境保护部门将加强动态化的监管机制，对不履行生态恢复治理的矿业企业进行惩戒。虽然江西省已经开始建立生态补偿治理基金制度，但其运行不够成熟，江西省需要结合本地实际对意见进行细化，使其更具可操作性；各部门要统一思想，政府部门之间要强化合作，使得监管工作更富有成效。建立生态补偿恢复治理基金制度只是实现矿山恢复治理工作的第一步，如何对相关制度进行完善和保障其实际运转才是今后政府各部门需要仔细考虑的问题。

3. 加强引导公众参与

追逐利益是企业的终极目标，采矿企业也是不避免的，在利润最大化的驱使之下，采矿企业过度开采矿产，使得环境破坏日益严重，为了实现自身的经济目标可能会逃避环境治理责任，使得百姓承受环境恶化的后果，政府最后反而成为环境修复的责任人。采矿活动影响千家万户，监督采矿企业不仅关乎政府责任履行，也关乎公众利益健康，政府有必要引导公众加入到监督队伍，提升矿业企业的守法意识。

采矿企业、政府、利益相关群众之间无时无刻不进行着博弈，采矿企业作为受益者，追逐利益最大化，而矿区群众作为受害者，希望能得到采矿损害补偿，政府作为矿山产权的出让者，代表社会公众利益，有责任去协调因采矿而引发的社会矛盾，强化对采矿活动的监管。在现实情境中政府不可能时刻监督采矿企业，采矿企业会对政府作出的行为进行随机应变，这就导致了政府监管几乎没有什么成效，而社会公众是作为受害者，他们有着很强烈的动机进行监督，只要政府能够进行引导，不仅能最大程度发现矿业企业的违规行为，同时也减轻了政府的负担。在国外，公众的监督权力以法律的形式赋予，群众还可以对矿业企业起诉，充分发挥了群众的主人翁意识；相比较而言，我国群众的参与意识并不是很强烈，群众对于生态保护和自身权益意识淡薄，不能有效采取行动制止采矿企业行为；相反，采矿企业作为强势主体，不仅熟悉相关法律法规，也了解矿区群众的心态，它们大肆砍伐森林，过度开采矿产，使得脆弱的生态环境雪上加霜，政府各部门职责重叠，监督不力，使得守法采矿企业和矿区群众保护环境的积极性受挫。由此可见，发挥公众参与积极性对于江西省矿区生态保护与治理意义重大。

4. 征收生态补偿费

最近几年，通过我国陆续制定的相关法律制度，积极参与矿产资源开发补偿，保护生态，并且结合矿山环境恢复保证金和矿山环境治理备用金制度，很大程度上推动了生态补偿这一工作的更好完成，目的明确，治理和恢复了矿区生态环境。

通过各级地方政府征收的生态环境补偿费也为各级环保部门提供和带

来很多经济上的支持。例如在广西，政府利用征收的生态补偿费，开展了水土流失和农田污染的治理，取得效果还是相对良好的。再比如福建省，通过征收生态补偿费，解决了矿区村民的搬迁和饮水工程问题。在这些地区的实践中，生态补偿费推进了矿区生态环境的修复治理，同时矿区安全意识的提高最终在一定程度上降低矿难的发生频率。虽然在当时开征生态补偿费对治理矿山污染与破坏起到了积极作用，但是由于当时我国对于生态补偿认识不够全面，针对生态补偿的范围理解比较狭隘，资源的开采引发的矛盾很多都难以解决，随着国内外理论和实践的探索不断丰富了生态补偿机制，也同时推动着我国生态补偿实践的深入发展，不论今后我国生态补偿走向何处，历史上生态补偿费的实践对环境的恢复治理都是一个很好的借鉴。

5. 实行新旧矿山分治

坚持新旧矿山分治，新矿山采用谁破坏谁修复的原则，旧矿山的恢复治理工作由政府负责治理，可以有效提高矿山恢复与保护的效率。国外实行新旧矿山分治政策非常成熟，美国、德国、英国等发达国家关于新旧矿山分治有着丰富的经验和严格的流程，使得矿山恢复治理工作井然有序，成果显著。

德国为矿区生态恢复治理成立了专门的复垦公司，由其负责修复东德时期留下的废弃矿山，所需资金由政府投入为主；对于新矿区，德国颁布了《矿产资源法》，明确了采矿企业的环境恢复治理责任，要求将矿区重建为规划要求的状态。为了保证其顺利实施，德国构建了有效的保障体系，从法律手段、规划手段和技术手段入手，使得生态恢复重建具有可操作性。

美国在矿区生态恢复方面也采取了类似的分类管理办法，《复垦法案》是划分复垦责任的界限，由此明确了新旧矿山的治理责任。对于法律颁布前的废弃矿山，美国主要通过建立复垦基金的形式进行治理，其资金来源于采矿企业缴纳的费用、滞纳金、罚款及捐赠等，对于法律颁布后的生态治理完全由采矿企业负责修复。美国自推行《复垦法案》以来，矿区土地复垦率非常高，究其原因在于美国形成了从联邦到州的整套土地复垦制度，并且善于因地制宜，立法非常详尽、明确、可操作性强。

国外的矿产资源开发生态补偿责任的划分通常是以法律的颁布为时间

节点，界限清晰，将需要生态补偿的矿区分为新矿区和旧矿区并设立不同的生态补偿模式。但矿产资源开发生态补偿制度的核心问题之一还是由谁承担责任和应当承担什么样的责任。若仅仅是政府补偿模式，无疑会加剧国家财政的负担，而且容易导致矿山企业的权责不对应，享受了巨大的利益却没有承担相应的义务，这样会造成矿山企业不顾后果的过度开采行为，不利于后期的治理恢复工作。基于以上原因和国外的相关经验，我国首先应明确规定新旧矿区的责任分界点，使责任范围和责任内容清晰明了，各个责任主体才能集中力量专注于各自负责区域的矿区环境问题，减少因责任不明导致的互相推诿等情况，提高矿区生态环境修复治理的整体效果。

6. 完善矿产资源监管机制建设

我国的矿产资源监管重点是完善监管部门，特别是要调动基层监管部门和人员的积极性，建立一个完善的激励机制、明确细致的问责机制、深化矿产资源信息公开机制、细化公众参与机制。

在治理现代化的进程当中，矿产资源的监管问题是无处不在的，并且伴随着时代的变化而不断发展。我国目前处在深化改革的攻坚阶段，在改进不适用于现代化进程的各项体制过程中，如果仅依靠政府部门推动改革，这会是非常困难且艰巨的，这就需要在党和国家的领导下，各主体积极发挥自身作用，推动矿产资源法律体制以及各项机制的改革。

而影响矿产资源监管的因素非常多，涉及方方面面，监管效能的发挥是各种因素共同作用的结果。政府作为我国矿产资源监管的主体，仅仅依靠自身的廉政建设是远远不够的，为了防止出现“灯下黑”的状况，应该形成在党的领导下，各种监督权力共同作用的监管模式。发挥党内监督的作用，第四种权力的监督作用以及社会公众的监督作用等，不断加强党在矿产资源监管的领导带头作用，建立健全各项体制机制，推动监管主体在法律和制度框架内行使公权。矿产资源监管实现治理现代化目标离不开法律体制和监管机制建设。法律体制是进行监管的重要保障和依据，矿产资源领域法律体制滞后和不完善会直接影响到监管主体的监管效果，因此，完善矿产资源领域的法律体制是当下我们亟须解决的问题。同时，监管工作的顺利推行需要各项工作机制共同作用，受到传统文化以及现实国情等各种因素的影响，矿产资源的监管机制发展还不完善，需要根据实际问题不断进行修正和改革。

7. 建立严格市场准入与退出机制

与国外严格的准入、退出机制相比，我国矿产资源的开发具有尚缺乏有序性及进入与退出市场容易的特点，这不仅造成了矿产资源的耗损和浪费，也会加速矿区生态环境问题的产生，矿区居民的生存环境也会恶化，矿区城市的发展也会滞缓，对和谐矿区的建设进程也会产生不利影响。国外早在 20 世纪初期就开始建立严格的矿产资源开发市场准入准则和退出机制，这种预防为主、兼重治理的机制很值得我们学习，在矿产资源开发之初将生态环境问题控制在最低限度内，开采过程中就同时进行复垦计划，可以在缩短治理时间的同时更高效地完成生态环境恢复治理工作。

对于国外矿产资源开发生态补偿机制的宝贵经验，我们要学会扬长避短，积极吸收优点与长处，完善法律法规体系，增加可操作条款；明确不同责任主体的责任界限，妥善处理不同矿区的环境问题；严格控制进入矿产资源市场的企业数量与质量，将复垦方案、保证金等与采矿许可证制度挂钩；拓宽矿山环境治理资金的来源路径，保证专款专用；实行严格的监管制度，设立专门的管理检查机构，形成政府监督、公众监督、企业自我监督等全方位的监督体系，预防开采活动外部成本的产生，各方协同合作，共同建设绿色、和谐的矿区。

第六章

江西省矿产资源开发环境生态补偿政策建议

本书综合利用博弈分析法、层次分析法、文献分析法等研究方法，对江西省矿产资源开发环境生态补偿进行研究，分析了目前江西省矿产资源开发环境和补偿政策现状，构建了矿产资源开发生态补偿指标体系及费用征收模型，归纳并借鉴了国内外有关矿产资源生态补偿的实践经验。根据研究结果，提出江西矿产资源开发环境生态补偿的政策建议如下：

一、发挥市场和社会参与机制，拓宽生态补偿资金渠道

对于矿山环境治理与生态恢复，市场化的运作机制在其中起着非常重要的作用，它在推动发达国家的矿山环境治理与生态恢复工作方面均取得了良好的成绩。例如，美国建立了专业化的土地填埋和复垦公司，它们按照市场化的运作机制，取得了丰厚的商业利润，其利润主要来源于三条途径：一是废弃固体处理费；二是土地复垦收益；三是土地复垦互惠机制。

我国一直高度重视市场机制作用，将其视为资源配置的基础性手段。矿产资源开发环境治理与生态恢复也可以引入市场化运作手段，吸收社会资金以克服政府资金投入不足与资源配置低效率等问题，推行产业化经营，逐步形成政府政策引导为辅，企业为主导的新趋势。为了实现上述目标，可以采纳下列建议：

1. 探索矿山治理与生态恢复市场化机制

首先，要把政府补偿和市场补偿结合起来。政府补偿是指政府作为补

偿主体对生态利益提供者进行补偿，并主导生态补偿的方式。市场补偿是指生态效率的提供者和受益者根据市场规律对生态服务功能或生态产品进行定价，然后由生态效率的受益者向生态效率的提供者购买的方式。矿产资源具有准公共物品属性和矿产资源开发环境问题带来的外部性两个综合因素。矿产资源开发补偿最初是由政府主导的市场来补充的，然而由于政府资金有限，矿产资源开发补偿巨大，政府不能单独承担。因此，政府在进行干预和引导的同时，还必须吸引市场机制，运用一定的经济激励手段，促进私人资本参与矿产资源开发，作为政府补偿的补充以实现矿产资源补偿市场化。允许设立专业的矿山环境管理和生态修复公司，不依赖政府或矿业公司，独立经营，自负盈亏，独立承担法律责任。政府承认公司在法律层面上融资和运营的合法性。为鼓励其发展，政府还可以在政策性贷款、减税、免税等方面给予此类企业优惠措施。探索多种融资方式对矿山治理和环境恢复具有重要意义，政府可以允许治理公司通过直接融资和发行股票或债券等间接融资方式筹集矿山环境治理资金。

在矿产资源开发过程中，传统的环境治理模式通常是政府主导的单中心、自上而下的治理模式，而矿产资源开发带来的环境问题往往是多元的、分散的、长期的。矿业公司存在转移私人社会成本的动机，造成以政府为主体的环境治理模式虽然可以使用强制性和统一的管理措施来解决环境污染的问题，但仍然受制于环境治理费用过高、成效缓慢以及环境治理能力有限等问题。

公众是环境污染损害的直接利益相关者，环境污染的影响也是公众最先发现的。因此，充分调动广大群众的意识，发挥他们的监督能力，对减少江西省矿产资源开发的环境污染具有非常重要的现实意义。在这一过程中，政府部门应积极引导公众权利，搭建公众参与平台，鼓励地方非政府组织参与，共同治理和监督环境污染问题。

2. 建立社会融资参与机制，拓宽生态补偿资金融资渠道

首先，矿山治理和生态环境的恢复关系着千家万户，调动社会公众积极参与到矿山治理与恢复生态环境的行动来，不仅可以为其筹集到复垦资金，还能弥补政府管制存在的一些缺陷和市场失灵的问题。如果生态补偿基金只有政府的转移支付，由于资金的有限性和分散性，补偿基金很可能无法完全到位，就会导致矿产资源生态补偿难以有序实施。我们必须明确的一个事实是：矿产资源开发造成的生态环境问题，不只是政府和企业的责任和义务，也是公众的责任和义务，需要公众的参与。

其次，建立多层次的生态补偿基金渠道。一是财政融资渠道。主要包括财政转移支付和国债发行。其中，财政转移支付是最重要的形式，加大对矿产资源开发区域的补贴和奖励力度，加大财政支付力度，确保矿产资源开发有足够的生态补偿资金。二是企业融资渠道。矿产资源开发企业是矿产资源开发生态补偿的重要主体，在解决由资源开采引起的各种生态环境问题时必须自觉承担责任。此外，政府还可以根据江西省的实际情况，合理地征收一定额度的矿山环境恢复治理保证金，用于矿山生态环境的修复和治理。三是社会融资渠道。在这方面，政府必须发挥宏观指导的作用，建立能够吸引社会资本的市场机制，制定有利于企业、个人投资生态建设和环境保护的政策与规定，并且协调、激励、引导民营企业和个人进入矿山生态环境恢复治理和综合环境控制关键领域。

二、建立多元化生态补偿资金筹集机制，保障补偿资金来源

为增加江西省矿产资源开发生态补偿基金的资金来源，建立多元化的江西省矿产资源开发生态补偿基金筹集机制迫在眉睫，江西省矿产资源开发生态补偿基金不能保证有足够的矿产资源开发矿山环境恢复生态补偿基金和矿山居民补偿基金。因此，江西省人民政府迫切需要建立多元化的矿产资源开发生态补偿基金筹集机制。江西省矿产资源生态补偿资金可以从以下几个方面筹集：

1. 完善矿山环境恢复治理保证金制度

到目前为止，我国大部分地区只建立了矿山地质环境恢复和治理的备用金制度，这些资金主要用于矿山开采过程中出现的泥石流、滑坡、地面塌陷等特殊情况，但是没有相应的财政资助来恢复和处理采矿造成的环境污染和破坏，例如大气污染、水污染、固体废物污染等，也没有相应的资金对开采过程中造成的环境污染和破坏进行恢复和治理，而且还没有足够的备用金制度来约束和治理，长此以往生态环境就会变得更糟糕，等未来

真正着手治理的时候也会更加棘手。因此，江西省应建立和完善矿产资源开发的环境恢复治理备用金制度，这也是增强开发商责任感和使命感的必要措施。所以，我们要充分考虑备用金制度的完善方面，该基金不仅要包括矿山地质环境维护基金，还要包括环境污染和生态破坏修复基金，同时，要加强对矿工综合素质的评价和考核，选拔具有较强环境意识的人员。具体项目包括：一是明确界定标准和范围、规范和细化程序。既要保护矿山的地质环境，又不能消除矿山企业恢复经营的积极性，不能做得太多，也不能做得太少，必须把握好这个度，这就需要根据具体情况进行科学分析。二是完善矿山许可证制度、矿山环境恢复认证制度和矿山环境评价制度。将采矿许可证与矿山环境恢复制度挂钩，在提交采矿报告时，还需要在采矿报告中提交详细的采矿影响评价和恢复计划，并支付高额保证金。如果承诺不兑现，支付的保证金将扣除，并报环境保护部门用于后续恢复被破坏的环境，取消矿工开采新矿的资格，从而提高采矿者的环境保护意识。

2. 建立废弃矿山恢复治理基金制度

在建立废弃矿山恢复治理基金制度之前，必须首先弄清楚新老矿山的划分，这可以用1989年的《土地开垦规定》作为分界线，在该法的制定颁布之前称为老矿山，也就是废弃矿山，在此法颁布后开发的就是新矿山。2001年，财政部和国土资源部设立了专项基金以控制矿山的地质环境，并将其用于支持计划经济时代和废弃矿山地质环境治理的历史遗迹问题上面，但是由于专项资金有限，不能满足江西省政府恢复废弃矿山的工作，建议江西省以专项资金为主体，在其他市场化融资渠道中筹集更多补充资金，并用以对江西省废弃矿山进行有效的治理。

3. 制定矿产资源生态补偿费制度

在矿产资源开发领域，大多数现行税费的目的是调节资源开发的收入，为资源勘探提供资金，并实现国家资源的产权和利益，然而矿产资源开发对生态环境的破坏以及生态修复的成本却尚未得到反映。因此，我们需要在现有矿产资源税费的基础上，增加矿产资源开发的生态补偿，以体现和弥补矿区的生态环境价值。

4. 建立生态补偿效益评价体系

科学评价生态补偿效益是矿产资源生态补偿运行机制中非常重要的一环，它与后续项目的实施和矿山居民的利益密切相关。因此，建立科学合理的矿产资源开发生态补偿评价体系，不仅有利于准确核算矿区生态环境的恢复和重建，而且可以通过评价体系确定生态补偿的方式、资金量及期限，这对于实施生态补偿至关重要。科学合理的生态补偿效益评价主要包括生态效益、社会效益和经济效益。

5. 健全矿产资源开发生态补偿监管制度

现阶段的矿产资源开发生态补偿管理制度存在一些不好的情况，例如资金的使用与监管部门不协调，造成部门各自为政、多头管理以及环境管理权限分散等监管制度不完善的情况。对于生态补偿管理体制中存在的诸多弊端，可以通过分配好生态补偿不同领域之间的工作，加强中央与地方之间的合作，成立具有权威性的生态补偿组织来对各地的生态补偿进行协调管理和工作指导，做好这几方面工作可以进一步完善江西省生态补偿的监督管理机制。

6. 建立健全生态补偿公众参与和激励机制

提高公众的环境保护和生态补偿意识，可以通过定期开展环境保护宣传教育讲座，发放调查问卷和参加座谈会、听证会和论证会等方式来使得公众了解生态环境的问题以及提高环境保护的意识。提高企业参与生态补偿的积极性，具体可以通过拓展生态补偿融资渠道和鼓励矿山企业采用先进技术来尽量减少生态环境的破坏及企业负担，以实现企业盈利目的的激励机制。

7. 加强资源税管理

如今，在现有的征收标准中，石油、天然气和矿产资源是资源税的主要征收对象，而资源税的纳税人范围仅限于某些采矿业中最原始的开采者，不包括那些频繁开采的企业以及加工矿物产品的企业。矿产资源补偿费虽然可以提高矿工的环保意识，但对于矿产加工企业没有约束力，因此对资源的合理开发利用会产生负面影响，所以扩大纳税人和矿产资源补偿征税范围，提高资源税税率是非常有必要的。尽管中国已经进行了资源税改革，但大多数资源税税率在2% ~10%之间，资源税的纳税人只是在管辖范围内的领土和水域内开采应税资源或生产盐的单位和个人。中华人民共和国对矿产品的应税资源范围仍然不大，只有五个税项，且矿产品加工企业加工矿产品销售环节是不征税的。正如国外对奢侈品征收关税一样，为了减少或控制奢侈品的使用，国外对奢侈品征收高额税款并扩大了奢侈品种类。因此，中国应效法国外，在将矿产品加工企业纳入资源税征收范围的同时提高税率，加大矿产资源开发的生态补偿力度。

三、加强和完善矿产资源生态补偿立法

到目前为止，我国现行的矿产资源生态补偿立法水平还比较低，并且分散在不同的法律法规中。当前法律法规中对于生态补偿的相关制度问题尚无统一规定，有关矿产资源开发的相关法律仍处于起步阶段，对生态补偿的法律约束很少。自2012年党的十八大以来，以习近平同志为核心的中共中央高度重视生态文明进步，“五位一体”的发展理念成为中国的社会主义现代化新时代的主题。围绕生态文明建设，中共中央2013年发布的《关于全面深化改革若干重大问题的决定》，着力从实行资源有偿使用制度和生态补偿制度，提出要加快自然资源及其产品价格改革，逐步扩大税收以占领各种自然生态空间。在2014年全国人民代表大会修订的环境保护法中明确规定“保护环境是一项基本国策”，并使生态保护和生态补偿合法化。后来，财政部、国家税务总局与国家发展和改革委员会联合发布了《关于实施矿产资源税改革的通知》及《关于全面清理矿产、原油和天然气相关费用的通知》，规范资源税费制度。2015年，中共中央、国务院关于加快生态文明建设的意见指出“要发展绿色矿山，加快绿色矿山建设，完善生态保护补偿机制”。自2016年以来，国务院及其下属部门一直致力于生态补偿和有偿使用矿产资源。先后发布了《关于加强矿山地质环境恢复和综合治理的指导意见》《全国矿产资源总体规划（2016 ~2020年）》《国务院关于全民所有自然资源资产有偿使用制度改革的指导意见》《矿产资源权益金制度改革方案》《国务院关于印发“十三五”生态环境保护规

划的通知》《关于加快建设绿色矿山的实施意见》《关于划定并严守生态保护红线的若干意见》等文件，确保了生态红线的优先地位，强化了地面生态补偿政策。2013 年以来，我们不仅加强了对生态补偿的源头控制，还加强了现场监督和事后审核，确保了矿产资源合理有序开发。在我国矿产资源生态补偿政策和法律的演变过程中，可以看出矿产资源生态补偿的法律依据不够充分，国家没有直接的一级法律规定。从《矿产资源法》和《土地管理法》以及相应的配套法律法规中寻找依据也仅有只言片语。尽管自 2006 年以来已发布了地方一级的相关文件，但它们只是规范性文件，其法律效力难以体现。

目前，矿产资源的生态补偿政策还处于“摸石头过河”的阶段，因此江西省应该加快生态补偿立法，完善矿产资源生态补偿法律法规体系，颁布生态补偿基本法，明确生态补偿的内涵，明确生态补偿的主体、补偿的内容和补偿的对象、补偿标准和补偿方式。建立生态补偿的基本原则，既要发挥政府的主导作用，又要发挥市场的调节作用。加强矿产资源生态补偿法律法规建设，坚持保护矿产资源、造福矿产资源、恢复矿产资源的原则。在明确矿产资源所有权的基础上，确认其相关的权利和义务，以确保将环境和资源成本内部化为使用者和受益人，并促进资源的有效利用，加强环境的保护。在现阶段，首先可以规定相关的生态补偿内容，以使试点生态补偿政策在法律上的成功得到确认，还应严格控制瓦斯和污水排放，改进以罚款增强矿业企业税收保护意识的形式，确定矿区的相关标准和方式；其次可以针对具体事项制定相关法律，例如如果矿区开采后恢复开采的可能性很低，则可以使用法规对企业进行约束，强迫企业合理开发等。

正在进行生态文明建设的江西，客观上需要生态环境治理能力与治理体系的法治化、现代化，因此，为克服上述“制度困境”，有必要从以下几个方面进行立法完善。

1. 明确相关主体的权利义务结构

未来的《江西省矿产资源开发生态补偿条例》可以明确规定责任方和补偿主体的权利和义务，这样可以解决责任分配水平低、缺乏系统性责任的问题。通过系统的重组，可以大大降低系统设计和系统运行的成本，从而达到系统公平高效的价值目标。

第一，确定生态补偿的主体，实现破坏者、受益者和受害人之间的利益平衡是生态补偿系统设计的本质。首先，环境保护产业或维修项目仍然需要国家的投资和支持才能切实做好环境保护工作，因此江西省人民政府应当始终承担责任。其次，生态补偿的补偿主体应为矿产资源开发损害的受害者、生态保护建设的服务提供者和失去发展机会的资源型城市。最后，由于国家监管具有社会性，所以社会中介组织和团体可以执行国家监管的某些功能。因此，生态补偿制度需要增加参与实施的社会主体，如民间生态恢复与治理机构、第三方评估机构、第三方审计机构、社会基金融资机构等，它们也是生态补偿系统的重要参与者。江西省人民政府及其部门应当在有关规章制度中明确规定矿工或者采矿申请人要承担生态环境管理和恢复的责任，同时，由于矿产资源受益人的开发利用还应承担相应生态环境治理和恢复的责任，因此应该将江西省矿产资源开发生态补偿的主体编入相应的规章制度。受益人以外的采矿或采矿申请人也纳入矿产资源开发生态补偿主体，并根据受益人的利益，按一定比例支付矿产资源开发生态补偿费，承担并履行矿产资源开发生态补偿的义务与相应的矿山生态环境恢复的责任。

第二，合理分配每个主体的权利和义务。如前文所述，作为生态补偿最重要的责任主体的矿山开发企业，所享有的权利主要包括矿产资源开发利用权、政府生态补偿参与权、监督权和采矿权、知情权。应当承担的主要义务是制定矿产资源开发计划和实施方案、缴纳各种生态补偿税费、提取环境恢复和治理保证金、积极组织矿山的生态恢复和治理并对矿山生态环境进行评价。政府作为国家法规的重要主体，其对生态补偿机制进行监管更需要法律授权，因此，要明确其权力和责任，即实施生态补偿政策和生态补偿税收行为，以及矿山生态环境治理等造成的主要责任、历史遗留问题或自然灾害的治理等，并据此做出让相应的责任人承担相应的民事、行政、刑事责任的决定。对于赔偿的主体，必须明确规定其公众参与权和损害赔偿权等权利。

2. 科学确定生态补偿费的补偿范围与征收标准

首先，由于目前生态补偿的范围集中体现了对事物的“补偿”，几乎忽略了生态功能的价值补偿，因此可以发现在“补偿”中对人的补偿机制尚不明确，存在此类问题是不完整的补偿领域。因此，江西省未来矿产资源开发生态补偿条例应当规定生态补偿的范围包括基于生态功能下降的补偿与基于保护生态丧失发展机会的补偿两类，明确其具体内容可以是：补偿环境污染损失、生态破坏损失、采矿企业和居民损失、牺牲矿业城市发展的机会。特别是对矿区居民（受害人）的补偿，应当加强补偿，补偿领域应扩大到医疗卫生、贫困、移民安置、养老等问题。在确定生态补偿标准时，应考虑生态恢复的难度，重置成本和对居民的损失等因素。

其次，江西省矿产资源开发生态补偿征收标准是完善江西省矿产资源开发生态补偿体系的核心问题。江西省矿产资源生态补偿费征收标准可以从两个方面确定：一是根据江西省不同城市矿产资源开发区的生活条件。由于江西省地域辽阔，不同城市之间的政府财政收入差距较大，因此在提高生态补偿费征收标准时，有必要充分合理地考虑矿产资源开发区的生活条件和经济发展。二是确定各个矿区的矿产资源分布。江西省不同矿区的矿产资源分布差异很大，因此在提高矿产资源开发生态补偿费征收标准时，有必要从确定开采难度和矿产资源稀有程度来确定。

3. 进一步健全税费制度

矿业企业是以营利为目的，以获利为原则的组织，如果不规范使用矿产资源，则会导致负外部性，最终导致市场失灵。为了解决这种失败，国家需要使用一个合理的税收和收费系统调整实现矿山企业之间的平衡和社会的整体利益，并内化其负外部成本，最终实现国民经济的稳定、绿色发展。为此，江西省税费制度的完善可以从以下两个方面着手：

一是完善资源税制度。资源税实际上是国家调整矿产资源水平的一种再分配方式，因此，设计资源税制度时应首先强调资源税的“层次调整”，淡化“一般征收”，还要适当提高资源税负水平，建立浮动税率机制。此外，为了使矿山企业负担的资源税费科学地反映矿山开采阶段的资源耗竭成本变化和变化引起的市场变化，可以采用“从价率”逐级开采。最后，在调整矿产资源水平差异和国有资源有偿使用的基础上，增加矿产资源的生态价值补偿功能，使矿山开发的负外部性内部化。

二是改革现有资源补偿制度。我国现行的资源补偿制度可以借鉴国外的特许权使用费制度。矿区特许权使用费是大多数国家对矿业企业征收的资源补偿费，反映了矿产资源使用者对资源枯竭的补偿和国家或政府对矿产资源所有权的收入。在每个国家的实践中，特许权使用费都被纳入国家预算。矿区使用费通常按照国家总体规划纳入国家总体发展规划，并按一定比例返还给各省和地方政府，用于矿业的可持续发展。哥伦比亚宪法更加明确地规定，所有的特许权使用费都属于地方政府。事实上，矿业活动管理部门和地方政府是矿区使用费的最大受益者，而中央政府实际上并不享受矿区使用费的利益。受益部门的特许权使用费应当优先用于环境卫生、教育宣传和公共设施的建设。我国的资源补偿制度也是对矿业企业和国家的一种耗竭补偿。二者在本质上是一致的，这为中国建立特许权制度提供了可能性。首先，针对目前资源补偿费征收标准较低的现状，可以在借鉴国外经验的基础上适当提高资源补偿费征收标准，以反映矿产资源的枯竭。其次，针对矿产资源补偿费与其职责不相匹配的问题，可以改变现有的共享结构，中央政府可以减少分享比例，市、县的分享比例可以增加，可以形成地方政府的责任与利益相匹配的生态环境恢复治理的激励机制。最后，在解决资源共享问题时，需要解决的是利用地方生态补偿，即专项资金用于矿业的可持续发展。特别是矿区政府的资源补偿应首先用于环境卫生、教育宣传和公共设施建设，以充分发挥资源补偿的制度功能。

4. 完善生态补偿基金制度

综上所述，由于矿业企业的利润导向型性质，他们往往不愿修复和处理矿山环境，特别是在恢复和处理历史问题和自然灾害造成的矿山生态环境方面，这需要国家设立投资调整专项资金。针对江西现有生态补偿基金制度的缺陷，可以从以下几个方面进行完善：

一是借鉴国外经验，完善矿山地质环境管理小额现金制度。第一，应改变备用金的单一适用范围，将其扩大到水污染、空气污染、固体废物污染和植被破坏等环境问题的恢复和处理。第二，应澄清小额现金的收费标准，即小额现金的金额应大于开垦和生态恢复的实际成本，并应由第三方检查和审核。第三，应建立第三方评估制度，以避免政府评估的不专业和“寻租”。第四，为解决矿业企业融资难，资金周转困难的问题，可以提高集资的灵活性，允许矿业企业以银行担保、存款、信托基金、公司担保或母公司等形式实施备用金、担保、信用证和保证金。第五，借鉴国外经验，规定返还的备用金必须保证处理后的长期保存和水土保持，以防止开垦后残留污染造成的二次污染。

二是建立废弃矿山开采管理资金制度。江西省应在借鉴国外经验的基础上，整合现阶段政府设立的环境保护、土地复垦和地质灾害防治专项资金，防止资金的低效管理，探索建立专项资金、废弃的矿山回收系统。首先，应明确指出，管理资金专门用于恢复历史原因或自然灾害造成的废弃矿山的地质灾害和生态环境，恢复土地和水资源环境、发展开垦技术，研究水质控制计划和控制技术以及废弃矿山中矿工的安全保障；并用于保护公共设施，开发向公众和其他受煤炭开采业不利影响的地区开放的公共土地。其次，由于很难确定废弃矿山的责任主体，因此国家需要对其进行调整。例如，美国在其填海法中明确规定，采矿企业应在新建和开发中的煤矿中履行其社会责任，由它们自己进行100%的修复，而国家应承担废弃矿山的环境管理责任。此外，可以通过PPP、BOT（build-operate-transfer，建设－经营－转让）等多种投资方式，还有生态资本市场的培育和发展以及社会捐赠的接受等方式，确保废弃矿区管理和恢复基金的资金来源。这将大大扩大基金的来源和渠道，对于减轻政府在矿区的压力和财政负担并积极鼓励社会参与废弃矿山环境的恢复和处理具有非常重要的意义。

5. 制定矿产资源开发生态补偿监管制度

目前，江西省矿产资源开发生态补偿的监管主体尚不明确，监管职责重叠，具体业务划分模糊，行政权力反复行使，难以形成协同效应。针对这种情况，一方面，江西省国土资源和环境保护主管部门在执行监督职责时，应当坚持遵循法律，严格执法，惩治违法者的原则。它们应调查违规者的相关法律责任，并给予相应的行政或刑事处罚。另一方面，国土资源、环境保护等主要部门要努力消除江西省监督职责分散的情况，避免各部门职能重叠的弊端。因此，要努力做到“改革生态执法体制，努力消除现阶段条块分割与部门职能交叉的弊端，实行垂直管理，以减少地方保护主义对生态执法的干预，彻底解决执法力度不够、监控力度偏软的问题”。在江西省人民政府及其部门制定的规章制度中，行使由所规定的部门负责生态环境的恢复和治理的监管责任，可以使江西省人民政府及其辖区的矿山的管理职责落实到位，避免浪费行政资源和滥用行政权力，可以充分实现矿产资源开发过程中的综合补偿。

6. 实现矿产资源合理开发利用和管理

采矿权使用费和采矿权价格属于矿产资源的合理开发利用管理。要实现有效管理，主要是通过收费的方式。因此，为实现我国矿产资源的合理开发、利用和管理，应当进一步提高采矿权使用费和采矿权价格：

首先，应进一步明确采矿权使用费的性质，尤其是采矿权使用费的性质。在将采矿权定义为使用权的前提下，它不具有对资源使用的补偿性质。所以应当提高采矿权使用费的征收标准，以反映其市场价值。从以上分析可以看出，中国的采矿权使用费类似于一种“采矿权租赁费”，仅由采矿权人为获得国家采矿权而支付，不包括采矿权使用费。对于国家转让矿产资源或采矿经营者对矿产资源的开采权使用费的性质模糊及较低的收费标准是需要明确和调整的关键问题。

其次，在探索建立矿产资源国家权益基金的背景下，完善矿权价格的收集和管理，理清矿权有偿使用与矿产资源有偿使用之间的关系。合理分配财政资金，取消专项资金征收规定，将更多资金用于公益事业和环境保护，以补偿和恢复矿产资源开发区的生态环境，进一步提高采矿权价格评估的科学合理性。

四、完善矿产资源开发生态补偿监管，加大监督力度

随着新的环保法律制度和矿山基金指导意见的推行，对矿业企业实施有效的跟踪监督显得十分必要。进一步强化矿山许可证制度，加强对矿业企业的审查力度，严格把控矿业企业的准入门槛，特别注重矿业企业环境影响评估报告审查，禁止矿业企业违法采矿是强化监督的重要举措。落实生态补偿政策就需要一个尺度去度量生态补偿额度，而有效的监督才能促使矿业企业形成自觉行为，破解主要利益相关者之间的博弈困境，实现各方利益平衡，重要的是政府需要建立相关配套设施，如构建污染源基础数据库信息平台、污染源排放量监测核定平台、污染源排放交易账户管理平台，同时督促矿业企业建立污染物排放的台账，使矿业企业的开采破坏行为时刻处于政府有效的监管之下。

1. 建立专门的矿产资源开发生态补偿管理机构

目前，在与矿产资源生态补偿费有关的征收过程中，由于诸多政治问题，矿区的生态环境管理缺乏足够有效的监督管理。矿产资源税、矿产资源补偿费、环境恢复保证金、污染物排放费、污染物排放权交易费以及矿山环境监督检查制度和公众参与制度的实施，没有具体部门的管理，影响了实施矿产资源生态补偿规定及其机制功能的发挥。因此，有必要建立专门的矿产资源生态补偿管理机构。

1）在国家、省或市（县）级层面成立综合管理机构

一是建议国务院设立跨部门生态补偿机构，协调和管理生态补偿问题。管理机构由环境保护部、国土资源部、国家发展和改革委员会、财政部、水利部等部门和生态补偿有关部门负责人组成。二是资源型省份，特别是生态补偿水平较高的省份，可以建立相应的综合管理机构，负责各省区之间生态补偿的管理与协调，建议省级发展与改革委员会设立生态补偿管理机构。国家管理机构的职能是按照国家授权，协调和管理矿产资源开发的生态补偿工作。省、市（县）政府行政机构的功能是准备生态补偿计划和区域政策，依照国家矿产资源发展计划，提高矿产开发生态补偿资金的统一管理和使用，并监督、检查生态补偿设备和提出具体的功能措施。

2）成立政府决策的技术咨询机构

资源开发的生态补偿涉及方方面面，政府的生态补偿管理机构不需要执行所有的补偿政策和管理所有的具体事项。为促进矿产资源开发生态补偿的顺利实施，可以设立咨询机构、制定政策、实施管理、提供技术支持。该机构由环境保护、金融、工业、土地、农林等生态补偿领域的专家组成。该咨询机构与政府管理层存在委托代理关系，主要职责是为生态补偿的实施制定政策、实施管理和提供技术支持。

3）设立生态补偿监督、检查和评估机构

生态补偿业务十分强大，有必要建立矿区生态补偿监测、检查和评价机构，具体对生态补偿进行监督、检查和评价。机构职责：受政府机构委

托开展生态补偿调查、资源开发监测和质量评估，及时掌握生态补偿实施情况、发现问题、为政府决策提供依据。

2. 加强内部监管力度

《环境保护法》规定，环境保护主管部门应对其管辖范围内的环境保护法执行情况进行统一监督，但这种监督方式的实施效果不好。环保部门和其他地方政府部门属于同一行政级别，因此无法有效监督其他部门的违法行政行为。应进行以下改革：第一，对矿区生态补偿监督部门进行垂直监督，减少对当地的干预，提高监督效率。目前，国家正在试行省级以下环保机构的垂直监测，监督和执法管理模式。利用此模型，可以考虑对生态补偿监督部门进行纵向管理。第二，建立专门的内部监管机构，区别执法与监督。矿产资源生态补偿是在法规实施评价体系内建立的，从补偿的范围、标准、方法、补偿的有效性和充分性、补偿政策的合理性以及公众参与等多方面进行评价，对于生态补偿工作起到了很好的作用。监管机构对利益相关者在经济效益与生态效益之间的平衡中寻求生态补偿给出积极评价；相反，给出负面评价，以找出失败的原因并有针对性地进行改进，以确保可以对矿区进行生态补偿。第三，充分发挥监督作用。监督部门要对生态补偿进行专项监督，加强对关键环节的监督，采取多种监督方式，确保对违法行政行为的及时发现和调查，督促执法部门切实履行职责。

3. 完善外部监管制度

在西方发达国家和地区，如美国等都对矿产资源生态补偿中公众的参与十分重视，建立了完善的公众参与制度。该制度对于环境的有效保护具有极为重要的意义，通过在矿产资源生态补偿体系中设立公众参与制度，能够有效对矿产资源之开发起到监督作用。所谓公众参与制度，即在矿产资源进行开发的过程中，任何公众，不受种族、性别、年龄以及区域等限制，在矿产资源生态补偿立法、执法以及司法等活动中一律平等地享有参与决策的权利。

随着人们的环保意识和法律意识的增强，越来越多的在矿产开发过程中受到伤害的群体参与到矿产开发过程中，这已成为世界矿业发展的新趋势，也成为世界矿业的发展趋势，也是各国采矿立法的重要组成部分。矿区周围的人不仅是矿山开发的直接受害者，还是矿区生态恢复补偿的开垦和受益人，他们积极参与矿产开发，一方面可以促进矿产的生态环境资源补偿，另一方面还可以分担政府的监督责任，增强企业的自律意识。矿产资源开发所引起的环境问题与公民的环境利益息息相关，只有实行公众参与制度，矿产资源生态补偿制度的实施才能发挥外部监督作用。公众参与制度的实施，不仅取决于公民参与环境保护的积极性，还取决于政府信息公开的程度。因此，为了将公众参与制度引入矿产资源生态补偿制度，有必要要求矿产资源开发监管部门和环境保护部门积极履行环境治理，生态环境等环境信息义务。通过诸如报纸，互联网和新闻之类的信息传播来公开信息，环境信息公开能提高公众参与力度，提高公众参与矿产资源生态补偿监督的积极性，因此为公众参与矿产资源开发监督提供合理的渠道具有重要意义。在环境立法方面，还应强调公众参与。具体措施如下："对于涉及公众的总体环境利益的重大事件或存在重大分歧的立法事项，应明确立法听证或公众讨论应为法定和强制性参与；对于一般环境立法，行政机关应有权根据情况采取专家讨论会，座谈会，书面发言，联合协商，征求舆论，甚至公众讨论的形式和渠道进行公众参与。"中国还应逐步扩大公众参与的范围，允许公众和民间环保组织自由签署听证会，而不应将听众限制在直接利害关系人。

4. 建立生态系统动态监测数据共享机制

生态环境的变化是生态系统中自然、生物和人为因素的结果。适当的管理和保护措施可以促进生态系统的发展，同时可能发生生态系统的逆向发展，这给人类的生存、经济和社会发展带来了严重的障碍。对生态系统变化进行全面动态监测，不仅有利于及时了解自然因素和人为因素对生态环境的影响，识别和处理生态系统中的隐患，而且能够在生态系统功能失调之前对生态系统进行有计划的、积极可靠的维护，以减少灾难性事故的发生。因此，对生态系统动力学进行全面监测具有重要意义。经过多年的建设和发展，江西省农业、林业、水利、气象、国土资源和环境保护等部门已经建立了较为完整的生态系统监测网络。但是，由于管理系统的影响，上述行业的监控数据相互封闭，为公共数据共享增加了许多障碍。这些行业共同承担着生态环境管理的责任，但是如果一个部门需要使用另一部门的监测数据，通常需要支付高昂的数据使用费。一方面，这导致了资本成本增大，另一方面它降低了监视数据的使用效率。为了突破江西省工业保护对生态环境管理的壁垒，江西省人民政府应当制定相关法律法规，促进数据共享。

五、加强矿产资源开发生态补偿执法力度

为在江西实施生态补偿政策，有关部门应加强执法力度并且对矿业企业违法行为采取零容忍态度，这是切实执行补偿的保证。没有有效的执法，补偿政策将变成一纸空文，生态保护和恢复的目标将难以实现。为了有效执行生态补偿政策，维护群众的根本利益，应严格检查采矿业的行政许可证和采矿许可证，加强对采矿企业的监督检查和对采矿企业的违法行为进行制裁。

1. 明确执法主体及职责

由于矿区生态补偿涉及的部门很多，只有做到各部门职责明确才不会发生责任空白和利益冲突现象，矿区生态补偿工作才能按部就班地进行。在具体的执法工作中，建议成立一个专门的工作小组，由环境保护部门负责人领导，其他部门国土资源、水利、财政、林业、发改委的相关负责人作为小组成员共同开展工作。发改委负责生态修复项目的总体规划，由其他部门负责具体实施：环境保护部门负责制定矿山生态修复标准和生态修复项目的验收；如果不符合标准，他们还负责组织实施矿山的生态补偿，此外，他们还负责定期发布环境信息并进行监督和管理。国土资源行政主管部门负责地质勘查工作，提出矿山地质环境工程项目计划，并协助环境保护部门制定矿山地质环境生态恢复标准，进行质量监督；林业部门和水利部门应当协助环境保护部门在采矿过程中对植被恢复工程和河道破坏整治工程进行标准和质量监督，财务部门主要负责生态补偿资金的管理和使用审批；定期召开领导小组会议，解决部门之间的协调问题，使部门之间的分工更加清晰，使矿区生态补偿工作有序进行。

2. 实行全过程执法

首先，应制定严格的矿产资源开发市场准入条件，以控制采矿企业的进入。中国现行法律仅规定了矿产资源的开采可以在申请并颁发许可证后进行，但并未明确规定矿业企业的准入条件，这导致了矿业企业准入门槛低，管理混乱的局面。因此，在法律上应当对采矿企业准入条件作出补充规定，包括采矿和环境保护计划、资金规模、专业技术人员、采矿建设规模、恢复率等，还有要同时进行地质灾害防治和土地开垦。此外，要改革我国的采矿许可证制度，法规应规定要有经有关部门评估的环境评估通过恢复管理计划，并全部或部分支付矿山环境以恢复管理保证金，才能获得采矿许可证。其次，要完善生态补偿资金的管理和使用，规范生态补偿资金的专项使用。矿区所在地的财务部门应当对矿床进行统一收取和保管，并用于特殊用途。矿区生态恢复的验收标准，由国土资源部门在环境保护部门的协助下制定和发布。验收不合格，在规定期限内不整改的，环境保护部门应当使用保证金组织实施矿山的生态恢复，由采矿企业承担不足部分，财政部门负责监督。当超支费用数额巨大时（如果超支费用一次超过1000 万元，分阶段管理费用超过 500 万元），采矿企业可在提交生态恢复计划并获得批准后，向财务部门申请使用部分矿床，财务部门不得以任何借口扣留其作为日常支出或福利补贴的补充，要切实发挥内外部监督作用，确保资金使用程序合法、透明，确保矿产资源开发生态补偿资金的到位申请。最后，采矿活动结束后应注意生态补偿执法。借鉴国外经验，法律要求采矿权人在矿井关闭后的 2 年内继续缴纳保证金，以确保成功完成矿区的恢复和管理。改种农作物时，应在农作物成熟后一定时间后进行验收，以确保不会因采矿活动的结束而中断矿区的生态补偿。

3. 构建执法协调机制

矿产资源开发生态补偿具有明显的区域环境问题，为了区分地理环境的差异，现行的环境管理体系以单位行政区域为基础对地理环境进行划分，严重影响环境恢复治理的过程，必须打破行政划分限制，建立执法协调机制，实行跨区域监督管理。建议根据环境特点划分行政区域，并由上一级环境保护部门设立专门机构，负责矿产资源开发活动的监督。相应地，在企业内部设立有关部门协调和处理重大环境问题，用以作为跨区域执法的补充。根据我国现行法律，环境问题由不同部门管理，法规分散而复杂。上级政府负责制定环境治理的基本原则和标准，下级政府应当在此基础上制定具有地方特色的具体实施细则，遵循法律的原则。下级政府不得与上级法律相抵触，下级政府制定的标准不得低于上级政府制定的标准。政府部门在依法执法和履行职责的基础上，要突破部门管理的局限，引入公众参与制度，共同探讨生态补偿的有关问题。

4. 落实执法责任

矿产资源开发的生态补偿工作主要由地方政府进行，因此应特别注意地方政府的领导和问责制。首先，为提高政府的环境目标责任，管理部门应在目标责任说明的制定中纳入生态补偿并明确生态补偿的阶段责任和主体，这是绩效评价和问责制的基础。其次，要建立生态绩效评价体系，将执法的程度与地方政府的成就联系起来，干部绩效评价体系中应包括官员任职期间的资源和生态条件，督促地方政府承担起相应的责任。各级环境保护部门要通过专业培训不断提高执法人员的执法水平，使执法人员能够严格执法。再次，建立了生态责任追究机制，目前执法是在行政执法的基础上，将行政执法与刑事责任执法相结合。按照计划，将矿山治理项目的责任分配给特定的单位和投资者，并明确界定生态责任的缘由和情况。最后，要加强地方政府的监督责任，责任人未按照责任书的内容履行既定责任的，作为执法对象的地方政府应当追究其行政责任。

六、建立和完善政府与部门之间的协同机制

矿山环境管理和生态恢复涉及环境保护、土地、安全检查、水利、林业等多个政府部门。建立和改善许多政府部门之间的有效协调对矿山环境管理和生态恢复具有重要意义。当前，我国矿业环境管理和生态恢复总体上形成了以环境管理部门为主体，土地资源等部门为辅助主体的管理体系。林业部门的主要职责是种树并改善植被覆盖，环境保护部门的工作是减少和遏制环境污染，以生态环境管理和恢复为主要责任。由于在中国建立行政机构时过分强调从属关系，各部门很难协调成一个有机整体，各部门之

间的职责分工仍然不明确，很容易造成管理真空，难以履行职责。发生环境污染事故时，环保部门缺乏必要的处罚手段，对造成污染事故的企业进行处罚。另外，权力集中在政府，政府部门的监督不能提供实时反馈。它们可能及时应对大型企业造成的环境污染，而小型企业缺乏必要的监督机制。根据中国行政管理体制的现状，可以采取以下建议，加快建立江西省政府部门之间的协作机制：

1. 加快建立和完善政府部门之间的有效协同机制

目前，中国的矿山环境管理和生态恢复工作主要由国土资源部门负责，以矿山地质环境整治为工作的核心，但缺乏对植被、土壤和水环境管理和恢复的重视。这是因为国土资源部负责整个项目的质量标准和监督，并对责任全权负责。工作不够系统化，难以适应矿山环境治理和生态修复的综合性和专业性，难以形成联合管理的局面。根据实际情况，省政府可以成立矿山环境治理和生态恢复工作小组，协调财政部门、环境保护部门、水利部门、林业部门和安全生产监督部门的有关工作，并定期举行小组会议以实现有效的沟通。为了实现工作的规范管理，领导小组应当在职能划分、规划制定、资金筹措与管理、项目实施与监督等方面做出有效决策并形成书面指导。

2. 整合现行行政法律制度，依法治理矿山环境

为了有效管理矿山，政府部门需要形成矿山环境管理和生态恢复的技术质量标准，严格执行矿山环境评估制度和“三同时”制度，逐步建立健全矿山环境许可证制度。加快矿山环境管理和生态恢复的法制建设，使各项工作有法有章，环保部门、林业部门等机构要立足实际，整个江西省地区是工作实际的行政法规，并加大政府的协调监督力度，对非法生产企业实行严厉制裁。

七、完善财政转移支付制度，改进支付方式

1. 生态补偿、财政补贴与转移支付

补偿、补贴与转移支付三者都与政府资金转移有关，三者之间很容易

发生混淆。对它们进行阐释、分析之间的联系与区别，有助于加深对生态补偿的认识。

1）生态补偿

生态补偿是保护、维持、恢复和重建生态环境的功能，以避免、减轻生态环境和补偿活动的负面影响。此类补偿活动需要政府的财政支持，但并不完全相同。补偿的方式方法很多，从形式上有资本形式、物质形式、知识形式、人力资源形式，这些来源有补偿资金来源，有政府、社会组织、企业、个人等。政府财政支持只是生态补偿的一个方面，是生态补偿必不可少的一部分而不是整体。

生态补偿需要一定条件，即损失，补偿与损失具有对应关系。生态补偿的损失有两个层次。第一层是生态损失，第二层是生态利益相关者的损失。尤其是生态损失是指对生态系统的破坏，如资源过度开发、生态系统污染、生物多样性减少、生态功能下降等，生态利益相关者损失是指由于生态系统破坏而造成生态系统损失的状态。部分人群或者是由于生态效益外溢造成的一部分人群的生态成本转化为无法弥补的损失。与损失相对应，生态补偿有两个层次：一个是生态系统补偿活动的直接恢复和重建，另一个是生态利益相关者的补偿。生态补偿不仅是政府的行为，也是非政府组织和个人的行为。

2）财政补贴

财政补贴是一种转移支出。这种支出与损失没有对应关系，补贴的支付是免费的。财政补贴是一种政府行为。财政补贴总是与相对价格的变化联系在一起，这具有改变资源分配，供求关系的作用。

中国目前的财政补贴主要包括价格补贴，企业亏损补贴等。补贴针对国有企业、居民等，补贴包括工业、农业、商业、运输、建筑、对外贸易和国民经济的其他部门，以及生产、流通、消费和人民生活的其他方面。从补贴主体进行划分，财政补贴分为中央财政补贴和地方财政补贴。中央政府的补贴包括在中央预算中。中央财政部门负责补贴因政策原因造成的中央政府国有企业的亏损，并补贴部分主要农副产品和工业产品的销售价格，低于购买价格或成本价格。地方财政补贴包括在地方预算中。地方财政部门负责补贴因政策原因造成的地方国有企业亏损，并补贴部分销售价格低于收购价格的农副产品。不难看出，财政补贴是一种经济调节手段，可以服务于各种政治和经济目标，包括生态补偿。

3）转移支付

转移支付包括对企业和个人的政府转移支付和政府间转移支付。政府对企业和个人转移支付大部分具有福利支出的性质，如社会保险福利津贴、养老金、公积金、失业津贴、福利和各种津贴成本等。一些西方经济学家称其为负税，因为政府转移支付实际上将国家的财政收入返还给个人。政府间转移支付是各级政府之间政府财政资金的转移。转移支付通常是指没有明确解释的政府间转移支付。

中国现行的财政转移支付制度是在年度税收分配制度的基础上建立的，包括财政转移支付和专项转移支付。财政转移支付是中央政府对地方政府的补贴，以弥补财政实力薄弱地区的财政缺口。出于财务目的的转移支付未指定资金用途，但是特殊转移支付确实指定了用途，并且地方政府需要根据法规使用资金。转移支付也是政府的一项行动，是财政资金的转移。转移支付和财政补贴之间的区别在于转移支付可以用于财政补贴或其他目的。转移支付作为生态补偿的一种财务手段，可以用于政府间生态补偿，也可以由地方政府根据需要进行安排。

2. 对财政转移支付的建议

一是完善财政转移支付方式，增加中央财政对生态补偿的财政转移支付，建立多元化的融资渠道，实现公共支付方式的多元化。生态补偿最直接有效的手段是财政转移支付。建议江西省在财政转移支付中增加生态和环境影响因素的权重，加大对生态脆弱地区和生态保护重点领域的支持，按照平等公共服务的原则增加财政转移支付。

二是完善中央财政转移支付制度。在我国现行的财政制度中，矿产资源生态补偿制度没有明确设计，在实施与矿产资源补偿有关的一切财政政策时都存在许多问题。目前，矿产资源生态补偿的资金主要来自中央财政的一般性转移支付和特殊转移支付，由于财政资源有限，地方政府仅在一定范围内承担义务。中央政府不仅要履行地方政府的环境保护和生态补偿责任，而且要督促地方政府履行相应的环境保护和生态补偿责任。在确定转移支付时，中央政府没有考虑矿产资源的生态补偿，导致财政转移支付对矿产资源生态补偿的支持不足。从矿产资源生态补偿的角度看，地方政府的生态补偿能力与财政资源不匹配，影响了地方政府对矿产资源生态补偿的能力和积极性。因此，有必要建立一种机制，通过一定的制度建设，进一步发挥中央财政在矿产资源生态补偿中的主导作用，完善中央财政转移支付制度。同时在全国范围内建立矿产资源生态补偿的横向财政转移支付制度。

三是可以建立区域间横向生态补偿的财政转移支付制度。前者是指在没有人类参与的情况下自然产生的价值的一部分，而后者是指在开发和利用后通过人工，物质和财务投入产生的价值。本质上，它们两者都是特定区域和相邻区域中的公共资源所产生的价值。以流域资源为例，上游地区对流域水量和水质的影响明显，而下游地区对流域水量的影响不明显。为了确保流域水量和清洁水质的稳定增长，上游地区必须加强水源的保护和管理，避免实施影响水源地面积的开发建设项目。因此，上游地区要牺牲自己的经济利益，以确保下游地区的生态安全。因此，有必要建立区域间横向生态补偿的财政转移支付制度，有效平衡区域间的经济利益。

八、建立明确的产权制度，完善生态补偿技术

一般来说，一个完整的产权结构具有三个属性：排他性、可转让性和强制性，这是自由市场顺利运作的关键。但是，在中国生态系统服务及其附带的资源不具有产权特征，因为它们很难获得提供生态服务的全部好处，因此很容易破坏生态环境的监护人和建设者的主动性。同时，我国部分产权不完整，造成产权不清、纠纷。这些原因造成了土地利用普通低效的悲剧，生态补偿的供给低于社会的最优水平，不利于矿业生态补偿的推广和实施。

我们将阐明生态环境的产权。目前，中国生态环境的产权理论上很明确，所有权属于国家和集体，经营权属于单位和个人。所有者应当依法向经营者索取利润，经营者应当依法向所有者缴纳税款或租金，并保护、恢复或补偿生态环境资源的损害。但是，在实践中缺乏生态环境所有权会导

致产权模糊、不合理甚至掠夺，还会破坏生态环境资源。在社会主义市场经济条件下，产权清晰不仅是在最小限度的条件下确保有效利用资源，生态环境的投资和生态资源的管理是充分发挥生态补偿机制的作用和必要条件。只有明确产权的生态环境，才能明确补偿主体，科学确定补偿对象，有效保护生态环境和资源。否则会引起利益纠纷，抑制人们对生态环境资源投资、保护和管理的热情。因此，建立生态环境补偿机制必须针对人们对生态环境产权的模糊理解，增强人们的生态环境产权意识，树立全社会"生态价格、环境价格和资源价格"的观念，为建立和实施生态补偿机制奠定思想基础。

资源开发的生态补偿包括资源开发前的预防、开发中的监督和开发后的评价，以及环境破坏造成的环境污染损失的估算、生态恶化的治理和区域开发能力的恢复，这些预防、监督、评价、损失和成本估算都需要科学技术的支持。因此，有必要建立一套适合生态补偿的环境技术支持体系。由于生态补偿具有较高的技术性，有必要加快建立科学的环境管理和技术支持体系，对生态损益进行定量研究。只有定量反映资源环境的生态损益，才能合理确定生态补偿标准，提高资源开发的科学、准确的生态补偿水平。一是环境科学技术标准体系。近年来，我国环境标准体系不断完善，包括国家环境标准、地方环境标准和环境保护部标准。它可以分为污染物排放标准、环境质量标准、技术标准等不同类别，为环境保护信息的披露、目标评估、执法监督提供了保障。下一步要继续补齐缺失的标准，根据社会经济发展环境的变化及时修订制定新的环境标准。制定标准应当结合我国不同地区的实际情况，遵循统一、适宜、有效的原则，建立差异化的环境标准和质量体系。此外，我国环境标准体系应逐步赶上国际先进水平，提高环境质量标准，收紧污染物排放标准，考虑环境标准与人们真实生活感受的相容性，使环境标准具有坚实的群众基础。二是环境质量监测评价体系。中国已经基本上建立了一个全面的环境监测系统，为公众提供基本的环境信息，但是仍然存在问题，如不完整的覆盖、不完美的环境因素以及监控系统还没有自动化，特别是环境监测的结果之间的差异和公众的主观感受。未来，随着物联网、地理信息系统、卫星定位系统等技术的应用，以及环境监测技术的发展，中国将完善和建立全覆盖、实时的环境监测系统。其中，环境监测不仅包括环境质量监测，还包括对各种污染源和风险源的实时监测，从而构建一个支持科学决策的环境信息系统。三是环境管理和执法体系。制定环保管理制度。根据资源开发利用与生态环境保护监督分离的理念，建立了统一的生态系统保护监督体系。

生态补偿是生态补偿的主体和客体的核心问题，生态补偿、生态补偿标准在环境损害、环境污染等污染损害的补偿标准和相关标准模型三个方面可以作为政府推动补偿工作的方向，政府需要相关问题结合实际细化补偿主机指数法和面积，本书认为在某些情况下薪酬指数可以作为决策参考线，制定具体补偿标准，本书建立的补偿模型仍有一定的参考价值，关键是政府部门采取对策、落实措施，只有这样，才能增强江西矿业生态补偿的可操作性，有效维护利益相关者的利益。

九、加强宣传，提升社会生态补偿意识

由于我国生态补偿的起步较晚，对生态补偿的理解也比较单一和局限，生态补偿在制度和实践上都得到简化，生态补偿的重要性以及相关政策措施不够完善，公众对此也不够了解。对于个体公民来说，在生态污染事件发生的情况下，在不影响其正常生活的情况下，普通居民很少关注环境保护和生态补偿的相关问题。在政府层面，有些地区对生态补偿机制的建设是不健全的，对其上游地区的维护和所需承担的责任也是不到位的，忽略了流域生态补偿和整体完整性的影响，某些地方将生态补偿视为单一政府财政援助，忽略了其产业升级和可持续发展；在国家一级，政府更加重视重点生态功能区的垂直转移支付和管理，小流域内的生态补偿管理也比较分散。因此，在今后的生态保护工作中，各省应加强对小流域生态补偿的行政管理和政策指导，以加快推行绿色 GDP 绩效评估体系，促进相关政府部门的口口相传。生态补偿在于充分发挥社会力量的同时，通过新闻舆论引导，生态科学教育活动，建立社会参与的生态补偿机制等途径来增强我国各级公民和组织的生态补偿意识。

正确认识矿产资源开发对当地经济、社会和环境的影响对于改善当地居民的福利非常重要。我们不能只看矿产资源开发的经济利益，而忽略污染和对环境的破坏。当前，试点地区的生态补偿意识薄弱，“谁发展，谁保护，谁受益，谁补偿”的意识还未深入人心。我们将确保电视、广播和互

联网平台等信息的传播渠道畅通无阻，并确保当地居民能够详细、准确、及时地掌握生态补偿政策。建立生态补偿机制的社会基础是通过多种渠道和形式加强宣传教育，提高当地居民对生态补偿的认识。各级地方政府领导班子要树立绿色发展理念，充分认识环境资源成本，以可持续发展为最终目标。创造良好的环境，保护环境和生态。使矿业企业和居民自觉抵制不良行为，以保护环境为荣，以破坏环境为耻，树立好英雄榜样。使每个企业和人民都能树立生态环境保护责任，使全社会都明白“谁发展，谁保护，谁受益，谁补偿”的原则，矿山的生态环境破坏和污染者必须尽可能恢复矿山的原始面貌或支付赔偿税（费用）。同时，全社会要增强矿山生态补偿的意识，大力宣传矿山生态补偿的有关政策，使全社会能够积极参与矿山生态补偿，形成大家参与和参与监管的良好氛围。

加强生态环境保护教育，培养生态意识。“环境是民生，绿色的山峦是美丽的，蓝天是幸福。”每个中国人都有一个拥有蓝天，绿地和清洁水的美丽家园的梦想。习近平总书记十分重视保护生态环境，并经常用巧妙的话语作出生动的解释。生态环境是人类生存、生产和生活的基本条件。长期以来，党和政府高度重视并将生态建设和环境保护作为一项基本国策。实施西部大开发，也是加强生态环境建设的重要措施。在中国共产党的领导下，在各族人民的共同努力下，中国生态环境保护取得了可喜的成绩。但是，由于自然、历史、人为等原因，中国的生态环境形势仍然十分严峻。生态环境建设的动力源于公众，在依靠政府加强环境治理和保护的同时，我们必须动员公众积极参与。这不仅符合我国的现状，而且是彻底改善生态环境的根本。为了保护生态环境，我们必须从自己做起，从周围小事做起。为了从根本上解决中国的生态和环境问题，我们需要充分发挥中国人口和资源的巨大潜力。参与生态建设的方式很多，关键在于每个人自己。我们应该自觉养成良好的生活习惯，在日常生活中严格节俭，防止浪费，珍惜资源，种绿色养护绿色，减少污染，保护生态环境，为人类的可持续生存和发展做些努力。只要全民动员、集思广益、积极行动、持之以恒，我们就能铸就保护长城绿色的生态环境，这片土地将是美丽的、风景如画的山川河流。

在当前的生态环境保护教育中，应重视保护行为，增强保护意识，使生态教育事半功倍。如果人们的生态意识薄弱，就不能从根本上抑制生态环境恶化的趋势。因此，增强人们的生态意识是环境保护的关键。加强宣传，提高生态保护意识，树立“保护生态就是保护生产力”的观念。生态环境不是自由的观念已经在全社会形成，为建立和实施生态补偿机制奠定了坚实的舆论基础。为了使环境保护意识深入人心，使人们对生态环境的保护成为有意识的行动，并将生态意识融入到工作和生活的每一个细节中，我们必须在全民中积极树立生态环境保护的意识。一方面，学生可以通过生物课堂教学了解全球和区域生态环境的现状，增强他们自觉保护生态环境的紧迫感和责任感。另一方面，可以通过相关法律的指导、评估、预测和执行来实现对人类行为的外部强迫和指导。建立维护生态安全的具体程序和制度，依法追究破坏生态安全的责任；为保护环境，对有利于生态安全的行为进行奖励，通过奖励和惩罚来指导人们的行为，从而增强对法律和生态意识的信仰。指导公民和国家机构及其工人行为的法律不仅包括环境法，而且还要求其他法律和行政法的参与。具体系统可以包括：环境标准系统、环境影响评估系统、清洁生产系统、自然保护区系统和历史文化保护区系统等。

第七章

结论与展望

一、主要结论

中国的矿产资源储量排名居世界前列，毫无疑问，矿产资源开发对我国经济发展起到了巨大的推动作用。但与此同时其所带来的生态环境破坏的负面效应也应当引起我们足够的重视，也给有关部门对矿产资源开采企业指导和监管工作提出了更具挑战性的任务。江西省不仅是矿业大省，更是矿业强省，矿业开采推动着江西省的经济发展，而矿产资源开发的过程中势必存在着不同程度的破坏生态环境的行为，这些破坏形成的累积效应最终会引发严重的地质灾害；而矿业开采作为江西省生态文明建设的重要组成部分，势必得到政府各方的高度重视，这是江西省矿业发展史上的一个重大机遇，它会推动江西省矿业的转型升级，由数量增长转为质量提升。所以江西省的矿业发展不仅面临机遇，而且充斥挑战，虽然江西省在矿业生态补偿方面做了大量实质性工作，但由于江西省属于矿业大省，历史环境治理与生态恢复的任务繁重，加之江西省财政资金有限，在矿产资源补偿问题上存在巨大的资金缺口。全面整治矿业环境问题和做好矿业生态补偿工作面临困难。如何规范相关矿产资源开发企业的生产行为，并建立一套完整合法有效的矿产资源开发补偿机制，降低和减轻资源开发对江西生态环境造成的不良后果，已经成为江西省乃至国家层面上亟待解决政策性难题之一。

本书对于江西省矿业发展面临的环境问题及生态补偿现状梳理，对现有的矿产资生态补偿模型做了深入的探讨和比较研究，对其中许多不足之处提出了改进的建议。并针对矿业开采过程中的主要利益相关方进行博弈分析，有利于政府完善与矿产资源开发有关的生态补偿机制，并加强矿产资源开发相关利益者对生态环境保护的重视程度，同时有效地推动了生态可持续发展。

基于江西省矿业生态破坏及补偿政策现实，本书引入层次分析法，结合国内外生态补偿实践，通过相关研究得出了以下结论：

1. 江西矿产资源开发对环境影响较大，治理任务繁重

相对于其他工业活动而言，矿产资源开发对当地生态环境影响较大。采矿主要包括三个部分：采矿、选矿和冶炼，在这三个环节中，耕地占用、环境污染、地质灾害是整个生态环境遭到破坏表现最为突出的三个方面。这三个方面的修复与治理与或多或少都存在着投入期长、改善见效慢等问题。加之我国属于发展中国家，工业化程度较低，在短期内仍然需要依靠矿产资源开发推动国家经济发展。所以如何处理好矿产资源开发与环境保护的问题就显得尤为重要。尽管江西省依靠矿产资源开采使得经济在一定程度上得到了发展，但与此同时周边生态环境也因此遭受了很大的破坏，环境承载力也随之下降。所以无论从国家层面还是人民群众层面，都迫切地希望我们能够大力发展绿色经济，拥有一个良好的生态环境。但目前江西省矿产资源开采大多处于露天环境下，整个开采过程缺乏科学合理有效的规划和可行性研究，开采效率低下，这不仅会使得整个开采过程产生不必要的资源浪费，还会导致不同程度上的地表植被和土层遭到瓦解和破坏，更严重的还会导致水土流失、矿区塌陷、地下水污染，甚至引发滑坡、泥石流的现象。因此随着资源开采引发的地质和环境灾害越来越频繁和严重，江西省应该采取积极的措施和手段提高矿产资源开发效率，淘汰落后产能，使得矿产资源得到合理的利用，只有这样才能促进经济的朝着良性的方向发展。

此外，江西省矿产资源分布不集中，资源结构混乱，这导致矿产资源往往缺乏统一的整体规划，分散性布局也很容易导致开采企业对开采地区环境保护的有关投入不到位，有关部门对其管理更加困难，因此也面临着更加沉重的治理任务。所以政府首先应该鼓励居民树立环境保护的理念和意识，坚持走绿色发展的道路，同时加强对相关企业的监管。江西省矿产资源开发只有坚持绿色生态发展，才能达到良好的治理效果。

2. 江西矿产资源生态补偿主体结构单一，政策有待完善

完善生态补偿的关键在于明确生态补偿的主客体、解决生态补偿标准、确立生态补偿方式三个方面。在补偿主体方面，江西省矿产资源生态补偿主体结构过于单一，尚未形成多元化的主体结构。有关市场化生态补偿和环境保护的非营利性组织未能参与其中，也未能建立有关他们有效健全的参与机制；在补偿客体方面，没有能够对生态补偿相关利益群体提供有效的激励和补偿，导致他们参与相关生态补偿建设的积极性不足，间接增加了生态补偿机制完善的难度；补偿标准尚未能因地制宜，根据区域经济发展水平和矿产资源开发成本进行动态调整，导致区域间补偿标准差距过大。“一刀切”式的补偿标准缺乏公平性，也会导致部分地区利益相关者缺乏参与建设生态补偿机制的积极性；补偿方式方面，大多数生态补偿机制的补偿方案都是由政府牵头制定，方式较为单一，大多数相关利益群体只能选择被动接受，市场参与程度较低导致市场化补偿机制方式缺失，这样容易造成生态补偿机制发展不平衡。

关于生态补偿机制制定的每一个方面都是重点，也是难点，难在其涉及的相关因素过多，且每一个因素并不是独立存在，而是互相影响。对这些因素进行有效的协调与管理，需要全社会的共同支持。在充分发挥政府的指导、监督作用的同时，更离不开与生态环境保护密切相关的相关企业和公益组织的积极参与配合。生态补偿标准应与实际投入的成本费用相匹配，才能实现生态可持续发展。补偿方式应该坚持以政府为主导，市场运作辅助参与机制建设的多元化补偿方式，在调动社会公众的参与热情的基础上，加强江西省各个矿区之间的协同合作与交流，积极打造一个以矿产资源开发为核心的绿色金融发展中心，在平衡利益相关者的基础上完善江西省生态补偿。

3. 建立科学生态补偿机制，强化政府监管

在生态补偿过程中，由于矿业开采存在负外部性，由自身利益出发，主要利益相关者之间无时无刻不存在着博弈，这需要政府制定行之有效的强有力的法律政策进行干预。研究表明：在多方利益者之间的博弈中，政府加强监管和采取约束措施对于破解补偿过程中面临的困境至关重要。虽然近些年随着建设生态文明社会的呼声越发高涨，大量生态补偿机制也纷纷出炉，但是截至目前我国仍然缺少具有普遍约束力的法律对生态补偿机制进行干预和规范，这无疑增加了我国生态补偿机制建设的难度。具体到矿产资源开发保护领域，相关法律规定更是少之又少。长此以往此种情况会导致矿区生态环境持续恶化，相关利益群体间的矛盾日渐增加，而缺少相关法律监管和约束使得利益主体之间产生不同程度的纠纷，影响社会稳定。

另外，相关法律的缺失还容易导致生态补偿的权利和义务的界限模糊不清、生态补偿制定标准和依据难以划分等情况发生。尽管我国相关专家多次呼吁建立一套更为完整的，有关矿产资源补偿的全国性法律，但正如前文所说，地区的差异性加上区域经济发展不平衡给相关法律的制定提出了非常大的难题。截至目前有关法律仍未直接对矿产资源生态补偿机制的制定做出相关规定。只有各个省、自治区、市结合当地实际情况出台一些地方性法规对生态补偿加以规范和约束，但是很明显这些地方性法规由于制定时间较短，相关内容不够完善且执行力度较弱，生态补偿机制的实施仍然很难有效地贯彻与实施。普通的《矿产资源法》等法律对矿产资源的生态环境问题的规定又过于笼统，没能结合各地区的实际生态环境情况，大部分规定仍停留在表面。所以，目前我国亟须政府通过国家强制力对矿产资源开发生态补偿制度的设计进行管理。

二、不足及展望

关于生态补偿一直是研究的热点，由于我国尚未形成生态补偿统一的补偿机制，众多学者结合当地实际提出了生态补偿机制的具体构建方法，可以为矿产资源环境生态补偿研究起到借鉴作用。本书的生态补偿研究针对江西省矿产资源，虽然生态补偿研究炙手可热，但对于江西省矿产资源开发环境生态补偿的研究目前涉及较少，本书的特点在于以江西省生态破坏与补偿现状为基础，对于矿产资源生态补偿利益相关者之间的行为使用了博弈论进行分析，并通过层次分析法构建了矿产资源生态补偿指标的相关模型。同时结合国内外关于生态补偿的研究成果，提出了关于江西省矿产资源开发环境生态补偿政策建议，但本书还存在一些研究的不足，还需要其他学者进行进一步探讨。

1. 补偿主客体界定是否具有普遍性，还需要时间检验

对于矿产资源生态主客体的研究，通常分为狭义和广义两个层面。从狭义概念上来说，补偿的客体通常只包含因开采活动而造成破坏的生态环境。按照这个狭义的概念，生态补偿只需要保持生态环境良好的可持续发展即可。而从广义层面上讲，生态补偿所涉及的对象不仅仅包括生态环境，还包括因开采活动而带来损失的受害者，已经为生态保护付出成本的保护者以及一系列公益性组织、机构、团体等。其中受害者还分为直接受害者与间接受害者。而对于功能相对复杂的生态系统，对于他们的环境保护和生态补偿，在主客体相对难以界定的情况下，可能会对主客体的确认存在一定程度的重叠或者遗漏。比如对祁连山水源涵养林、洞庭湖和鄱阳湖湿地等复杂的生态系统补偿的主客体确定，都要依据其具体主要生态服务功能价值来确定。

就生态补偿涉及的客体中的受害者而言，本书指的是直接受害者，并没有把间接受害者包括在内。而实际上间接受害者虽然听起来无关紧要，但在实际生态补偿机制的制定中，对于他们的补偿往往却是不可忽略的重要组成部分。而间接受害者由于其定义模糊的特点，是否该补偿、如何补偿、补偿多少，这些都成为亟待解决的问题。另外补偿主体中除了国家以外，受益群体的范围又该怎么划定？公益性组织的“公益性”又该怎么界定？补偿金额该如何测算？对他们进行补偿是否合理？这些都有待讨论。更棘手的是社会公众作为一个庞大的群体，有时候可能存在双重身份，既是补偿主体，同时也是补偿客体，若将他们全部考虑进来，将会使得生态补偿系统更加复杂，操作的可行性尚不可知。所以综上所述，对于生态补偿补偿主客体界定目前还存在着普遍性的问题，需要时间的检验。

2. 补偿指标覆盖不够全面，指标权重确定存在主观性

实施矿产资源生态补偿制度能够有效地保护矿区生态环境，是促进地区间协同发展的有效途径之一。构建正确的补偿指标体系则是矿产资源生态补偿机制科学性、有效性的保证。因此，为了使生态补偿机制能够更好的在实践中得以应用，为生态补偿提供具体的、科学的、可操作的依据，建立相应的、完善的生态补偿指标体系就显得尤为重要。若忽略了补偿指标体系建立的全面性和准确性，则难以弥补以往在矿产资源生态补偿机制制定上的不足，也就难以发挥生态补偿机制本应达到的效果。至于生态补偿具体指标的选取，本书在大量查阅了国家级、省级、市级、县级等不同层级的相关文献及法律法规的方法，总结出与生态补偿有关的指标，综合评价江西省矿产资源生态补偿机制实施绩效并进行政策仿真，为进一步完善江西省矿产资源生态补偿机制提供意见和建议。而由于生态系统的特点决定了生态补偿系统的相关指标不是一成不变的，会随着生态系统的变化发生相对应的改变。这就意味着生态补偿指标体系要随时根据生态环境的变化做出及时的调整，特别要充分考虑到生态系统的空间尺度和时间尺度的变化特点。又由于国内专家学者对矿产资源生态补偿的研究还处于起步阶段，对其的意见看法、研究角度、所选取的指标口径都不尽相同，梳理出的主要补偿指标无论是在覆盖面还是在详细程度上都难免存在着考虑不周全的情况。并且本书有关生态补偿各个指标权重的确定比例则是通过调查问卷，对调查问卷的结果进行分析的方式确定的，整个过程存在较大的主观性，至于其具体的科学性和可行性还需要通过具体的实践才能知道。

3. 补偿标准如何确定，目前尚无定论

目前关于我国生态补偿具体标准的研究可以说是众说纷纭，尚未形成统一的答案，又由于国内各个地区的矿区环境结构复杂，实际情况大不相同，所以截止到目前，政府从国家层面也没有制定关于矿产资源补偿的统一标准，虽然可以从例如 2018 年新推出的新环境保护税法里查找到部分补偿标准，但其他大部分都零零散散分布在不同类别的法规和条律中，也并没有系统性的详细的描述，这就很容易导致具体的执行效率较低。而且规定得较为分散也导致政策的制定缺乏整体性的标准，容易使得各部门之间分割严重，以至于政策具体的可操作性很难得到有效保障。而生态补偿标准制定的有效性往往离不开对价值的定量衡量，同时科学合理的计算模型和方法加以辅助也是不可缺少的。生态补偿标准的制定主要依赖于以下三个方面：成本估算、生态服务价值的确定、补偿意愿和受偿标准的确定。这三个方面无论是定量还是定性层面，都需要通过不同的手段和方式加以衡量。

即使有关生态补偿标准制定的各方面数据都可以达到定量衡量，但鉴于对部分生态系统整个过程的观察需要耗费大量时间才能完成，再加上生态系统本身就存在着十分明显的延迟效应，据相关研究数据，某些因素对生态系统的干扰和生态系统因干扰而受到改变之间的间隔甚至超过了一年的时间。所以对生态补偿机制和标准的研究往往会因为这些延迟效应产生干扰，且这种干扰因素的来源往往也存在着较大的不确定性。因此，目前我国关于补偿标准的法律规定只能起到大致方向上的指引，尚不能做到对特定某个地区生态补偿进行定量研究。

本书的大致观点是对能够进行定量征收的补偿个体就尽量采取定量征收的办法，对于不可定量的，则将重心偏向于对补偿方案的策划与指定。很明显，这会存在一定程度的局限性。这需要相关专业学者进行进一步研究和讨论。但是随着人们对生态补偿相关理论研究的不断深入和社会科学技术的进步，以利益相关者理论为基础的广义生态补偿将会实现，并且是众望所归。

4. 补偿方式如何选择，组合式是否可行

涉及具体的生态补偿政策制定和资金的运用需要数据的支撑。目前具体到江西省，以生态补偿方式进行有关系统研究的文献较为缺乏，即使有也仅是定性描述。本书曾经也试图以生态补偿方式为突破口，探讨江西矿产资源环境生态补偿，但最终发现这种研究方法在客观上存在着很大的局限性。因为前面也提到，我国目前主要以纵向补偿机制为主要的生态补偿方式。在这种补偿方式下，中央财政负担的资金比例过高，所以这种以政府为主导的“输血式”的补偿方式往往实际效果不尽如人意。其主要原因在于政府作为“输血”的一方，用于拨付的资金受到当地财政状况制约。而面对所需补偿面积较大时，大多数情况下政府不能无节制地对所有的地区进行生态补偿，因此这种方式下的生态补偿效果不尽如人意也在情理之中。更为关键的是现在补偿技术还没能做到成熟推广，面对有限的财政资金，政府也只能将补偿资金用于主要问题点，不能做到面面俱到。所以本书认为与其采用利用有限资源对重点项目进行“输血式”生态补偿，还不如参考国外多元化的补偿方式，例如包括物质、土地等在内的实物补偿，

从而提高除资金以外的其他物质的使用率，以防其他物质因储存而产生的各种成本和浪费现象；还可以通过政策补偿，即制定一系列的优惠进行补偿，例如解决受偿群体的就业问题或者提供相对应的技术支持和咨询指导服务等。此外还可以调动其他群众和社会团体保护生态环境的积极性，以达到发动社会力量对矿产资源开发“输血式”的生态补偿。如果能将上述方式做组合式的综合运用，就能够弥补“输血”造成的单一方式下的不足。总体来说，它们都具有非常广阔的前景，对这些方式的研究需要广大科研工作者同心同力。

参考文献

[1] 安英莉. 煤炭全生命周期环境行为及其对土地资源的影响 [D]. 徐州：中国矿业大学，2017.

[2] 巴音. 基于生命周期的露天矿区土地生态质量演变研究 [D]. 徐州：中国矿业大学，2017.

[3] 百科网：《国家生态文明试验区（江西）实施方案》，https：//baike. baidu. com/item/国家生态文明试验区（江西）实施方案/21503187?fr = aladdi.

[4] 蔡军，李晓燕. 以主体权益为导向完善我国生态补偿机制 [J]. 经济体制改革，2016（5）：30 – 34.

[5] 曹明德，毛涛. 国外环境税制的立法实践及其对我国的启示 [J]. 中国政法大学学报，2011（3）：73 – 83 + 159.

[6] 曹霞. 他山之"石"可以攻"玉"——国外矿产资源生态补偿法律制度考察 [J]. 中国政法大学学报，2014（1）：144 – 153.

[7] 常丽霞. 西北生态脆弱区森林生态补偿法律机制实证研究 [J]. 西南民族大学学报（人文社会科学版），2014，35（6）：97 – 102.

[8] 陈芳. 矿产资源开发生态环境补偿法律制度研究 [D]. 太原：山西财经大学，2015.

[9] 陈继平，黄春和. 浅议中国矿产资源生态环境补偿主体 [J]. 中国国土资源经济，2017，01（11）：12 – 14.

[10] 陈尚新，黄福容. 刍议中国矿产资源开采中的法律关系 [J]. 中国国土资源经济，2018，10（7）：09 – 13.

[11] 陈祥云，王志刚. 江西省矿产资源产业发展研究 [J]. 中国矿业，2008，（04）：22 – 24 + 36.

[12] 陈孝劲. 矿产资源开发环境补偿机制研究——以紫金矿业为例

[D]. 北京：中国地质大学，2011.

[13] 陈兴，刘京. 我国矿产资源生态补偿机制研究综述 [J]. 生态经济，2013 (11)：151 - 154.

[14] 陈业强，石广明. 湖南省生态补偿实践进展 [J]. 观察，2017：55 - 58.

[15] 成金华. 关于完善矿产资源开发生态补偿机制的思考 [N]. 中国矿业报，2018 - 11 - 13 (02).

[16] 成金华. 完善矿产资源开发生态补偿机制 [N]. 中国环境报，2018 - 11 - 08 (003).

[17] 戴茂华，谢青霞. 论我国矿产资源开发生态补偿机制的法律构建——以稀有金属矿开发为例 [J]. 东华理工大学学报（社会科学版），2014 (1)：69 - 73.

[18] 戴其文，赵雪雁. 生态补偿机制中若干关键科学问题——以甘南藏族自治州草地生态系统为例 [J]. 地理学报，2010，65 (4)：494 - 506.

[19] 丁宝根，邹晓明. 国外矿产资源开发生态补偿实践及对中国的借鉴与启示 [J]. 老区建设，2017 (14)：27 - 31.

[20] 段勇，刘德亮. 经济新常态视域下建设赣州生态文明先行示范区初探 [J]. 老区建设，2016 (18)：27 - 29.

[21] 范金，周忠民，包振强. 生态资本研究综述 [J]. 预测，2000 (5)：30 - 35.

[22] 范雅君，张银龙，蔡邦成. 我国生态补偿的发展现状及研究进展 [J]. 安徽农业科学，2011，39 (22)：13649 - 13652.

[23] 费强. 我国矿产资源保护立法的完善 [D]. 石家庄：河北经贸大学，2019.

[24] 冯春涛，余振国. 矿产资源开发生态环境补偿实施及配套制度研究 [J]. 经济师，2015 (9)：9 - 10 + 13.

[25] 冯聪，曹进成. 我国矿产资源开发生态补偿机制的构建 [J]. 矿产保护与利用，2018 (5)：101 - 105.

[26] 冯俏彬，雷雨恒. 生态服务交易视角下的我国生态补偿制度建设 [J]. 财政研究，2014 (7)：11 - 14.

[27] 冯媛. 基于生态系统服务价值的山东省耕地生态补偿标准量化研

究［D］. 青岛：青岛科技大学，2018.

［28］伏润民，缪小林. 中国生态功能区财政转移支付制度体系重构——基于拓展的能值模型衡量的生态外溢价值［J］. 经济研究，2015 (3)：47－61.

［29］高丽强，李柏湲，等. 中国土地复垦制度演进历程及完善对策［J］. 现代农业科技，2012，(5)：389－391.

［30］高永坡. 江西德兴铜矿矿业遗迹资源评价方法研究［D］. 北京：中国地质大学，2014.

［31］龚高健. 中国生态补偿若干问题研究［M］. 北京：中国社会科学出版社，2011.

［32］顾家俊. 赣江流域生态补偿机制研究［D］. 赣州：江西理工大学，2017.

［33］国务院公报：《国务院办公厅关于健全生态保护补偿机制的意见》，http：//www. gov. cn/gongbao/content/2016/content_5076965. htm.

［34］何立华. 产权、效率与生态补偿机制［J］. 现代经济探讨，2016 (1)：40－44.

［35］何淼. 中国矿业用地法律政策博弈分析［D］. 北京：中国地质大学，2017.

［36］侯博，张新春. 我国矿产资源储量管理现状、问题与建议［J］. 建材与装饰，2019（19）：221－222.

［37］胡海川，曹慧，郝志军. 生态补偿标准确定方法研究［J］. 价值工程，2018，37（3）：100－103.

［38］胡洪武. 江西承接浙江产业转移的实证研究［D］. 杭州：浙江工业大学，2009.

［39］胡小飞. 生态文明视野下区域生态补偿机制研究［D］. 南昌：南昌大学，2015.

［40］黄德林，谷宇宙. 矿产资源生态补偿立法现状与完善［J］. 人民论坛，2014（34）：133－135.

［41］黄顺魁. 生态资源属性对不同生态补偿方式的影响［J］. 现代管理科学，2016（12）：58－60.

［42］黄锡生. 矿产资源生态补偿制度探究［J］. 现代法学，2006

(6): 122 - 127.

[43] 黄小年，刘川，朱合胤. 江西省矿产资源供需形势分析及对策建议 [J]. 中国国土资源经济，2018，31 (3): 44 - 4

[44] 黄小平，郑于浩. 中国矿产资源开采责任观分析及对策建议 [J]. 中国国土资源经济，2017，21 (3): 44 - 48.

[45] 季昆森. 安徽省发展生态经济实施可持续发展战略的思考与对策 [J]. 生态经济，2001 (4): 1 - 3.

[46] 贾颜莉. 我国矿产资源开发生态补偿法律制度研究 [D]. 青岛: 中国石油大学 (华东)，2016.

[47] 江铜将建国内最大尾矿库 [J]. 有色设备，2015 (3): 55 - 56.

[48] 江西赣州——转型升级中的稀土王国世界钨都 [J]. 军民两用技术与产品，2017 (15): 48 - 49.

[49] 江西省地税局课题组. 资源税立法研究 [J]. 赣江财税论坛，2017: 102 - 124.

[50] 江西省国土资源厅:《江西矿产资源概况》，http: //wap. jxgtt. gov. cn/News. shtml? p5 = 48794930.

[51] 江西省国土资源厅:《江西省矿产资源总体规划 (2016 ~ 2020 年)》，http: //www. jxgtt. gov. cn/News. shtml? p5 = 76532304.

[52] 江西省人民政府. 江西简介，http: //www. jiangxi. gov. cn/col/col471/index. html.

[53] 江西省自然资源厅. 2018 江西省自然资源年报，http: //bnr. jiangxi. gov. cn/art/2019/6/14/art_28781_1359365. html.

[54] 蒋毓琪，陈珂，陈同峰，等. 城镇居民流域生态补偿方式的接受意愿与承受能力研究 [J]. 软科学，2018 (222): 58 - 61.

[55] 焦之珍. 矿产资源资产的确认与计量问题研究 [D]. 北京: 首都经济贸易大学，2018.

[56] 靳乐山. 中国生态补偿全领域探索与进展 [M]. 北京: 经济科学出版社，2016.

[57] 康庄. 矿山生态环境恢复治理保证金制度研究 [D]. 赣州: 江西理工大学，2010.

[58] 孔德帅，李铭硕，靳乐山. 国家重点生态功能区转移支付的考核

激励机制研究［J］. 经济问题探索，2017（7）：81－87.

［59］孔凡斌. 中国生态补偿机制理论、实践与政策设计［M］. 北京：中国环境科学出版社，2010.

［60］李超峰. 我国矿产资源开发生态环境补偿制度的完善［J］. 中国矿业，2015，24（9）：69－71.

［61］李霏. 以制度保障江西生态文明先行示范区建设［J］. 理论导报，2016（2）：46－47.

［62］李国丽，吴亮，邓昕才，何山. 产业生命周期视角下农村电商发展路径及案例研究［J］. 贵州师范大学学报（社会科学版），2019（1）：77－92.

［63］李国平，张文彬. 国家重点生态功能区转移支付差异化契约研究［J］. 当代经济科学，2015（6）：92－98.

［64］李金昌. 关于自然资源核算问题［J］. 林业经济，1990（3）：8－14.

［65］李婧雯. 我国“城市矿产”企业的投融资困境及对策［J］. 中外企业家，2017（2）：21－22.

［66］李君浒，董永观，董志高. 我国矿山环境的治理现状与前景［J］. 生态经济，2008（12）：76－81.

［67］李平，高原. 发达国家生态效益补偿经验借鉴［J］. 环境保护，2011（4）：69－71.

［68］李仁发. 贵州矿产资源开发生态补偿机制研究［D］. 贵阳：贵州财经学院，2011.

［69］李斯佳，王金满，张兆彤. 矿产资源开发生态补偿研究进展［J］. 生态学杂志，2019，38（5）：1551－1559.

［70］李遐桢，论我国矿业权有偿使用制度的整合［J］. 甘肃政法学院学报，2013，（6）：43－50

［71］李潇，李国平. 基于不完全契约的生态补偿“敲竹杠”治理——以国家重点生态功能区为例［J］. 财贸研究，2014：87－94.

［72］刘春腊，刘卫东. 中国生态补偿的省域差异及影响因素分析［J］. 自然资源学报，2014，29（7）：1091－1104.

［73］刘凤良，郭杰. 资源可耗竭、知识积累与内生经济增长［J］. 中

央财经大学学报，2002（11）：64－67.

[74] 刘观香．江西东江源区生态补偿研究［D］．南昌：南昌大学，2007.

[75] 刘丽．我国国家生态补偿机制研究［D］．青岛：青岛大学，2010.

[76] 刘亮．矿山环境效应影响评价系统的研究［D］．西安：西安科技大学，2006.

[77] 罗德江，姚霖，魏友华．矿产资源开发效率模糊综合评价模型——以攀西地区钒钛磁铁矿为例［J］．桂林理工大学学报，2014，34（4）：635－640.

[78] 罗奇．矿山环境恢复治理基金制度研究［D］．赣州：江西理工大学，2018.

[79] 马燕．论循环经济中的节水法律制度［J］．中国环境法治，2008（00）：137－142.

[80] 毛显强，钟瑜，张胜．生态补偿的理论探讨［J］．中国人口·资源与环境，2002（4）：40－43.

[81] 毛小兵．论我国矿业企业集团的矿产资源战略［D］．长沙：中南大学，2006.

[82] 孟昭健．基于和谐理论的矿产资源开发环境影响补偿机制的构建［J］．理论经济学，2012（3）：30－31.

[83] 穆璐璐，熊国保，张玉．矿业旅游资源开发面临的问题及策略分析［J］．老区建设，2017，（14）：36－39.

[84] 牛浩，刘畅，刘可．矿产资源开发生态补偿研究综述［J］．合作经济与科技，2017（4）：26－27.

[85] 潘华，徐星．生态补偿投融资市场化机制研究综述［J］．昆明理工大学学报（社会科学版），2016，16（1）：59－64.

[86] 潘佳．生态保护补偿中政府角色的法律定位［J］．中国行政管理，2018（7）：25－30.

[87] 秦玉才，汪劲．中国生态补偿立法路在前方［M］．北京：北京大学出版社，2013.

[88] 邱卫林，赵建森，康明洪．江西省发展核能的必要性分析及发展思路研究［J］．科技视界，2017（9）：254－255.

[89] 人民网:《胡锦涛在中国共产党第十八次全国代表大会上的报告》, http://cpc.people.com.cn/n/2012/1118/c64094-19612151.html.

[90] 任勇,俞海,冯东方,高彤,杨姝影,孔志峰.建立生态补偿机制的战略与政策[J].环境保护与循环经济,2007(6):4-5.

[91] 沈友华,徐成文.我国矿产资源生态补偿立法现状与完善[J].中国林业经济,2018(1):44-46+49.

[92] 石小石,白中科,刘卿,等.我国矿产资源开发中的政府协同监管机制研究[J].资源与产业,2017,19(1):17-22.

[93] 司芳.我国生态补偿制度的完善研究[D].烟台大学,2019.

[94] 宋蕾.矿产开发生态补偿理论与计征模式研究[D].北京:中国地质大学,2009.

[95] 苏毅然,陈学礼.中国矿产资源生态环境博弈模式分析[J].中国国土资源经济,2017,9(2):35-40.

[96] 孙治仁.东江水源区生态补偿机制研究[D].广州:华南理工大学,2017.

[97] 孙自保,孙前路,宋连久.矿业资源开发中的生态补偿机制述评——以近10年来国内期刊论文研究为据[J].石家庄经济学院学报,2013,36(3):64-66.

[98] Wang Jinqiao.国内外矿产资源所有权的变迁和归属[J].中国矿业,2017,26(S2):30-33.

[99] 王承武.新疆能源矿产资源开发利用补偿问题研究[D].乌鲁木齐:新疆农业大学,2010.

[100] 王东杰,姜学民,杨传林.论生态经济学与环境经济学的区别与联系[J].生态经济,1999(4):26-28.

[101] 王端平,邝建新.新疆矿产资源生态环境分析与建议对策[J].中国国土资源经济,2016,13(5):35-40.

[102] 王端平.对胜利油区提高原油采收率潜力及转变开发方式的思考[J].油气地质与采收率,2014,21(4):1-4+111.

[103] 王杰.基于生命周期评价的大菱鲆水循环率研究[D].青岛:青岛理工大学,2014.

[104] 王金南,万军,张惠远.关于我国生态补偿机制与政策的几点

认识［J］. 环境保护，2006（19）：24－28.

［105］王俊霞，贾志敏. 内蒙古草原地区矿产资源开发与草原生态环境保护协调发展的法律研究［J］. 内蒙古社会科学（汉文版），2012，33（6）：133－137.

［106］王磊. 矿产资源开发利用对区域经济发展的影响分析［J］. 产业与科技论坛，2017，16（3）：107－108.

［107］王鹏，文琦. 基于博弈论的矿产资源生态补偿机制研究——以榆林市为例［J］. 农村经济与科技，2018，29（3）：11－14.

［108］王琪. 矿产资源生态补偿价值计量研究［D］. 石家庄：河北地质大学，2016.

［109］王树华. 长江经济带跨省域生态补偿机制的构建［J］. 改革，2014（6）：32－34.

［110］王松霈. 认识城市生态经济系统提高城市生态经济效益［J］. 新疆社会经济，1992（5）：39－45.

［111］王先广，胡正华. 江西省朱溪世界最大钨铜矿找矿科技创新［J］. 上海国土资源，2018，39（4）：117－121.

［112］王莹，彭秀丽. 基于演化博弈的矿产资源生态补偿机制研究［J］. 环境科学与技术，2019（S1）：261－266.

［113］韦玉芳. 我国矿产资源风险勘查投融资机制研究［D］. 北京：中国地质大学，2010.

［114］文琦. 中国矿产资源开发区生态补偿研究进展［J］. 生态学报，2014，34（21）：6058－6066.

［115］吴超凡. 区域森林生物量遥感估测与应用研究［D］. 杭州：浙江大学，2016.

［116］吴乐，孔德帅，靳乐山. 生态补偿对不同收入农户扶贫效果研究［J］. 农业技术经济，2018（5）：134－144.

［117］吴文盛. 试论矿产资源资产的产权交易［J］. 地质技术经济管理，1996（3）：13－17.

［118］武美华. 矿产资源产权交易市场法律问题研究［D］. 太原：山西大学，2008.

［119］夏云娇. 矿产开发生态补偿法律制度研究［J］. 国土资源科技

管理，2014，31（1）：133－138.

［120］肖加元，潘安．基于水排污权交易的流域生态补偿研究［J］．中国人口·资源与环境，2016，26（7）：18－26.

［121］谢高地，张彩霞，张雷明，陈文辉，李士美．基于单位面积价值当量因子的生态系统服务价值化方法改进［J］．自然资源学报，2015，30（8）：1243－1254.

［122］新华网：《在中国共产党第十九次全国代表大会上的报告》，http：//news.xinhuanet.com/politics/19cpcnc/2017－10/27/c_1121867529.htm.

［123］熊玮，郑鹏，赵园妹．江西重点生态功能区生态补偿的绩效评价与改进策略——基于SBM－DEA模型的分析［J］．企业经济，2018（12）：34－40.

［124］徐飞龙．千锤百炼出深山——江西朱溪钨铜矿找矿突破始末［N］．中国自然资源报，2019－04－26.

［125］徐辉，蒲志仲．矿产资源开发利用的生态环境价值补偿研究［J］．生态经济，2014（2）：135－138.

［126］徐正华．江西离子型稀土资源开发存在的问题及对策［J］．老区建设，2014（18）：14－16.

［127］杨丽韫，甄霖，吴松涛．我国生态补偿主客体界定与标准核算方法分析［J］．生态经济（学术版），2010（1）：298－302.

［128］杨炼．矿产资源开发生态补偿机制的制度缺陷及法律完善［J］．中国经贸导刊，2015（5）：14－15.

［129］杨鹏生．矿产资源开发生态补偿金融支持机制研究［D］．西安：陕西师范大学，2014.

［130］杨然．我国矿区生态补偿机制研究［D］．昆明：昆明理工大学，2014.

［131］尧志祥．江西省矿产资源开发生态效率评价研究［D］．南昌：东华理工大学，2018.

［132］姚建华，陈莉銮．产业生命周期理论的发展评述［J］．广东农工商职业技术学院学报，2009，25（2）：56－58.

［133］叶文虎，魏斌，仝川．城市生态补偿能力衡量和应用［J］．中国环境科学，1998，18（4）：298－301.

[134] 叶张煌，尹国胜．江西省矿产资源开发的问题和综合利用的建议 [J]．矿床地质，2012，31 (S1)：943 - 944.

[135] 袁伟彦，周小柯．生态补偿效率问题研究述评 [J]．生态经济，2015，31 (7)：118 - 123 + 139.

[136] 张诚谦．论可更新资源的有偿利用 [J]．农业现代化研究，1987，8 (5)：22 - 24.

[137] 张复明．矿产开发负效应与资源生态环境补偿机制研究 [J]．中国工业经济，2009 (12)：5 - 15.

[138] 张捷．我国流域横向生态补偿机制的制度经济学分析 [J]．中国环境管理，2017，9 (3)：27 - 29 + 36.

[139] 张举钢，周吉光．矿山企业综合税费负担的实证研究——基于河北省典型矿山企业的调研数据 [J]．中国矿业大学学报 (社会科学版)，2011，13 (1)：67 - 72.

[140] 张举钢，周吉光．我国矿产资源税问题的理论与实践研究 [J]．石家庄经济学院学报，2007 (4)：57 - 60.

[141] 张明军，孙美平，周立华．对生态经济学若干问题的思考 [J]．国土与自然资源研究，2006 (2)：49 - 50.

[142] 张倩．基于演化博弈视角的矿产资源开发生态补偿问题研究 [J]．资源开发与市场，2016，32 (2)：165 - 169.

[143] 张维宸．矿产资源生态补偿政策法律回顾 [J]．国土资源情报，2018 (2)：24 - 27.

[144] 张文君，江西行政学院经济研究所．构建跨流域生态补偿长效机制：东江源区在江西 [N]．中国社会科学报，2013 - 09 - 06 (B02).

[145] 张新春，侯博．浅谈矿产资源开发利用的监督管理与保护工作 [J]．建材与装饰，2019 (19)：217 - 218.

[146] 张颖，张艳．生态补偿标准的制订应考虑农户的意愿——以江西省瑞昌市森林生态补偿调查为例 [J]．生态经济 (学术版)，2013，(2)：106 - 109.

[147] 张悦．生态补偿框架的构建及其基于多主体的仿真研究 [D]．北京：北京科技大学，2018.

[148] 张贞．我国矿产资源开发生态补偿法律制度研究 [D]．北京：

中国地质大学，2013.

[149] 赵亮，任虹．山西省矿业生态环境补偿机制建设研究 [J]．环境科学与管理，2017，42 (5)：158 - 161.

[150] 郑志国．积极探索建立跨区域生态补偿机制 [J]．南方经济，2015 (4)：116 - 120.

[151] 中国青年网：《讲改革　话扶贫　谈生态　习近平地方代表团审议诠释五大理念》，http：//news. youth. cn/wztt/201602/t20160229_7685179. htm.

[152] 中国网：《胡锦涛十八大报告》，http：//news. china. com. cn/politics/2012 - 11/20/content_27127165. htm.

[153] 中国文明网：《中共中央办公厅　国务院办公厅印发生态文明试验区及实施方案》，http：//www. wenming. cn/syjj/sp _ syjj/201608/t20160822_3610109. shtml.

[154] 钟元，熊爽，张翠华，陈彗洁．市场定价约束条件下的供应链质量改进容错决策 [J]．山东大学学报（理学版），2017，52 (6)：10 - 15.

[155] 周乐．湖南矿产资源开发的生态补偿机制研究 [D]．北京：中国地质大学，2011.

[156] 周宣平，郑宝红．中国矿产资源开采中政府责任分析与对策建议 [J]．中国国土资源经济，2016，23 (3)：21 - 25.

[157] 朱九龙，陶晓燕．矿产资源开发区生态补偿理论研究综述 [J]．资源与产业，2016，18 (2)：82 - 87.

[158] 朱青，罗志红，鲁强．江西矿产资源开发与生态补偿机制构建 [J]．能源与环境，2009 (5)：11 - 13.

[159] 朱嵩，郭志忠．江西矿产资源开发利用现状与对策思考 [J]．江西理工大学学报，2009，30 (6)：59 - 62.

[160] 朱晓．我国矿产资源开发中的利益相关者研究 [J]．商业经济，2017 (9)：99 - 101.

[161] 朱晓．相关利益主体视角下新疆矿产资源开发中的利益博弈 [J]．新疆财经，2017 (1)：33 - 39.

[162] 朱燕，王有强．中国矿产资源开发生态补偿制度研究 [J]．安徽农业大学学报（社会科学版），2016，25 (4)：21 - 24 + 104.

[163] 邹非，程皓．中国矿产资源生态经济关系架构模式分析［J］．中国国土资源经济，2015，7（1）：45－50.

[164] 邹建新．生态文明战略下资源型城市转型过程中的困境与策略［J］．四川理工学院学报（社会科学版），2017，32（4）：81－100.

[165] 邹鹏远，郑文进．中国矿产资源生态补偿状况分析与对策建议［J］．中国国土资源经济，2017，12（1）：21－25.

[166] 邹晓明．打造生态文明建设江西样板的实现路径研究［M］．北京：经济科学出版社，2016.

[167] Arrow K, Solow R. Report of the NOAH panel on contingent valuation [R]: National Oceanic andAtmospheric Administration Washington, DC, 1993

[168] Briner S, Elkin C, Huber R. Evaluating the relative impact of climate and economic changes on forest and agricultural ecosystem services in mountain regions [J]. Journal of Environmental Management, 2013, 129 (11): 414－422.

[169] Buckley M, Holl K. *Game theory tools for improving ecological restoration outcomes* [M]. Human Dimensions of Ecological Restoration. Island press/Center for Resource Economics, 2011: 239－253.

[170] David Annandale. *Corporate social responsibility and environmental management* [C]. *Corporate social responsibility and environmental management*, 2007 (14): 74－87.

[171] Humphreys. *Sustainable development: can the mining industry afford it* [J]. *Resource policy*, 2001 (27): 1－7.

[172] Dong S D, Burritt R, Qian W. Salient stakeholders in corporate social responsibility reporting by Chinese mining and minerals companies [J]. Journal of Cleaner Production, 2014, doi.: 10. 1016/j. jclepro. 2014 (1): 12.

[173] D W Pearce and P K Turmner. *Economics of Natural Resources and the Environment* [M]. Baltimore: Johns Hopkins University Press, 1990, pp. 51－53.

[174] Frederick, W C. *Business and society, corporate strategy, public policy, ethics* (6thed.) [M]. McGraw－Hill Book Co, 1988.

[175] Gavin Hilson, Barbara Murck. sustainable development in the mining industry: clarifying the corporate perspective [J]. *Resource policy*, 2000, (26): 227-238.

[176] Johansson J, Jonzen N. *Game theory sheds new light on ecological responses to current climate change when phenology is historically mismatched* [J]. Ecology letters, 2012, 15 (8): 881-888.

[177] John R Freeman, Raymond D. Duvall. *International Economic Development and Cultural Change* [J]. 1984, 32 (2): 373-400.

[178] Johst K, Drechsler M, Watzold F. An ecological-economic modeling procedure to design compensation payments for the efficient spatio-temporal allocation of species protection measures [J]. *Ecological Economics*, 2002 (4) 37-49.

[179] Kosoy N, Martinez-Tuna M, Muradian R, Martinez-Alier J. Payments for environmental services in watersheds: Insights from a comparative study of three cases in Central America [J]. *Ecological Economics*, 2007 (12): 216-223.

[180] Kroeger T. The quest for the "optimal" payment for environmental services program: Ambition meets reality, with useful lessons [J]. *Forest Policy & Economics*, 2013, 37 (C): 65-74.

[181] Kubiszewski I, Costanza R, Addeson S, et al. The future value of ecosystem services: Global scenarios and national implications [J]. Ecosystem Services, 2017, 26 (9): 289-301.

[182] Macmillan D C, Harley D, Morrison R. Cost-effectiveness analysis of woodland ecosystem restoration [J]. *Ecological Economics*, 1998 (27): 313-334.

[183] Matero J. Saastamoinen. O. In Search of Marginal Environmental Valuations-Ecosystem Services in Finnish Forest Accounting [J]. Ecological Economics, 2007 (1): 101-114.

[184] McAfee K. Nature in the market-world: Ecosystem services and inequality [J]. Development, 2012, 55 (1): 25-33.

[185] Milne S, Adams B. *Market masquerades: Uncovering the politics of community-level payments for environmental services in Cambodia* [J]. *Development*

and change, 43 (1): 133 - 158.

[186] Moran D, Mc Vittie A, Allcroft D J, et al. Quantifying public preferences for agri-environmental Policy in Scotland: A comparison of methods [J]. Ecological Economies, 2007, 63 (1): 42 - 53.

[187] Niak Sian Koh, Thomas Hahn, Claudia Ituarte - Lima. Safeguards for enhancing ecological compensation in Sweden [J]. Land Use Policy 64, 2017: 186 - 199.

[188] Pegg S. Mining and poverty reduction: Transforming rhetoric into reality [J]. Journal of Cleaner Production, 2006, 14 (3/4): 376 - 387.

[189] Peralta, A. Development of a cost estimation model for mine closure [D]: [Ph. D. dissertation]. *United states*: *Colorado School of Mines*, 2007.

[190] Persson U M, Alpizar F. *conditonal cash transfers and payments for environmental services*: *A conceptual frameword for explaining and judging differences in outcomes* [J]. *World Development*, 2013, 43 (3): 124 - 137.

[191] Plantinga A J, Alig R, cheng H. *The supply of land for conservation uses*: *evidence from the conservation reservation reserve programmer* [J]. *Resource*, *Conservation and Recycling*, 2001 (31): 199 - 215.

[192] Robert Costanza, et al. *The value of the world's ecosystem services and natural capital* [J]. Nature, 1997 (387): 253 - 360.

[193] Scott Clausen. *A comparative analysis of voluntary environmental initiatives in the Canadianmineral industry* [J]. *Minerals & Energy*, 2001 (16): 27 - 41.

[194] Seidl A F, Moraes A S. *Global valuation of ecosystem services*: *application to the Pantanalda Nhecolandia*, *Brazil* [J]. *Ecological Economics*, 2000, 33 (1): 1 - 6.

[195] Tacconi L. *Redefining payments for environmental services* [J]. *Ecological Economics*, 2012, 73 (1727): 29 - 36.

[196] Tiainen H, Sairinen R, Novikov V. Mining in the Chatkal Valley in Kyrgyzstan - challenge of social sustainability [J]. Resources Policy, 2014 (39): 80 - 87.

[197] Till P, Harald S, Georg W, et al. Lessons for REDD Plus: A Com-

parative Analysis of the GermanDiscourse on Forest Functions and the Global Ecosystem Services Debate [J]. Forest Policy and Economics, 2012 (3): 4 – 12.

[198] Torre A B, MacMillan D C, Skutsch M, et al. 'Yes – in – my – backyard': Spatial differences in the valuation of forest services and local co-benefits for carbon marketsin Mexico [J]. *Regional Environmental Change*, 2013 (3): 661 – 668.

[199] Wheeler, Maria S. *Including the stakeholders: the business case* [J]. *Long Range Planning*, 1998, 31 (2): 201 – 210.

[200] Winans K S, Tardif A, Lteif A E, et al. Carbon sequestration potential and cost-benefit analysis of hybrid poplar, grain cornand haycultivationinsouthernQuebec, Canada [J]. *Agroforestry Systems*, 2015 (3): 421 – 433.